四川民族学院学术著作出版基金资助

四川省社会科学重点研究基地——地方文化资源保护与开发研究中心项目最终成果
（项目编号：18DFWH-058）

# 英语谚语与康巴地方语言
# 文化图景跨域对比研究

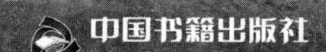

韦孟芬 著

中国书籍出版社
China Book Press

图书在版编目(CIP)数据

英语谚语与康巴地方语言文化图景跨域对比研究 / 韦孟芬著. -- 北京：中国书籍出版社，2023.5
ISBN 978-7-5068-9424-1

Ⅰ.①英… Ⅱ.①韦… Ⅲ.①英语-谚语-文化语言学-对比研究-藏语 Ⅳ.①H313.3②H214

中国国家版本馆 CIP 数据核字(2023)第 097065 号

## 英语谚语与康巴地方语言文化图景跨域对比研究

韦孟芬　著

| 图 书 策 划 | 成晓春　张立云 |
| --- | --- |
| 责 任 编 辑 | 李　新 |
| 责 任 印 制 | 孙马飞　马　芝 |
| 出 版 发 行 | 中国书籍出版社 |
| 地　　　址 | 北京市丰台区三路居路 97 号（邮编：100073） |
| 电　　　话 | (010)52257143（总编室）　(010)52257140（发行部） |
| 电 子 邮 箱 | eo@chinabp.com.cn |
| 经　　　销 | 全国新华书店 |
| 印　　　刷 | 长沙市精宏印务有限公司 |
| 开　　　本 | 880 毫米×1230 毫米　1/16 |
| 字　　　数 | 238 千字 |
| 印　　　张 | 19 |
| 版　　　次 | 2023 年 5 月第 1 版 |
| 印　　　次 | 2023 年 5 月第 1 次印刷 |
| 书　　　号 | ISBN 978-7-5068-9424-1 |
| 定　　　价 | 98.00 元 |

版权所有　翻印必究

# 前 言

高尔基曾经说过:"最伟大的智慧在语言的朴素中,谚语和歌曲总是简短的,然而在他们里面却包含着可以写成整本书的思想和感情。"作为民族语言的精华,谚语是人们在长期生产、生活实践中总结出来的经验,充满着历代民众的"丰富智慧和普遍经验"。谚语以简洁生动、节奏鲜明、富有哲理的语句,概括了人们认识世界过程中的语言、心理、民族文化认知,表征着长期以来人类对世界的认识和理解,并在跨文化交际过程中起到相当重要的作用,亦是语言研究不可忽视的问题。

语言世界图景是世界图景在语言中的语言化、符号化、语义化表达,是某固定语言群体感知与认识世界的一种方式。语言世界图景具有历史阶段性,是某个语言群体对外部世界素朴的概念及观念认识的总和。语言世界图景理论是语言学界兴起的一个特殊的语言文化理论体系,经过近几十年的不断发展,语言世界图景理论已成为一个完整的学科,并逐渐成为语言文化学、认知语言学、心理语言学等学科共同关注的焦点,也是从事语言文化研究的学者非常关注的中心理论和研究课题。

谚语是反映民族文化的一面镜子，广泛地反映了该民族特有的风俗传统、民族文化和世界图景。近年来，许多学者以不同的语言单位为研究对象多维度地对语言世界图景理论进行了较为细致的阐述，并发表了相关的理论著述。国内学者对语言世界图景的研究也逐渐丰富化，对语言世界图景研究的学者主要以认知、世界观、民族心理、民族文化、语言形成的生物科学、修辞学来研究语言世界图景，逐渐涉及各学科领域。

"一带一路"战略是中国构建人类命运共同体的重要实践，对于推进中国与世界各国的文化交流具有重要意义。作为中华文化的重要组成部分，博大精深、特色鲜明的康巴地方文化与世界各国文化交往交流交融日趋频繁。课题组以英语谚语与康巴地方语言为语料，运用语言学、语义学、修辞学、文化学、民族学、民俗学等学科知识对其语言世界图景进行系统、全面的梳理和研究，多维度地透视和解读藏族谚语和英语谚语关于思维方法、传统习俗、价值观等的语言世界图景，重点分析英语谚语与康巴地方语言中的文化认知图景，以及谚语中的哲学世界图景，加深对藏英语言本质的认识，归纳总结新的解决跨文化交际的方法，以更合理的方式对文化差异、认知差异进行归类，解决在交际中母语言语化的干扰有重要作用，为语言文化学科提供新的研究方法，促进藏英文化间的交流与融合。

本书立足于英语谚语与康巴地方语言文化图景跨域对比研究，通过对其语源、语言特点、韵律特征等微观层面，以及谚语中蕴含动物文化、饮食文化、色彩文化、哲学思想等宏观层面的对比，探讨了英语谚语与康巴地方语言所反映的语言世界图景片段和民族文化的个性和共性，有助于我们认识藏英人民的性格及其文化理念，为研究谚语提供一个新的研究视角。

  课题组成员经过搜集资料，分析取舍，翻译整理，比较查核，在浩如烟海的英语谚语与康巴地方语言中，选取了康巴地方谚语1000余条，英语谚语900余条。本书在撰写过程中参阅了多本有关词典、著作与学术刊物，在此对所用资料的作者谨致谢意！因篇幅有限，参考文章和著作均不能一一罗列，敬请谅解。此外，四川民族学院领导和课题组成员给予了大力的支持和帮助；湖南云上雅集文化传播有限公司张立云先生为本书的出版付出了大量的心血。在此，作者表示衷心感谢。

  由于编者水平有限，在研究和撰写过程中难免存在疏漏和偏颇的地方，恳请各位专家读者批评指正。

韦孟芬

2022年8月于四川民族学院

# 目录 CONTENTS

**前言** ……………………………………………………………………… 001

**第一章　语言世界图景理论概述** …………………………………… 001
　　第一节　世界图景理论 …………………………………………… 002
　　第二节　语言世界图景理论 ……………………………………… 010

**第二章　英语谚语与康巴地方语言中的语言世界图景** …………… 027
　　第一节　英语谚语与康巴地方语言的定义和语言特点 ………… 028
　　第二节　英语谚语与康巴地方语言的对应性分类 ……………… 045
　　第三节　英语谚语与康巴地方语言溯源比较 …………………… 051

**第三章　英语谚语与康巴地方语言中动物谚语语言世界图景** …… 073
　　第一节　英语谚语与康巴地方语言中"马"的文化图景 ……… 074
　　第二节　英语谚语与康巴地方语言中"牛"的文化图景 ……… 088
　　第三节　英语谚语与康巴地方语言中"羊"的文化图景 ……… 104
　　第四节　英语谚语与康巴地方语言中"鱼"的文化图景 ……… 123
　　第五节　英语谚语与康巴地方语言中"狗"的文化图景 ……… 141

**第四章　英语谚语与康巴地方语言中饮食谚语语言世界图景**………　155

　　第一节　英语谚语与康巴地方语言中"酒"的文化图景………　156

　　第二节　英语谚语与康巴地方语言中"茶"的文化图景………　175

　　第三节　英语谚语与康巴地方语言中的乳食文化图景…………　200

　　第四节　英语谚语与康巴地方语言中蕴含的饮食观……………　213

**第五章　英语谚语与康巴地方语言中颜色词的语言世界图景**………　219

　　第一节　英语谚语与康巴地方语言中颜色词的语用特点和语用功能
……………………………………………………………………　220

　　第二节　英语谚语与康巴地方语言中"白色"的文化图景……　228

　　第三节　英语谚语与康巴地方语言中"黑色"的文化图景……　237

　　第四节　英语谚语与康巴地方语言中"红色"的文化图景……　246

　　第五节　英语谚语与康巴地方语言中"黄色"的文化图景……　253

　　第六节　英语谚语与康巴地方语言中"绿色"的文化图景……　260

**第六章　英语谚语与康巴地方语言中的普遍语言世界图景**…………　269

　　第一节　英语谚语与康巴地方语言世界图景中的哲学思想……　270

　　第二节　英语谚语与康巴地方语言世界图景中的伦理道德观念
……………………………………………………………………　276

**参考文献**………………………………………………………………　292

# 第一章
## 语言世界图景理论概述

DI YI ZHANG
YU YAN SHI JIE TU JING LI LUN GAI SHU

# 第一节　世界图景理论

## 一、世界图景的起源和发展

世界由概念世界和物质世界组成，概念世界包含所有生命对客观世界的认知以及为记录认知而存在的事物的总和，而世界图景则是人对自然环境信息进行加工的结果，是人对客观现实的主观反映的结果。简单地说，世界图景是人类关于世界认识的总和，是关于现实的直觉表象系统。

在研究世界图景特征时，我们必须厘清三种既关联又不同的现象：

1. 以"世界图景"术语命名的现实；
2. 体现这一现实理论含义的"世界图景"的概念；
3. "世界图景"的术语。

世界图景学说首先是在物理学科中发展起来的。作为术语，"世界图景"由德国物理学家赫兹（H. R. Hertz）于1914年首先运用到物理学研究。他把物理学的世界图景定义为"外部事物和内部形象之总和"，并认为外部事物具有"直观性"，而内部形象具有"理念性"，即认知的方式存在于认知主体的理念之中。因此，世界图景既是现实的，也是理念的。世界图景的现实性体现在其本身是现实世界的映像，是人的意识对客观现实的反映；而理念性则体现在它是人类思维认知活动的一部分，需要人类在认知现实世界的过程中产生，人们通过抽象思维对现实世界的映像进行理解和阐释。世界图景是由人对现实世界的直观认识需求而产生的。学术界认为，世界图景是综合的、全景式的关于具体现实以及人在具体现实的地位的认识。

在哲学方面，维特根斯坦（Ludwig Wittgenstein）在其《逻辑哲学论》一书中最早使用了这一术语。他指出："如果世界没有实体的话，则命题之是否有意思，视另一个命题之是否为真而定……那就会不可能描绘出世界的图景（真的或是假的）……真实思想的总和就是世界的图景。"[①]因此，我们可以把世界图景直观地理解为人类对世界认识的总和。

在西方，经过德国学者魏斯格贝尔（Leo Weis-gerber）的使用，世界图景概念作为基本术语被引入符号学和人类学中来。世界图景从此在西方人文和社会科学领域得到了广泛运用。德国哲学家施本格勒（O. Spenglar）在其名著《西方的没落》（1918）中写道："每一种文化本质上都是以非常独特的方式看待自然界和认识自然界的，或者说，每一种文化都有自己独特的自然界，这个自然界是别的文化的人不可能拥有的。"施本格勒话语中的"自然界"即是"世界图景"之意，简而言之，每一种文化都有自己独特的看待世界的方式。

关于世界图景的内涵，中国学者杨仕章在其《语言世界图景刍议》一文中说到："对世界图景最恰当的理解，是把它定义为一种世界的全貌，它是一个人世界观的基础，表现为其携带者对世界本质特点的认识，是人所有精神能动性作用的结果。"[②]李元发教授在其《世界图景与语言世界图景之结构及关系》一文中谈到："人是认识世界的主体，由于每个人社会阅历的深浅、知识水平的高低、世界观的不同、年龄层次的差异、时代局限、从事专业或职业的不同、文化的差异，以致每个人眼中的世界图景千姿百态，但在不同认知主体眼中千差万别的世界图景中存在着

---

① 维特根斯坦. 逻辑哲学论[M]. 北京：商务印书馆，1992：24—28.
② 杨仕章. 语言世界图景刍议[A]. 外语与文化研究[M]. 上海：上海外语教育出版社，2001：377.

一个能保证人们相互理解的共性因素。"①由此可见,个人的生理状况、文化背景、思维模式等主观因素都限制了对世界图景的科学性和普遍性认识。

随着人类社会科学水平的增强,科学世界图景研究也不断深入和发展,世界图景的内涵也逐渐由物理学领域向其他领域扩展,学者们根据自身研究领域的不同,对"世界图景"这一概念也赋予了新的各具特色的定义。

## 二、世界图景的概念

美国人类学家罗伯特·雷德菲尔德（R. Redfield）把"世界图景"定义为:世界图景是某一民族对宇宙典型的主观认知,是该社会成员对自身及自身在世界中的行动与能动性认识的总体观念。②因此,世界图景概念与人类活动的历史密切相关,不同民族具有不同的世界图景。现代学者把世界图景定义为:"以人们的世界观为基础的,关于世界的全球形象,也就是人类精神和认知活动的结果及人的认知中反映世界本质特征的世界的全球形象。"简单地说:"世界图景就是世界的整体形象,把问题放到世界的高度看,从世界的角度看它的影响。"世界的整体形象是以人类的世界观为基础的,也就是说,人们通过精神和认知的作用,将世界的本质特征在其意识中反映出来。但是,所谓的"世界",不仅仅被理解为人们眼中的直观现实或者人们周围的存在着的现实,还应理解为人的认知与现实相统一、相一致。

世界图景是人们概念中的中心概念,反映人类存在的特色。世界图

---

① 李元发. 世界图景与语言世界图景之结构及关系[J]. 西北师范大学学报, 2004（4）: 26.

② 吴国华, 彭文钊. 论语言世界图景作为语言学的研究对象[J]. 外语与外语教学, 2003（2）: 6.

景的概念属于基础概念范畴，反映出人类存在特色、人与世界的相互关系，以及人类在世界生存的重要条件。世界图景是世界的整体形象，这种整体形象是人类认知活动的结果。人们的世界图景是在同外部世界相互接触、相互作用过程中产生的。

总之，人类心理活动的多个方面都参与了世界图景的构建，从接触、理解、概念到人类的思维，但关于与人类世界图景的形成有关某一个进程却很难说明。人们可以观察世界、思考世界、感知世界、认识世界和反映世界。这些进程的结果是人类产生了对世界的形象或者他们的世界观。

然而，随着时代的进步和社会的发展，人们逐渐发现，任何一项研究都应注重"人"在其中的影响因素，每项研究都应与人相联系，在语言学和文化学的研究中也是一样的。在语言学和文化学的研究领域里，"世界图景"这一术语则主要侧重于人的因素，它指的是在人们的大脑中所呈现出来的比较复杂的对现实世界景象的一种认知反映。简单地说，世界图景就是人类对世界认识的总和，这一术语体现了该图景对人的因素的重视，强调了人是作为认知的主体形式出现的，并且指出此概念是建立在人类对世界的认识基础之上，它是人类认识世界的全过程。"世界图景"概念的理论价值在于，提供了一种认识世界的模式或者说是模型，而"世界图景"研究的出发点和归宿则在于其揭示世界形象。

世界图景是人类观念中的中心概念，它反映出了人类存在的特征性。世界图景产生于人类本身，产生于同外部世界相互作用的进程中。在同世界的日常联系中，体现了人类客体实践的积极性。世界图景的痕迹存在于语言、造型艺术、音乐、宗教、礼节、事物、表情、人类行为之中。世界图景构成了人们与世界、自然及他人之间的关系类型，提出了世界人类行为规范，确定了对生活的态度。

## 三、世界图景的分类

（一）按照学科分类

自20世纪六七十年代以来，世界图景的阐释摆脱了单一学科的局限，世界图景的研究对象向多元化方向延伸。除了物理学世界图景、化学世界图景等之外，又出现了诸多人文和社会科学领域中的世界图景，如哲学、文学、文化学、符号学、语言学等方面的世界图景。每一个领域的科学都反映出不同形式的世界图景，但是其总的研究目标仍然以揭示世界形象为目的。

（二）按照属性分类

世界图景按其属性可以分为"天真世界图景"和"科学世界图景"两类。

"天真世界图景"又可称为"素朴世界图景"，是人对世界最为朴实的认识[1]，或是人在与现实世界的接触过程中得出的最初始的世界形象，受认知主体自身因素和各种客观因素的制约，不受专业的限制。在该图景中体现了以人为中心，突出了人的因素的重要性，并且在该世界图景的形成过程中，语言起到了决定性和不可替代的作用。因此，天真世界图景又被笼统地称为"语言世界图景"。

"科学世界图景"由德国物理学家普朗克（Max Planck）提出，他认为：科学世界图景是能够客观反映自然建构的概念，它不以人的理解而改变，科学世界图景是局限于某一自然科学范畴之内的世界图景。科学世界图景产生在人类经验的基础之上，是对现实世界科学的认识，在形成科学

---

[1] 赵爱国.语言文化学论纲[M].哈尔滨：黑龙江人民出版社，2006：78.

世界图景过程中，常运用分析、归纳、演绎、实验、推理等原则和方法来表达对某一科学的整体认识，从而描写、解释和预测所发生的科学现象，揭示客观事物的发展规律。因此，科学世界图景是指以自然科学为主体的科学对世界的认识，受专业知识的限制。

研究表明，天真世界图景更显现出"个性化"，是不同的人对世界最真实的反映，天真世界图景是科学世界图景、语言世界图景产生的基础，推动人类认知的发展。科学世界图景更加客观，具有"真理性""稳定性"，能够为人类生活提供正确的方向。天真世界图景和科学世界图景都为人类的发展做出重要贡献。

（三）按归属分类

俄罗斯心理学家列昂季耶夫在其著作《注意心理学》中指出：世界图景作为特殊的心理范畴呈现为复杂的动态的层级结构。根据世界图景的归属，他将其分为民族世界图景和个人世界图景。从小的方面来看，每个人看待世界的方式不同，以个体为单位，分为个人的世界图景；从大的方面来看，把这些个体按民族归类，又归为民族世界图景。

## 四、世界图景的特征

（一）素朴性和科学性的统一

素朴的世界图景是指对世界最初始、最简单、最自然的认识，不受科学知识的限制。人对周围世界的认知是经过思考进行的，表现为思维过程。尽管他们力求全面、完整、准确地认识世界，结果常常是对现实世界认识的素朴观念，因此具有素朴性。科学世界图景是在素朴世界图景的基础上产生的，作为整体认识的科学世界图景是在形成现实的客观知识基础上借助科学基础概念和原则得以表达的对世界最普遍的观念认识系统，受专业科学的限制，它具有不以人们意志为转移的"客观现实性"，因此又具有科学性。素朴性和科学性是一对相对概念，二者是矛盾的对立统一关系。

（二）静态性和动态性的统一

世界图景是静态性与动态性的结合。这里所谓的静态性指的是相对稳定性。因为，人们认识世界需要一个过程，有时这一过程会持续很久。人脑的构造决定了人的认知机制无法立即完整地认识世界，也正因为如此，世界图景常被比喻为一块棱镜所折射出来的世界。作为一个民族智慧的结晶，世界图景的形成具有相对的稳定性，从而便于它的不断传承。但是，由于人类的认识是一个不断发展的过程，在世界图景形成后，人们还在不断地积累新的经验，对已经形成的世界图景进行重释、修改、完善、扩展和传承，把素朴的世界图景逐步改造和升华为科学世界图景。由此可见，世界图景的产生和延续并不是静止不动的图片，而是一个不断发展变化着的动态过程，是人类集体反复认知的结果和智慧结晶。

（三）民族性和普遍性的统一

世界图景最为典型的特点即民族性与普遍性的统一。世界图景是从个性群体的角度来映射周围世界的，它建立在个性群体的基础之上，因而它可能是个人的，也可能是群体的，具有民族、社团、时代、地缘等方面的特性。在一个相当长的历史时期，各个民族具有各自的发展轨迹和特有的生活环境，因此在认识和映射周围世界的过程中，形成不同的对客观世界的看法，反映出不同的世界观，这些观念体系间既有共性又有个性。一个民族受地理、历史、自然、社会等条件的限制，在一定程度上决定了该民族的世界图景,不同的民族对世界的认识结果必然具有鲜明的个性,即世界图景具有民族性。但同时世界图景又具有普遍性,这是因为某些民族在地域、历史、社会等方面因素相似或相同,对客观世界具有相似的认知方式和认识结果。而且,随着全球化进程的日益加快,民族文化的交流交融,使各民族世界图景趋于一致,这是导致世界图景普遍性的重要原因。

(四)现实性和理念性的统一

世界图景是人脑中一种极为复杂的反映现象,它既包括人脑对客观世界的反映,也包括对虚幻世界的主观想象,即:认知的方式存在于认知主体的理念之中。因此,世界图景不仅是现实的,也是理念的。现实性体现在世界图景本身是现实世界的映像,是人类各项具体实践活动的产物,人的意识容易达到;理念性归因于世界图景是人类思维活动的一部分,需要在世界认知过程中生成,人们通过抽象思维在认知的过程中去理解和阐释。因而,根据不同的主客体关系形成不同的世界图像。

(五)广泛性和整体性的统一

世界图景是一种科学的认识世界范式,几乎涵盖了生活的各个方面,包括哲学、文化、神话等世界图景,具有广泛性。世界图景反映的并非仅仅来自人的某一方面的精神活动,而是人全部精神活动的结果。世界图景作为综合的世界映像,产生于人与世界接触的所有过程中。正如谢列伯列尼科夫所言:"世界图景是完整的、综合的世界形象,产生于人与世界接触的所有过程中。"[①]因此,世界图景是内在、外在知识的综合体,是表层结构和深层结构的融合,是知识的总体融合,具有整体性。

---

[①] 李元发. 世界图景与语言世界图景之结构及关系[J]. 西北师大学报,2004(4):26.

## 第二节　语言世界图景理论

### 一、语言世界图景理论形成的要素

（一）自然要素

自然是人类生活的外部条件，这些外部条件以不同的形式反映在人类语言中。面对熟悉的动物、地点、植物及他们感受到的自然状态，人们给它们赋予一定的名称。受自然条件的影响，这些知觉特性及对颜色感知的现象被强加于人们的语言认知中。视觉对周围自然感知的语义特征代表不同的颜色标志，人们通常会将具体的自然客体联想到某一颜色。在不同的语言文化中，与颜色符号相关的原有的联想已经得到了巩固，这些联想在某些方面具有一致性，在某些方面又具有差异性。

正是人们赖以生存的自然从一开始就在语言中构成了人类联想概念的世界，这些联想的概念在语言中通过隐喻、借喻、比喻、比较、文化伴随意义等形式表现出来。

（二）文化要素

文化是指人类在社会实践过程中所获得的物质、精神的生产能力和创造的物质、精神财富总和。文化既包括世界观、人生观、价值观等具有意识形态性质的部分，又包括自然科学和技术、语言和文字等非意识形态的部分。文化是人类社会特有的现象，是人们长期创造形成的产物，同时又是一种历史现象，是社会历史的积淀物。文化是凝结在物质之中又游离于物质之外的，能够被传承的国家或民族的历史、地理、风土人情、传统习俗、生活方式、文学艺术、行为规范、思维方式、价值观念等，是人与人之间进行交流的普遍认可的一种能够传承的意识形态，这一切都可以把世世代代和不同社会的共性区分开来，并体现在关于世界的不同概念和语言认识之中。

广义的文化包括四个层次：一是物态文化层，由物化的知识力量构成，是人的物质生产活动及其产品的总和，是可感知的、具有物质实体的文化事物；二是制度文化层，由人类在社会实践中建立的各种社会规范构成，包括社会经济制度、婚姻制度、家族制度、政治法律制度、家族、民族、国家、经济、政治、教育、科技、艺术组织等；三是行为文化层，以民风民俗形态出现，见之于日常起居活动之中，具有鲜明的民族特征和地域特色；四是心态文化层，由人类社会实践和意识活动中经过长期孕育而形成的价值观念、审美情趣、思维方式等构成，是文化的核心部分。人类由于共同生活的需要才创造出文化，文化在它所涵盖的范围内和不同的层面发挥着如下功能和作用：

1. 整合功能

文化起着目标、规范、意见和行为整合的作用。文化整合功能是民族团结和社会秩序的基础。一个民族，由于共享一份文化，不论他们是否居住在一起，或者是否生活在同样的社会制度之中，都会有民族的认同感和在心理上、行为上的一致性特征。首先，价值整合是文化最基本、最重要的一种功能。只有价值一致，才有结构与行为的协调，才会有共同的社会生活。任何社会中的人们在价值观上都会有差异，但经由统一文化的熏陶，必然在社会生活的基本方面形成大体一致的观念。其次，文化具有规范整合功能。规范因价值需要而产生，因文化的整合而系统化和协调一致。整合功能使规范内化为个人的行为准则，进而将社会成员的行为纳入一定的轨道和模式，以维持一定的社会秩序。最后，文化起着结构整合的作用。社会是一个多元结构的系统。一个复杂的多元社会，是由众多互相分离而又互相联结的部分和单位组成的，每一个部分和单位都具有自己的功能，但这种功能的发挥，必须和其他部分的功能联结起来才能实现，才能对整个社会的运行发挥作用，即所谓功能互补。

2. 导向功能

文化在社会导向中的功能是：（1）提供知识。社会导向要以新的知识为动力，新的知识包括新的理论、科学、技术等依赖于文化上的发明和发现。（2）协调社会工程管理。有计划地推动社会进步，是一项巨大的社会系统工程，它包括决策、规划、组织实施等阶段。在总体系统工程中，又包括许多子系统。各阶段和各子系统的协调配合有赖于文化的调适。文化可以为人们的行动提供方向和可供选择的方式。通过共享文化，行动者可以知道自己的何种行为在对方看来是适宜的、可以引起积极回应的，并倾向于选择有效的行动，这就是文化对行为的导向作用。

3. 维持秩序功能

文化是人们以往共同生活经验的积累，是人们通过比较和选择认为是合理并被普遍接受的东西。某种文化的形成和确立，就意味着某种价值观和行为规范的被认可和被遵从，这也意味着某种秩序的形成。而且只要这种文化在起作用，由这种文化所确立的社会秩序就会被维持下去，这就是文化维持社会秩序的功能。

4. 传续功能

从世代的角度看，如果文化能向新的世代流传，即下一代也认同、共享上一代的文化，那么，文化就有了传续功能。

文化领域的任何一种特性都会体现在语言之中，语言是人类文化的载体和重要组成部分，每种语言都能表达出使用者所在民族的世界观、思维方式、社会特性以及文化、历史等。

（三）认识要素

不同的人、不同的民族对世界的认知方法是不同的。各民族认知活动结果的不同足以证明这一点，因为这些认知活动结果的差异在各民族语言观念的特色中和语言认知的特性中都可以找到自己独特的表达方法。正如德国语言学家洪堡特（Wilhelm von Humboldt）所指出的，"对事物的不同看法"是影响人们对语言认识差异的最重要因素。

认知的、文化的及语言概念化的其他特性彼此之间紧密相关，而它们之间的界限划分是有条件的，并且接近的，这既属于名称区分方法，也属于语言分解世界的特性。应该考虑到，对某一情景或某一客体的理解直接取决于领会这一客体的主体，取决于他的背景知识、他的经验、他的期望以及他所处的位置和他的视野。同样，这一切也给人提供了从不同的视角描述同一情景的可能和前景，毫无疑问，这也就拓宽了人们对这一情景的理解。

语言绝不是普通世界的镜子，因为语言所记载的不仅仅是人所能感知领会的东西，同样也传承人所思索的、认知的、阐释的一些东西。这就是说，世界不只是人类通过自己的感官手段才能理解的。相反，是人类对其所领会的东西经过思维认知、理解、阐释，并从主观上所取得的成果才构成了人们对世界理解的大部分。因此可以说，语言是"世界的镜子"。然而，合理地说，这个镜子并不理想，它并不是直接地反映的世界，而是通过人类共同体主观认知折射出世界。

## 二、语言世界图景理论发展的社会人文环境和历史条件

从理论渊源看，语言世界图景理论最早源自洪堡特提出的著名理论

假说,即"每一种语言都包含着一种独特世界观"①。因此,西方文献中将其称为"语言世界观"。当代语言世界图景理论是在18世纪末至19世纪初的德国哲学与语言学基础上发展而来的,在此特定社会人文环境和历史条件影响下,语言学思想也不断繁荣发展。

首先,18世纪到19世纪的德国,是"古典哲学的鼎盛期和历史比较语言学的研究中心",哲学的空前繁荣带动着语言学思想的活跃和昌盛,同时也催生出诸如语言世界图景等新的理论。在此期间,德国培育出了许多杰出的哲学家、思想家和语言学家。如理性主义代表康德（Immanuel Kant）和黑格尔（G. W. F. Hegel）、经验主义代表费尔巴哈（Feuerbach, Ludwig Andreas）、语言学民族心理学派代表斯坦塔尔（H. Heymann Steinthal）等。

其次,从18世纪中期开始,西方尤其是德国学界开展了长达一个世纪的关于语言起源问题的大讨论,产生了一系列的假说,例如,神授说、拟声说、感叹说、契约说、劳动说等。其中赫尔德提出的"人类本源说"对后来的语言世界图景研究具有深远的影响。客观上也为语言世界图景理论的形成提供了必要的历史条件。关于提出或赞成语言起源不同假说的代表人物如下表1.2.1所示:

表1.2.1 语言起源假说

| 语言起源假说 | 假说倡导者 | 假说论点 |
| --- | --- | --- |
| 人类本源说<br>Anthropogenesis Theory | 赫尔德<br>（1744~1803） | 语言是人的本质所在,人之成其为人,就因为他有语言 |
| 拟声说<br>Bow-wow Theory | 斯坦塔尔<br>（1823~1899） | 通过对动物及自然界其他声音的模仿来对事物进行命名的 |

---

① 洪堡特. 论人类语言结构的差异及其对人类精神发展的影响[M]. 北京:商务印书馆,1997:70.

续表

| 语言起源假说 | 假说倡导者 | 假说论点 |
| --- | --- | --- |
| 神授说<br>Divine Theory | 苏斯米希<br>（1708~1767） | 事物的命名都是由神任意而定 |
| 契约说<br>Contract Theory | 莫白迪<br>（1698~1759） | 语言是社会集团的规约，语言是由人类共同创造的 |
| 劳动说<br>Labor Theory | 恩格斯<br>（1820~1895） | 语言是从劳动中并和劳动一起产生的 |
| 感叹说<br>Lamented Theory | 达尔文<br>（1809~1882） | 最初的语言是情感的表达，是一种口腔姿势，是从口腔或鼻腔发出的噗（pooh）、呸（pish）的声音 |

由此可见，植根于博大精深的哲学沃土，得助于史无前例的语言起源研究热潮，语言世界图景理论便在德国学界（主要是人类学和语言学领域）应运而生了。但是，语言世界图景作为一个完整的理论体系，并非成就于洪堡特的"一家之说"，而是经历了较为漫长的发展与完善过程，它凝聚着几代学者深邃的哲学思考和孜孜不倦的探索。

除了以上所提及的学者，19世纪末，还出现了一批对语言世界图景理论做出贡献的学者，如施坦塔尔、维特根斯坦、魏格斯贝尔、萨丕尔和沃尔夫等。

## 三、语言世界图景产生的哲学基础

（一）语言世界图景产生的哲学基础

作为当代语言学的一种前沿理论，语言世界图景也是建立在一定哲学基础上的。语言世界图景理论的对象是语言、思维、现实三者之间的相互关系，主要研究语言中"人的因素"，欲弄清其哲学基础，必须先探讨西方哲学中存在的两种对立的世界观。围绕着认识的来源和基础、真理的标准、认识的方法等认识论问题的激烈争论，文艺复兴之后的哲学出现了两大派别：经验论（Empiricism）和唯理论（Rationalism）。唯理论源自柏拉图（Plato）的唯实论（Realism），而经验论源自亚里士多德（Aristotle）的唯名论（Nominalism）。经验论强调感性经验，即认识来源于感觉经验，一切知识必须建立在经验的基础上，并且认为经验是人们一切知识或观念的源泉；唯理论则强调理性，即认识来源于天赋观念，知识必须建立在理性论证的基础上，并认为理性才是知识的源泉和衡量现实的标准。

经验论和唯理论的对立以不同形式贯穿整个语言学历史，并一直持续影响各语言学流派对语言问题的看法。经验论者关注各种语言的差异性，而唯理论者则注重存在于各种语言表面差异之下的共性。纵观整个语言学发展史，流派众多，观点各异。例如，以布龙菲尔德（Leonard Bloomfield）为首的美国描写语言学派，尽量贬低普遍性假设，把可观察现象的描写放在至高无上的地位，他们采用的方法是为每一种语言设计一些特有的、语言之间各不相同的范畴和类别。而以乔姆斯基（Noam Chomsky）为首的转换生成语言学派则重视语言普遍性的重要性，他们提出，在语言结构的较深层次中，可以发现人类共有的、在各种语言的表面以不同形式体现的某些共同形式。当代著名认知语言学家莱考夫（George Lakoff）和约翰逊（Mark Johnson）在其著作《我们赖以生存的隐喻》中，从认知语言学的角度对这两个哲学观点重新思考和命名，认为经验论和唯理论本质上是哲学研究中两种相近或相似的流派，并把它们统称为"客观主义"。客观主义承认世界具有物质性和客观性，世界是由相互对立的两部分组成的，一是物质的，另一种是理念的。在此基础上建立了一系列主客体对立的二元论：身/心、感知/概念、形式/内容等[1]，即一方面

---

[1] 赵艳芳. 认知语言学概论[M]. 上海：上海外语教育出版社，2001：29.

是物质的世界，另一方面是理性的心智。

显而易见，语言世界图景理论是在上述客观主义哲学基础上形成和发展起来的。语言世界图景理论的奠基人洪堡特和赫尔德提出的"语言世界观"的思想在内容和形式上都与康德（Immanuel Kant）的"先天形式"和"主体性原则"等理论颇为相似，他们都认为人的认识具有天赋性和普遍性[1]，主张人的理性是一种主观能动的建构，而不是客观被动的反映。

20世纪50年代以来随着自然科学的突飞猛进，认知科学也飞速发展，客观主义的自身缺陷日趋明显，随之逐渐兴起非客观主义的认识论。莱考夫等学者将非客观主义称为"经验现实主义"。非客观主义既不是客观主义也不是主观主义，而是在二者的合理成分基础上建立起来的。20世纪八九十年代以来，一批新兴交叉学科，如认知语言学、语言文化学、跨文化交际学、心理语言学等相继建立，语言世界图景研究的理论层次和内容范围得到极大提升和拓展。人们不再把研究局限于语言与现实的对立中思维所起的影响和作用，而是将人的作用和因素纳入其中，提出了以研究人的心理为目的一些术语，诸如"范畴化""隐喻化""心智结构""意象图式""认知图景""心理空间"等一系列新的"非客观主义"观点。因此，语言世界图景理论研究哲学基础已由形成时期的客观主义逐渐转向了非客观主义，即"人类中心范式"下的语言认知功能或认知心理研究。[2]

（二）语言世界图景的内涵

语言世界图景的生成过程首先是客观事物刺激人，然后是人对所受刺激的对象进行辨认和划分，最后通过句法转换、词项插入等方式进行语言表达。

---

[1] 赵艳芳. 认知语言学概论[M]. 上海：上海外语教育出版社，2001：29.
[2] 赵爱国. 语言世界图景理论及其研究[J]. 外语与外语教学，2004（11）：3.

语言世界图景的形成是一系列的科学化过程，包含了生物科学、心理科学、认知科学、语言学等。语言世界图景理论是语言文化学的核心概念之一，是当代语言学的一种前沿理论，又被称为"语言世界模式""语言世界观""语言对世界的表征""语言中间世界""语言世界组织"等。

对于语言世界图景，许多著名的学者都提出了自己的定义。"语言世界图景"这一术语最早由前苏联语言学家布鲁江于1973年提出，他最初设想的是概念世界模式和语言世界模式，在此基础上提出了语言世界图景。随后这一术语被当今语言学界广泛使用，是自20世纪80年代以来语言学研究领域最活跃的关键词之一，也是语言学特别是语言文化学研究领域的热点。俄罗斯学者E. C. 雅科夫列娃则认为：语言世界图景是记录在语言中的、对于该语言集体来说独特的感知现实的图式；B. A. 玛斯拉娃认为：语言世界图景可以被定义为刻录在词汇、熟语、语法中的关于世界的知识的总和；中国学者吴国华、杨喜昌认为：语言世界图景是指使用该语言的民族对现实世界的认识在语言中的集中体现，是一个民族精神文化在语言中的结晶，是该语言民族对现实世界的认识在语言中的集中体现，换句话说，语言中包含了该民族成员对现实世界的认识。①

语言在世界图景的生成过程中起着至关重要的作用，语言中包含了该民族成员对现实世界的认识。语言和客观世界之间是通过人的思维/认知产生关系的。客观世界投射到人的大脑中经过人的思维/认知加工后形成了语言。因此，语言世界图景理论是研究语言、思维（认知）和客观世界三者之间的关系。语言世界图景的研究是一个反向过程：人通过对语言的思维/认知加工来研究语言中所映射的客观世界形象或世界图景。

---

①吴国华，杨喜昌. 文化语义学[M]. 北京：军事谊文出版社，2000：11.

如图1.2.1所示：

客观世界/世界图景⟹思维/认知⟹语言

（投射）

语言⟹思维/认知⟹客观世界/世界图景

（映现）

**图1.2.1 语言和客观世界/世界的投射与映现关系**

客观世界投射到人的大脑中经过人的思维/认知加工后形成的语言，通过大脑的再次思维/认知加工，会得出一个新的客观世界形象或世界图景。这个新的客观世界形象或世界图景与原初的客观世界形象或世界图景是不完全相同的，是一个间接的客观世界形象或世界图景。这一新的世界形象或世界图景再经过思维/认知加工又会形成新的语言（如图1.2.2所示）。语言世界图景研究中人对客观世界的认知也是一个不断增长的过程。人在认识和改造世界的过程中，随着对客观世界认识范围的不断扩大和加深，会不断地接收到新信息、新概念。这些新信息、新概念会融入大脑中已有的观念/概念，形成新语言，如图1.2.3所示：

客观世界/世界图景1⟹思维/认知1⟹语言1⟹思维/认知2
⇓
……⟸语言2⟸思维/认知3⟸客观世界/世界图景2

**图1.2.2 语言世界图景系统的增长过程**

客观世界/世界图景⟹思维/认知加工⟹新语言
⇑
基于大脑中已有的观念、概念

**图1.2.3 语言世界图景系统的更新过程**

语言世界图景是世界图景在语言中的语言化、符号化、语义化表达。它是历史形成的，是某一语言社团对外部世界的朴素观念认知的总和。语言世界图景顾名思义就是语言所反映的世界，因为世界图景在人脑的形成过程中，必须借助语言，如果没有语言，世界图景就无法完整地表现出来，可见，语言是表达世界图景的核心，没有语言，世界图景就无法完整地表达。但是语言世界图景并非世界图景的全部，如果用数学的方式表达，语言世界图景仅仅是世界图景的一个子集。

人类语言学家本杰明·沃尔夫（Benjamin Lee Whorf）指出："语言结构对世界概念的构想方式有着强烈的影响。语言范畴影响着人的思维和认识。"[1]也就是说，"语言结构部分地或全部地决定人们对世界的看法。"[2]语言是表达思维的主要方式，但却不是唯一的方式。思维具有多样性，语言只是其中的一个类型。语言不能完成对现实的全面客观表现，原因在于词汇语义对现实反映的任意表达，语义特征的选取因人而异，所以语言在本质上具有不确定性。除了语言之外，手势表情等非语言手段也是思维的表达方式，所以语言世界图景是世界图景的属概念，是世界图景系统的一个部分。正如我国学者杨仕章所言，"语言世界图景指的是与语言紧密相连，并通过语言形式折射出的那部分观念世界"[3]。

### 四、语言世界图景的结构体系

构成语言世界图景的基本单位与存在于语言系统和连贯言语中的语言单位系统是一致的。后者构成了语言世界图景结构体系的表达平面（形式面），而各级语言单位自身及其与其他语言单位的作用是形成语言

---

[1] 杨海云，谭林. 语言世界图景之管窥[J]. 中国俄语教学，2003（1）：9.
[2] 胡文仲. 跨文化交际学概论[M]. 外语教学与研究出版社，1999：61.
[3] 杨仕章. 语言世界图景刍议[A]. 外语与文化研究[M]. 上海：上海外语教育出版社，2001：380.

世界图景的必要手段①。各级语言单位在组合轴和聚合轴上有序排列，形成体系，成为语言世界图景的符号形式。在内容平面上，我们把在各级语言单位语法形式及语义结构中表达的观念世界图景的知识整体称为知识系统。这是因为，个别语言单位表现的知识内容决不是个体的、割裂的和离散的存在，它们是整个系统中的一部分，在反映现实的深浅、准确程度上有所差别并分出层次，一并归入场性分工序列。基于对语言世界图景基本单位构成及其总体内容分布的理解和分析，我们把语言世界图景的结构组织放在表达和内容两个平面上进行分析，如图1.2.4所示：

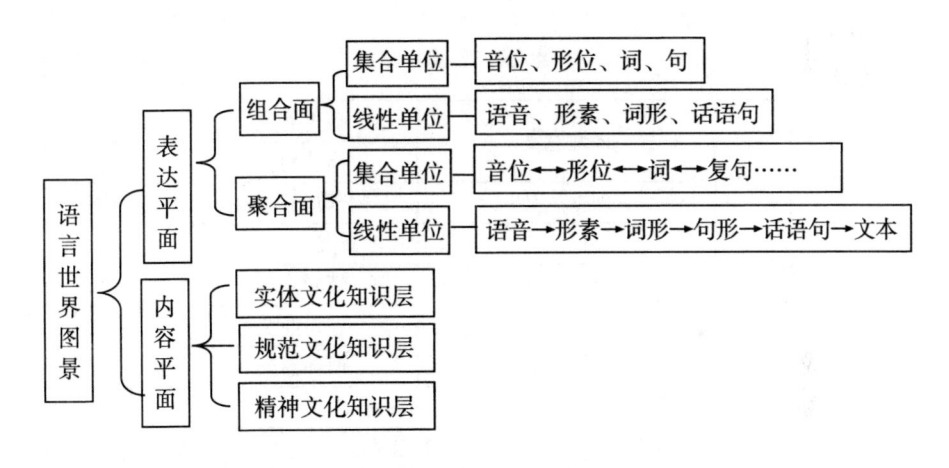

```
                    ┌─ 组合面 ─┬─ 集合单位 ─ 音位、形位、词、句
                    │          └─ 线性单位 ─ 语音、形素、词形、话语句
        ┌─ 表达平面 ┤
        │           └─ 聚合面 ─┬─ 集合单位 ─ 音位←→形位←→词←→复句……
语言世界│                      └─ 线性单位 ─ 语音→形素→词形→句形→话语句→文本
图景    │
        │           ┌─ 实体文化知识层
        └─ 内容平面 ┼─ 规范文化知识层
                    └─ 精神文化知识层
```

**图 1.2.4 语言世界图景的结构组织示意图**

分析表明，无论语言世界图景形式平面还是内容平面的分析，都必须从分析语言单位语法形式与语义内容入手，以潜在的认知模式和知识组织成为现实的意义构成。由此，我们就把语言世界图景知识系统研究纳入了语言学研究的轨道，使其在语义学论域内找到了自己的位置。

吴国华教授把语义结构划分为理性意义、内部形式意义、伴随意义

---

① 在形式面的分析上参照的是华劭教授在《关于语言单位及其组合关系和聚合关系问题》（《华劭论文选》，黑龙江人民出版社，1991年）一文中的研究成果。

和搭配意义四种类型。各民族都有自己与其他民族不同的特异生活、习俗和心理状况。一方面，不同民族概括词义在相互对应的两个词所概括进去的具体内容往往因民族而异。另一方面，在二级符号系统中，所指和能指的关系在很大程度上取决于民族的宗教信仰、审美和价值观等因素，反映了语言使用者对词的所指对象的心理印象①。为进一步挖掘深层民族文化语义，彭文钊教授在此基础上借鉴其符号层级思想、整体思想、功能语义场思想，建立对意指单位的语义分析系统及阐释模式，如表1.2.2所示：

表1.2.2 语言文化信息单位的语义结构完形②

| 项目层级 | 意 义 类 型 ||| 意指方式 |
|---|---|---|---|---|
| 表层语义结构 | 外显意义 | 理性意义 | 概念意义 | 指称 |
| | | | 指称意义 | 实指 |
| | | 理据意义 | 内部形式意义 | 理据性 |
| 深层语义结构 | 内隐意义 | 伴随意义 | 文化伴随意义 | 伴随与标记 |
| | | 情感伴随意义 | 情感意义 | |
| | | | 评价意义 | |
| | | | 语体意义 | |
| | | 语用意义 | 预设意义 | 意向化 |
| | | | 蕴涵意义 | |
| | | | 意向意义 | |
| | 指涉意义 | 形象指涉意义 | 原型形象意义 | 投射 |
| | | | 表现形象意义 | |
| | | | 象征形象意义 | |
| | | 文化指涉意义 | 实体化指涉意义 | |
| | | | 规范文化指涉意义 | |
| | | | 精神文化指涉意义 | |

---

① 吴国华.语言文化问题探索[M].北京：军事谊文出版社，1997：40, 42—43.
② 彭文钊.俄语语言世界图景的文化释义性研究：理论与方法[D].黑龙江大学，2002：52.

### 五、语言世界图景的特性

语言世界图景是世界图景在语言中的语言化，是历史形成的、某一语言共同体对外部世界素朴观念认识的综合。而正是这些素朴的观念和认识使得该语言世界图景成为语言中体现民族观念、民族文化和民族认知成果的总和，而且呈现出多方面的特点。

（一）语言世界图景具有普遍性与民族性

同世界图景一样，语言世界图景既具有普遍性，又具有民族性。一方面，从客观条件看，客观世界是客观存在的，具有普遍规律、真理。从主观条件看，人类拥有相同的生理结构，因此人类认知能力和语言能力具有普遍性。综合主客观这两个条件，各民族的文化和语言之间存在共性，各民族的世界观也有许多相同或相似的地方，因此各民族的语言世界图景具有相对的共性。人类语言世界图景中的普遍性因素也是各民族间文化交流的保障。随着民族间相互交流、相互认识、相互理解、相互影响、相互渗透，民族世界图景中的共性成分也渐趋一致。

由于人们成长的环境不同，受到的文化熏染不同，因而，他们对同一概念理解具有各自民族自身所拥有的文化特色。在不同文化背景下，在不同文化知识的熏陶下，人们的意识形态里所构拟的该民族语言世界图景也是不同的，并且每个民族所构拟的本民族语言世界图景都有其深厚的文化底蕴根植其中，体现在语言世界图景的特点上则表现为每个民族语言世界图景自身的民族性。世界上不存在两张描绘完全一样的世界图景。萨丕尔明确指出："事实上，'现实世界'在很大程度上是不自觉地建立在人类社团的语言习惯之上的。没有两种语言会相似到能将它们看成是代表同一社会现实……"①因此，语言世界图景具有民族性的特点。

（二）语言世界图景具有共时稳定性与历时动态性

语言世界图景源自世界图景，世界图景动态性和稳定性的统一特征决定了语言世界图景不仅具有历时动态性，而且具有共时稳定性。

从人类历史的发展过程来看，人们的人生观、世界观、价值观不是固定不变的，而借助于语言所反映的人们认知活动所表现出来的形式也在不断地发生着变化，也就是说，语言世界图景不是一种固定的、一成不变的认知，它是随着时间的推移呈动态发展趋势的，它是一个发展着的理论体系。也就是说，语言世界图景具有历时动态性，它随着时间的推移在不断发生着变化。

但是，在某一历史时期的某一特定阶段，它所表现出来的则是某一特定时期内相对的现实稳定性。即在某一固定的历史时期，人们的思想在该时期的社会形势和政治生活的作用下暂时处于一种稳定的思维模式之中，影响他们言行结果的因素是暂时稳定的，暂时不变的，体现出语言世界图景自身所隐含的共时稳定性。

（三）语言世界图景具有现实性与虚拟性

世界图景既是客观世界反映在人脑中的一种复杂现象，也包括人对虚幻世界的主观认知想象。语言世界图景是世界图景在语言中的反映，是人类对现实世界的认知过程和认知结果，是人类所有具体实践活动的产物，因此语言世界图景具有现实性。

语言世界图景也是客观世界在人脑中的主观反映，人类通过语言对客观世界进行思维加工后形成语言世界图景，在这一形成过程中，包括

---

① 潘文国. 译文英语对比纲要[M]. 北京：北京语言大学出版社，1997：24.

一系列的主观因素，如人的思维/认知、心理、个人经验、想象、知识等。语言世界图景是通过语言来体现和折射文化或概念世界的一种理论，而文化或概念世界是虚拟的，因此语言世界图景又兼有虚拟性。

（四）语言世界图景具有有限性和无限性

语言世界图景是人对客观现实世界的认知过程和认知结果，在语言图景形成过程中人是必不可少的要素。一方面，从认知主体看，每个主体的认知结构都有一定程度的不完备性。此外，在一定时期内，受实践能力、认识能力和生理素质等因素的限制，人对世界的认识能力是有限的，语言世界图景只能局限于人所知的部分世界。另一方面，从认识的客体来看，客体本身也有一个生成、变化和发展的过程，客观事物的性质也不是同时就暴露在认知主体的面前，因此人对世界的认识都是有限的，反映到语言世界图景中，语言表述认识也会受到限制，因此语言世界图景具有有限性。

从另一方面看，世界万物总是不断变化发展的，语言世界图景也要随着事物的发展不断更新，因此客观世界的无限性导致语言世界图景也具有无限性。随着科技的发展，人们认知能力也不断提高，而且人的认识活动是一个不断反复、无限发展的过程，相应地用语言表达的对世界的认识也是无限的。

（五）语言世界图景具有封闭性和开放性

每一个民族都有保存和维护自己民族文化、习俗和语言的强烈愿望，为此各民族都想方设法把本民族的语言文字作为其文化教育的主要内容和基本方面传承下来。人们可能会对外来文化或是外来词汇产生排斥心理，这是该民族保护本民族语言和文化的本能反应。语言附带的观念认识经过取舍或改造后才被大众认可，并纳入语言系统，这些都是语言封闭性的表现。语言世界图景作为民族共同体对世界的认识在语言中的体现，也要受到语言封闭性的制约，使得语言世界图景具有封闭性。

任何民族的语言和文化，不论其地域环境多么封闭，历史传承与积淀多么丰富，都不可能一成不变，而是一个开放的动态系统。事实上，语言是一种综合性的文化遗产，它不但融合了本民族主体部分和外来语言发展丰富部分，而且也包含了由该种语言弘扬出来的广泛社会内容，还反映了该民族教育、科技、文化、习俗的总体发展水平和社会意识。随着人类历史的不断演进，任何民族的语言都一直处在不断发展之中。语言是民族沟通和交流的工具，为了促进本民族经济文化的发展，各民族会加强交流与合作。在这个过程中人们积极地借鉴和吸收另一种语言文化中的精华，摒弃其中的糟粕，兼容并蓄，充实本民族的语言文化含量，从中获取新的看待世界的方式，接受一种新的世界形象，这可以说是语言世界图景的开放性。世界全球化的发展速度越来越快，语言世界图景所呈现的开放性也越来越明显，语言世界图景综合各种现代文明的因子，不断迎接外来语言文化的挑战。

# 第二章
## 英语谚语与康巴地方语言中的语言世界图景

DI ER ZHANG
YING YU YAN YU YU KANG BA DI FANG YU YAN ZHONG DI
YU YAN SHI JIE TU JING

# 第一节　英语谚语与康巴地方语言的定义和语言特点

## 一、英语谚语与康巴地方谚语的定义

### （一）康巴地方谚语的界定

谚语是藏语中运用广、数量多、使用频率高的一种语汇，语言简练，含义深刻，具有音美、形美、意美的特征且包罗万象，堪称一部高度浓缩藏族文化的百科全书，以朴实无华的形式彰显藏族文化的精髓。《藏族文学史要》中称："在藏族社会中，一个人掌握谚语的多少及是否能确切加以应用，往往成为人们衡量他是否通情达理、能言善辩的标准，也是受人敬仰的条件之一。藏族有句谚语"说话无丹慧，好似刀子无钢水"，此谚中"丹慧"即"谚语"。"丹"是言论或言语之意，"慧"有比喻或楷模之意，合起来意思是：在语言中冠以生动、丰富、恰当的比喻来形象生动地阐述某一个事实或范例。藏族也将谚语称为"当白""卡白"，"白"即"比喻"。藏族谚语包括了成语、俚语、俗语、惯用语、格言、歇后语等，所以藏族谚语的内涵和外延都比一般意义上的谚语丰富。藏族谚语涉及社会生活的各个方面，题材广泛，论理精辟透彻，蕴涵着深刻的哲理，闪耀着藏族人民智慧的光芒。谚语是藏族口头创作并富有哲理性和科学性的重要语言艺术之一，包含着丰富的生产知识和生活经验，多借用藏族特有的和所熟知的事物，以物喻理，给人以强烈的感染和深刻的印象，从而达到其赞美、批评、训诫、激励的目的。本书主要以康巴地区藏语中的谚语与英语谚语为比较研究对象。

（二）英语谚语的界定

英语谚语是流传于英国和美国的比较简练而且言简意赅的话语，谚语"proverb"直接源自古法语的"proverbe"，最初源自拉丁语的"proverbium"，许多权威的英语词典都有对谚语"proverb"一词的释义。

"proverb"在《韦氏新国际英语词典》(*Webster's New International Dictionary*)中的第一释义如下：a brief epigrammatic saying that is a popular byword; an oft-repeated pithy and ingeniously turned maxim: adage, saw.（成为通俗语的尖端机智的话；常用的精粹而机敏的格言；古训，谚语。）《新牛津英语词典》(*The New Oxford Dictionary of English*)把"proverb"定义为：a short pithy saying in general use, stating a general truth or a piece of advice.（一种众所周知的表述普通哲理和劝诫的俗语。）

著名的《韦氏大词典》(*Merriam-Webster Collegiate Dictionary*)认为"proverb"是：a popular saying usually ancient origin, that expresses effectively some common place truth of useful thought.（一种通用的格言，是一种经验智慧的累积。）《朗文现代英语词典》(*Longman Dictionary of Contemporary English*)对"proverb"的定义是：a short well-known supposedly wise saying, usually simple language.（一种广为流传的表达人们智慧的简短格言，它语言凝练，常具有鲜明的形象和一定的韵律，易于记忆。）在曾自立《英语谚语概说》中，英语谚语被定义为："谚语是英美等国人民群众的口头创作，凝集了人民群众生活和斗争的经验，在英美等国人民中广为流传的一种较为定型的富有意义的语句，具有传授经验、教训以及诲人和劝诫等功能，语言简练、通俗，常有鲜明的形象和一定的韵律,易于传诵和记忆。"①

从以上对"proverb"的定义分析,我们可以把英语谚语总结为:一种形式固定、语言简洁、口语化表达、广泛应用于英美人们的日常生活,表达了一些普遍认同的真理或经验或者给其他人一些充满智慧的建议。

## 二、英语谚语与康巴地方语言的语言特点

(一)英语谚语与康巴地方语言的语言特点

谚语是康巴地区藏族人民在长期的生产劳动和生活实践中口头创造的语言艺术形式,涉及社会生活的方方面面,题材十分广泛,丰富的题材为谚语遴选最合适的深刻的内涵和丰富的思想情感,也体现藏语的多种语言风格。

1. 语言口语化,通俗易懂

康巴谚语多来自民间,是藏族人民集体智慧的结晶,多采用了朴实、通俗、平易的口语词来表达藏族对具体事物的认识,文体非常口语化。具有口语色彩的康巴地区谚语简单易懂,带有浓厚的藏族生活气息。如:

· 嘴要想吃,手就应勤。

· 山上弯弯腰,家中不愁烧。

· 烧火要空心,做人要真心。

· 阿妈煮酒不敢称行,阿口念经也有误口。

· 莫看嘴巴巧,莫看脸蛋俏;要看两手壮,要看心眼好。

---

① 曾自立. 英语谚语概说[M]. 北京:商务印书馆,1983:1.

2. 句式整齐，富有美感

藏语有句谚语为"谚语听了懂，图画看后明"。同汉语谚语一样，藏族谚语流畅上口，易记忆流传，其主要原因是句式排列整齐，词语配搭适当和匀称，句子节奏明快，音节结构整齐，停顿有规律。在句子结构形式上，句式整齐匀称、音调和谐，常采用对偶、排比、对照、类比等形式，使谚语富有音乐美感。藏族谚语遵循藏语句子的结构规律，一般采用单句、两句和多句三种句式。除少数单句和多句外，大部分是双句，这些谚语形象地揭示出了事物的辩证、因果关系。

（1）单句式的谚语是一个整体，中间不停顿，大都是单句。如：

·蝼蚁挡马道。

·惯窃难入人流。

·远亲不如近邻。

·好木烂在树皮里。

·话不宜询问宜等待。

（2）两句式的藏族谚语，分前后两部分，中间有停顿，对仗严谨。如：

·人是旧的好，衣是新的美。

·防洪先筑堤，防灾先有备。

·无谚之语难听，无盐之茶难喝。

（3）多句式藏族谚语通常有三或四部分，每部分之间有停顿，说起来节奏分明，但贯通一气。如：

·家法严，媳妇苦；父债多，子孙苦。

·品质很坏的人，学问再深也无用；根茎很毒的花，花朵再美无人采。

·雪白的尾毛装点牦牛，杂色的房间装点山村，金黄的花朵装点草原。

·三高歌曲要自青天唱，美妙语言要打半空来，言词后果要在大地上，是非道理要从学问来。

以上谚语前半句与后半句字数相等，结构相同，内容相关，上下对仗，句式整齐，结构紧凑，衔接自然连贯。藏族谚语节奏分明，音韵铿锵，外形方正整齐，形成均衡美。

3. 语言形象，修辞巧妙

修辞是一种语言的艺术，心理的活动，文化的体现。鲁迅先生说："正如作文的人，因为不能修辞，于是也不能达意。"藏族人民通过对自然界的观察和体验，充分发挥自己丰富的想象力，运用形象化的手法来创作谚语，将把寓意深刻的哲理和丰富的知识经验浓缩在简短的语言之中，以此增强表达效果。

（1）比喻

藏族有句谚语"话无比喻不要讲，人无衣裳不要行"。为了丰富语言的感情色彩，突出事物的鲜明特点，藏族人民在创作谚语时善于运用比喻手法，选用自己熟悉和贴近生活的事物作为喻体，使谚语更意蕴深刻、耐人寻味、发人深省。藏族谚语中丰富的比喻手法增强了表达形象性的艺术，化无形为有形，化抽象为具体，从而达到形与神的统一，意与境的统一，具体与抽象的统一，个别与一般的统一。

- 大话如雷贯耳，行动似虹消失。
- 鱼贪饵而上钩，人贪利而落陷。
- 朋友多了，心胸似草原般宽广；朋友少了，心胸似掌心般狭小。
- 众人的力量，像弓上之矢。
- 幸福像旭日东升，吉祥如海水汇聚。

（2）拟人

谚语作为具有鲜明语言色彩的语言表现形式，藏语中常把自然中的事物拟作人，使其更具活力和动感。如：

- 我的嘴老兄，请让身安宁。

- 嘴是手的兄弟，手是嘴的兄弟。
- 乌鸦着意打扮，难成美丽孔雀。
- 井底之蛙见识少，听说大海气死了。
- 施肥不浇水，庄稼噘起嘴。

（3）夸张

夸张是用言过其实的方法，突出事物的本质，或加强作者的某种感情，烘托气氛，引起读者的联想。藏族人民运用丰富的想象力，在客观现实的基础上有目的地对事物的形象特征进行夸大或缩小，通过用夸大或浓缩的词句形容事物以突出事物的本质，增强语言表达的效果，借以表达强调的意义，从而加深影响或抒发强烈情感，体现谚语语言的艺术表现力。如：

- 上天可揽日月，下地能撼山岳。
- 一口吞下他人田，众口生活被绝断。
- 心胸比大地广阔，做事须似尘埃细致。
- 身份地位大如须弥山，气量胸怀小似鼠粪蛋。
- 水里有多少朵浪花，唐卡就有多少事情可画。
- 吃光了大山不嫌饱，喝干大海不解渴。

（4）对比

对比是把具有明显差异、矛盾和对立的双方安排在一起，进行对照比较的修辞手法。在创作谚语的过程中，藏族人民也善于运用对比手法。藏族谚语集事物、现象和过程中矛盾的双方于一体，形象概括事物的本质特征，充分反映事物内部和事物之间的对立统一，加强谚语的艺术效果和感染力。如：

- 人好美名扬，人恶灾祸多。
- 得意不忘形，失意不气馁。

- 幸福到来有日，苦难消除有时。
- 忠诚厚道能长久，奸诈狡猾难长久。
- 铮友是有益的良药，恶朋是有害的毒草。

（5）借代

借代，顾名思义便是借一物来代替另一物，也是修辞学辞格之一。藏族人民在谚语中巧妙地利用借代的修辞手法，把所要表达的人或事物借用与它密切相关的人或事物来替换，使谚语句子更形象具体，引起读者的联想，增强诙谐幽默的谐趣。如：

- 有烟便有火。
- 老犏牛虽无力气却识路。
- 杀虱子用不着斧头。
- 上层多灾祸，下层多饥荒。
- 屠夫展示牛尾，为的是卖驴肉。
- 自己心中没有病，不用害怕阎王爷。

（二）英语谚语的语言特点

英语谚语是英美人民在长期使用语言的实践中提炼出来的语言精华，是语言文化宝库中绚丽多彩的瑰宝，也是英美人民智慧的结晶。它是在英语语言的发展过程中形成的，历史悠久，内容丰富，来源广泛。英国出版的《朗曼现代英语词典》（*Longman Modern English Dictionary*）中关于给"proverb"的定义："a brief familiar maxim of folk wisdom, usually compressed inform, often involving a bold image and frequently a jingle that catches the memory."其意为：一种广为流传的表达人们智慧的简短格言，它语言凝练，具有鲜明的形象和一定的韵律，易于记忆。由此可见，英语谚语具有以下语言特点：

1.句式结构简洁明了,富有节奏感

从英语谚语具有语句定型的特点来看,其句式结构精练简洁,富有节奏感及表达力。由于英语谚语是语音单位,又要易于记诵,所以句子力求简短。因此,英语谚语的句子以简单句居多,大部分英语谚语的组成成分不超过10个单词,其中许多是省略句、祈使句,但是也有复句。通常,它采用以下句式达到结构紧凑,增强语言的表现力。[1]

(1)单句

这种句式的谚语句子成分没有省略,在语法上是简单句,大部分其字面意思就是谚语的语义。这类句子在英语谚语中占有非常大的比例,具有短小、精炼的语言特点。如:

· A man is never too old to learn. 活到老,学到老。

· A beggar's purse is bottomless. 乞丐的钱袋是无底洞。

· Easier said than done. 说易行难。

· Few words are best. 少说为妙。

· Never say die. 永不言败。

· Practice makes perfect. 熟能生巧。

(2)复句

在英语谚语中,复句结构型的谚语和单句相比,表达了更复杂的内容和意义。而在语法结构上,英语谚语多使用关联词和连接词来连接主、从句,以此来表达各种关系意义。如:

· Drop by drop the oceans are filled; stone by stone the walls are built.(并列关系)

滴水汇大海,垒石筑高墙。

---

[1] 王治琴.英语谚语的句式结构分析[J].上海电力学校学报,2002:71—75.

· As one door closes, another door opens.（因果关系）

天无绝人之路。

· One bad general is better than two good ones.（选择关系）

宁要一个坏将军，不要两个好将军。

· Be just to all, but trust not all.（转折关系）

要对一切人都公正，但不要对一切人都信任。

· Reading is to the mind while exercise to the body.（对比关系）

读书健脑，运动强身。

· Respect yourself, or no one else will respect you.（条件关系）

要人尊敬，必须自重。

（3）省略句

为使句子结构简洁精炼，增强语言的表达效果，英语谚语常在语法上会省略一些不言自明的成分，这就形成了英谚中的省略句法，具体可分为以下几类：

第一类：省略谓语动词

· Bare words, no bargain. 空言不能成交易。

· Deliberate in counsel, prompt in action. 考虑要仔细，行动要迅速。

· New wine in old bottles. 旧瓶装新酒。

第二类：把带 if 的条件状语从句省略为语义关系并列的句子

· Once a thief, always a thief. 偷盗一次，做贼一世。

（If you are once a thief, you are always a thief.）

第三类：there be 结构

· No smoke without fire. 无风不起浪。

（There is no smoke without fire.）

· No pleasure without pain. 没有苦就没有乐。

（There is no pleasure without pain.）

第四类：省略形式主语it及其后的系动词

·Better to do well than to say well. 说得好不如做得好。

（It is better to do well than to say well.）

·Never too old to learn. 活到老学到老。

（It is never too old to learn.）

2. 音调和谐，韵律优美，富于音乐感

与汉语不同，英语是语调语言。所以英语谚语的句子结构形式由词重音构成的重音律结构形式，非常讲究音韵的和谐（euphony）。为了达到音调和谐，韵律优美，富有音乐感的效果，许多英语谚语运用押韵修辞格。

（1）头韵（alliteration）

头韵是英语中最常用修辞手段之一，具有节奏美和音韵美，使得语言声情交融、音义一体，能增强语言表现力和感染力。头韵是反复类音韵修辞格，指句中部分单词的第一部分或第一部分辅音群的第一个音素相同，主要是辅音头韵，也有少量元音头韵。如果第一部分完全缺失，那就只能让主元音相同。如：

·Fortune favors fools. 傻人有傻福。

·Look before you leap. 摸清情况再行动。

·Parents are patterns. 父母是子女的楷模。

·Spare the rod and spoil the child. 省了棍棒，却宠坏孩子。

在这些谚语中，大部分词的开首音节都是相同并且重复的"f""p"和"s"，使得句子既朗朗上口，又便于记忆。

（2）半韵（assonance）

大多数英语谚语以独立成句的形式存在，中间处的词和结尾处的词的音相似使一句话成为一句更和谐的语句整体。这种韵律格式增强了谚语的节拍和韵感，使谚语的音律结构趋于合理和固定，容易记忆。如：

· All roads lead to Rome. 条条道路通罗马。

· A faithful friend is hard to find. 知音难觅。

· A stitch in time saves nine. 及时缝一针，可省后九针。

· Good fame is better than good face. 好名胜过好长相。

· No sweet without sweat. 先苦后甜。

· One sparrow does not make a spring. 一只麻雀形不成春天。

（3）脚韵（rhyme）

尾韵也是英语谚语中最普遍的韵律形式，尾韵是重复词尾的音素。例如：

· A bad beginning makes a bad ending. 恶其始者必恶其终。

· A friend in need is a friend indeed. 患难见真情。

· Better the foot slip than the tongue trip. 宁可滑跤，不可失言。

· Birds of a feather flock together. 物以类聚，人以群分。

· Fine words dress ill deeds. 漂亮的言词可以掩饰恶劣的行为。

· Light purse is a heavy curse. 人无钱，处处难。

（4）元音韵

元音韵指词与词之间元音的重复形成的内部押韵，但元音后的辅音不求相同。元音韵的使用，能使英语谚语音韵和谐、悦耳动听。比如：

· A leap year is never a good sheep year. 对羊来说，闰年就不是好年。

· A rising tide lifts all boats. 水涨船高。

· No root, no fruit. 无根则无果。

· The early bird catches the worm. 早起的鸟儿有虫吃。

### 3. 修辞丰富，具有艺术美感

修辞在英语谚语中有着不可忽视的地位，比喻、拟人、对偶、重复、夸张等修辞手段被巧妙地运用到语言中，用言简意赅的话语描述英美人民对外部世界的认知，增加了英语谚语的鲜明性和生动性、增加艺术感染力和语言艺术美感。

（1）比喻

比喻是认知的一种基本方式，通过把一种事物看成另一种事物而认识了它。为了丰富语言的感情色彩，突出事物的鲜明特点，许多英语谚语在创作中运用了下列比喻手法。

1）明喻

明喻是英语修辞格中最常见、最简单的修辞手法。这种比喻的形式是显性的，常用一些比喻词，如"as""like""alike""as if"或"and"等比喻词将本体（被比喻对象）和喻体（比喻对象）紧密地联系在一起，从而勾画生动的形象，使深奥的哲理变得浅显易懂，增强了谚语的表现力。如：

· Choose an author as you choose a friend. 择书如择友。

· Great minds think alike. 英雄所见略同。

· Lovers live by love as larks live by leeks. 云雀靠韭葱生活，情侣靠爱情生活。

· Life is like a boat. 人生就像在行船。

· Living without an aim is like sailing without a compass. 无目标的生活，就像无罗盘的航行。

· Three removes are as bad as fire. 三次搬家等于一次火灾。

2）隐喻

隐喻亦称"暗喻"，是一种蕴含类比，它以想象方式，将某事物等同于另一事物，并将前者的特性施加于后者或将后者的相关情感与想象因素赋予前者。和明喻不同，隐喻不用"as""like"等明显的比喻词，而是运用一个具有形象意义的词来代替某个事物，把本体和喻体直接关联起来。常见格式："A is B。"巧妙地使用隐喻，可以使英语谚语不仅生动形象，而且比明喻更加简练含蓄，耐人寻味，更富有表现力和感染力。

- A teacher for a day is a father for a lifetime. 一日为师，终生为父。
- Business is the salt of life. 事业是人生之盐。
- Danger is next neighbor to security. 危险是安全的近邻。
- Fame is a magnifying glass. 名誉是放大镜。
- Life is a journey. 生活就像一次旅行。
- Plain dealing is a jewel. 光明磊落是瑰宝。

3）借喻

借喻是比喻的一种，是用一个事物来指代与它关系密切的另一个事物。借喻中本体和喻体各代表的必须是两种本质不同的事物，否则不能构成比喻，谚语中通常只出现喻体，而不出现本体，即本体被喻体替代，替代词的意义不是它的本义，而是转义。借喻是以物喻物，以具体的比方具体的，具有鲜明性。因此，借喻谚语能产生更加深厚、含蓄的表达效果，同时也使语言更加简洁。如：

- Bacchus has drowned more men than Nepture. 酒神淹死的人比海神多。
- Beauty lies in lover's eyes. 情人眼里出西施。
- Homer sometimes nods. 智者千虑，必有一失。
- If a donkey brags at you, don't brag at him. 别和蠢人一般见识。
- Many hands make light work. 人多好办事。
- The pen is mightier than sword. 文比武好。

（2）拟人

谚语是一种具有鲜明语言色彩的语言表现形式，英语中常把无生命事物、自然想象、抽象概念或动作等赋予人类的感情、行动、品质等特征，使其更具活力和生动感，更加形象地表达出生活的哲理。拟人的修辞格在英语谚语中运用比较广泛，如：

- Every dog has its day. 人人皆有出头得意日。
- Four eyes see more than two. 集思广益。
- Facts speak louder than words. 事实胜于雄辩。
- Lies have short legs. 谎言是站不住脚的。
- Necessity is the mother of invention. 需要是发明之母。
- The pot calls the kettle black. 五十步笑百步。

（3）对偶

对偶也是英语谚语最显著的特点之一，其特点就是把字数相等、结构前后对称、平仄相对的一对词组或句子来表达相反、相近或相关的意思。这种修辞格使英语谚语句子整齐、匀称，同义词、反义词的排列对比强烈，从而使谚语具有更强的表现力，把蕴涵丰富的哲理说得明白动听。如：

- A fall into a pit, a gain in your wit. 吃一堑，长一智。
- Art is long, but life is short. 艺术是永恒的，生命是短暂的。
- A young idler, an old beggar. 少壮不努力，老大徒伤悲。
- Being on sea, sail; being on land, settle. 随遇而安。
- First think, then speak. 三思而后行。
- Few words, many deeds. 少说话，多做事。
- Great boast, small roast. 夸夸其谈，所成无多。

（4）重复

重复也叫反复，是指为了凸显某种思想、突出某种感情，连续两次以上使用同一词语，从而达到强调的修辞格。重复在英语谚语中用得相当多，重复能生动、有力表达谚语的思想内容，起到加强语气，增强音韵的效果。

1）首语重复法

有的英语谚语常重复使用句子的第一个词或短语，如：

· Easy come, easy go. 来也匆匆，去也匆匆。

· In for a penny, in for a pound. 一不做，二不休。

2）尾语重复法

与首语重复相反，有的英语谚语则采用重复句子末尾的词或短语的方法。如：

· Learn not, know not. 不学无术。

· Once a knave, ever a knave. 一次成无赖，永远是无赖。

3）首尾重复法

部分英语谚语不仅重复句子的首词，还重复末尾的词或短语。如：

· Measure for measure. 针锋相对。

· Like draws like. 物以类聚。

· Do in Rome as the Romans do. 入乡随俗。

（5）夸张

夸张是为了达到某种表达效果的需要，对事物的形象、特征、作用、程度等方面着意夸大或缩小的修辞方式，也是英语谚语常用的修辞格之一。夸张手法可以渲染深刻的感情，使语言引起无尽的遐想，给人以深刻的印象。如：

· A cat has nine lives. 猫有九命。

· A journey of a thousand miles begins with one step. 千里之行，始于足下。

· A thousand years cannot repair a moment's loss of honor. 一失足成千古恨。

- London streets are paved with gold. 伦敦街上遍地是钱。
- Money makes the mare go. 有钱能使鬼推磨。
- Three women make a market. 三个女人一台戏。

（6）排比

排比是把结构相同或相似、意思密切相关、语气一致的词语或句子成串地排列的一种修辞方法。英语利用排比的修辞功能可以拓展和深化谚语的语义，可收到条理分明的效果，使谚语富有强烈的节奏感，琅琅上口，有极强的说服力，并增强谚语的表达效果和气势。如：

- A lazy youth, a lousy age. 少年懒惰，老来贫苦。
- No discord, no concord. 不打不成交。
- Speech is silver, silence is gold. 能言是银，沉默是金。
- Soon learn, soon forgotten. 学得快，忘得快。

（7）双关

双关是利用词汇的同形异义或同音异义等现象有意使词或句子具有双重意义，言在此而意在彼的一种修辞格。双关存在于各种自然语言中，是把词语真正的含义模糊化。英语谚语常利用双关的修辞手法，使句子显得既含蓄委婉，又幽默新奇。

第一类：语义双关

同词异义双关（多义词双关）指在同一语境中运用一个词语的两种意思巧妙地达到幽默风趣的效果，使读之别有韵味。英语是一种词汇相当丰富的语言，一词多义现象非常普遍，利用一词多义的幽默文字的英语谚语也很多。例如：

- He is not a grave man until he is a grave man. 他不是一个严肃的人，除非他躺到坟墓里，才能严肃起来。（句子中"grave"构成语义双关，第一个是形容词，其意为"严肃的"，第二个是名词，意思为"坟墓"。）

·If we don't hang together, we shall all hang separately. 我们必须共赴沙场，否则就得分赴法场。（第一个 hang 意为"团结在一起",第二个"hang"意为"被绞死"。）

·Measure yourself by your own foot. 用自己的标准来衡量自己。

（这里的"foot"有两层含义：脚或英尺，构成语义双关。）

第二类：谐音双关

谐音双关指在一个语境中巧妙运用两个或多个词语的同音或谐音达到讽刺或具诙谐意味的效果。英语是表音文字，有的英语谚语恰当地利用语言中的同音异形现象，即利用英语中语义根本不同而音同或音近的同音异形词和谐音词，使词语和句子双关。比如：

·On Sunday they pray for you and on Monday they prey on you！ 今天为你祈祷，明天对你敲诈。

（此谚语中"pray"和"prey"构成谐音双关，"pray"意为"祈祷"，而"prey"则为"掠夺"。谚语利用双关的修辞手法形象地揭露了西方教堂里的绅士、太太、小姐们貌似虔诚的丑恶嘴脸。）

·Seven days without water make one weak. 七天没水使人虚弱。

（此谚语中"weak"意为"虚弱"，"week"意为"星期"，"weak"与"week"构成谐音双关。）

·You earn your living and you urn your dead. 谋生即筑墓。

（此谚语中"earn"意为"挣钱"，而"urn"意为"火化"。该句子利用 earn 和 urn 两个词在发音上的完全相同而构成的谐音双关，使句子富有哲理，发人深思。）

## 第二节　英语谚语与康巴地方语言的对应性分类

### 一、康巴地区藏族谚语和英语谚语基本对应

所谓基本对应，指康巴地区藏族谚语与英语谚语中组成词汇所表达的意义基本一致，有可能互译。但是我们需要注意的是，基本对应不是对等，两者仍有差异。这些基本对应的谚语意义、结构或表达方式都可以说是如出一辙。尽管藏英人民生活在不同语言的社会里，但是一些藏族谚语和英语谚语有着惊人的相似之处，这足以说明藏族人和西方人的外在文化和内在思维具有相通性。文化共相指所有文化都具有的共性因素（语言、制造劳动工具、神话、宗教等），它们作为世界图景的片段在文学中得以表现。文化共相一方面与外在世界有关，另一方面与民族文化、民族道德有关。[1]我们可以在藏语和英语中找到很多基本对应的谚语，如表2.2.1所示：

表2.2.1 基本对应的康巴藏族谚语与英语谚语

| 康巴藏族谚语 | 英语谚语 |
| --- | --- |
| 一言既出，驷马难追 | A word spoken is past recalling. |
| 百闻不如一见 | Seeing is believing. |
| 水滴集成大海 | The whole ocean is made up of single drops. |
| 患难识朋友 | A true friend is known in the day of adversity. |

---

[1] 吴国华，王铭玉，赵蓉晖. 语言文化学[M]. 上海：上海外语教育出版社，2006：27.

续表

| 康巴藏族谚语 | 英语谚语 |
| --- | --- |
| 不入虎穴，焉得虎子 | If you don't enter a tiger's den, you can't get his cubs. |
| 最不好吃的药，却能治好病 | Bitter pills may have blessed effects. |
| 本想快些，反而慢了 | More hasty, less speed. |
| 人靠衣服打扮，鸟靠羽毛装饰 | Fine feather makes fine bird. |
| 吃得多，疾病多 | Many dishes, many diseases. |
| 单丝不成线，独木不成林 | A single thread can't make a cord, nor a single tree a forest. |

## 二、部分对应的英语谚语与康巴地方语言

部分对应指英语谚语与康巴地方语言在意义上存在不一致的地方，但是仍有共同之处。部分对应的谚语分为两种：一是谚语中出现的固定的、具有特色民族意义的词汇不能完全对应，但意思相同；二是需要整体进行联想，才能对应。部分对应的英语谚语与康巴地方语言一般价值观相同，但谚语中的某个固定的、具有特色民族意义的词汇不同。如藏族谚语："刚出生的牛犊，不知害怕老虎"，我们能想到，对应的汉语意思是"初生牛犊不怕虎"，但是在英语谚语"New-bear calves do not fear wolves."中用"狼"（wolf）的形象，这都展现出英语谚语与康巴地方语言中特定词汇文化的差异。

在康巴地区藏族文化中"虎"是兽中之王，象征威猛、力量、勇敢。早在唐蕃时期，虎就被藏族先民奉为原始图腾，凡是勇士及英雄皆以穿虎皮、戴虎头帽为最大光荣。因此，谚语"刚出生的牛犊，不知害怕老虎"比喻青年人思想上很少有顾虑，敢做敢为。而英语谚语用的是"狼"这个词来对应藏语中的"虎"。在西方文化中，"狼"被赋予了不同的文

化内涵。西方文化源远流长，狼的形象早就出现在古罗马神话中，尚在襁褓中的双胞胎兄弟罗慕路斯（Romulus）和雷慕斯（Remus）被篡位者扔进了台伯河里，一只母狼拯救了生命垂危的两兄弟。两人成年后将罗马城建立在母狼曾经喂养他们的地方，狼也是罗马城的城徽；从古希腊寓言《狼和小羊》延伸出的狼和羊的许多故事中，狼永远都是阴险狡诈的；中世纪诗人但丁的《神曲》中"瘦母狼"象征罗马教廷，是"贪婪"和"欲望"的象征；童话故事《小红帽》中，狼留给人们的是凶猛、狡猾的印象。因此，在西方文化中，"狼"象征着非凡的力量，代表着母爱的温情和野性的力量，如谚语"A growing youth has a wolf in his belly."（正在长身体的年轻人，肚子里好像有一只饿狼。）此外，"狼"还具有凶猛、残暴、贪婪、狠毒、不讲道义等象征意义，如谚语"To mention the wolf's name is to see the same."（提到狼的名字，犹如见到狼的凶相。）和谚语"The wolf may lose his teeth, but never his nature."（狼会掉牙，但决不会失去本性。）在藏英文化中，这种词汇不同的谚语例子还有很多，如表2.2.2所示：

表2.2.2 部分对应的康巴藏族谚语与英语谚语

| 康巴藏族谚语 | 英语谚语 |
| --- | --- |
| 好朋友是良药材 | A faithful friend is the medicine of life. |
| 不想吃杏说杏酸 | The grapes are sour. |
| 水高船高，水低船低 | When the water rises, the boat floats. |
| 扯一根头发，可使整个脑袋都疼 | Pull one hair and you move the whole body. |
| 牦牛不喝水，何必强按头 | You can take a horse to the water, but you can't make him drink. |
| 三个普通人的主意，胜过一个人的智慧 | Three heads are better than one. |

续表

| 康巴藏族谚语 | 英语谚语 |
| --- | --- |
| 远地的亲戚朋友，不如近处的冤家对头 | A good neighbor is better than a brother in the next village. |
| 以己为例，毋欺别人 | Do as you would be done by. |
| 嘴甜如蜜饯，心黑似墨汁 | A honey tongue, a heart of gall. |

## 三、不对应或基本不对应的康巴藏族谚语与英语谚语

"不对应"指康巴藏族谚语与英语谚语之间在字面上存在某些共同之处，但是在整体意义上和实际用法上相同之处非常小，甚至没有相同之处。

一方面，语言是一个符号系统，当作用于文化的时候，它是文化信息的容器和载体。作为极具民族文化特色的语言形式，康巴藏族谚语与英语谚语用简练简约的文字，表达丰富深刻的思想。藏英文化存在着许多差异性，从而导致英语谚语与康巴地方语言中词语的对应程度中出现了一些文化空缺词。由于英语谚语与康巴地方语言形成的环境和过程不同，使得词汇概念意义相同，但是词义所蕴含的文化内涵却不尽相同或者相反，即词义冲突。当我们理解这类谚语时，一定不能"望文生义"，稍有不慎，便会有失之毫厘，谬以千里的可能。

我们以"龙"为例。"龙"在藏族传统文化中具有两种形态：一种是动物形态的龙，藏语称为"祝"，其基本形态是蛇或鱼，也兼有诸如马、牛、羊、虎等人们常见的很多兽类；另一种是人形的龙，藏语称为"鲁"，俗称"龙神"，梵文作"那迦"。在藏族原始宗教信仰中，龙是一种由多种动物图腾特征结合而成的神灵，其形态是虎须鬣尾，身体长若蛇，有鳞似鱼，有角仿鹿，有爪似鹰，能走、能飞，拥有翻江倒海、

吞风吐雾、兴云降雨的超强能力。根据藏族文献的记载，"龙神"具有成千上万种形态，有"善龙"和"恶龙"之分。谚语"把水搅混的是妖龙，衔蛇上树的是大鹏"和"搅浑源头水的是魔龙，放蛇上树的是魔鬼"中"妖龙""魔龙"即为"恶龙"。《文殊师利宝藏陀罗尼经》写道："善龙入境，及时降雨非时不雨。"由此可见，"善龙"是风调雨顺、五谷丰登的象征。在《格萨尔王传》中，"龙"是雷神，象征着勇猛和无坚不摧，故唱词中经常引用龙来比喻尊贵的人、强大的人，是英雄的象征。龙的形象也可见于藏族民间生活用品中，成为吉祥、高贵、神奇的象征。作为瑞兽，关于龙的藏族谚语也多以褒义为主。例如：

· 水在水渠流淌，龙王勿要嫉妒。
· 雪山玉狮具绿鬃，碧空青龙有白斑。
· 大雨来自龙王处，无知者却朝天望。
· 属虎的男子是个宝，属龙的女儿难寻找。
· 刺丛虽小住神龙，阿扎拉虽丑是印度人。
· 听口气比玉龙的吼声还大，看行动如虚空的虹影缥缈。

在英语文化中，"dragon"（龙）在西方神话中是一种会喷火的凶猛、残暴的强大怪物，外形类似一只长有蝙蝠肉翅的巨大蜥蜴。因此，在英语中，"dragon"是贬义词，是恶魔、邪恶的象征。在《启示录》里，"龙"是撒旦的化身，象征邪恶。在《圣经》中，"the great dragon"是指与上帝作对的撒旦。英语中"dragon"一词也多与凶猛、专制力量有关，如"His wife is a dragon."意思是"他妻子是个悍妇"。"dragon's teeth"源于希腊神话传说，其字面意思是"龙的牙齿"，但其实际含义是"争端和战争的起因"。传说勇士卡德摩斯（Cadmus）依照雅典娜（智慧女神和战争女神）的吩咐，拔下龙牙后，将其撒播在土壤里，这些龙牙生长出全副武装的武士，这些武士为争夺珠宝而互相厮杀。所以，英语有一句俗语"sow dragon's teeth"（种龙牙），比喻"挑起纠纷"或"引起争端"。

此外，"狐狸"一词在藏英两种语言中都会引起"狡猾、精明、多疑"的联想。但是，藏族习语中狐狸更多的是胆小和多疑的象征。例如：

· 有仇不报是怯狐，问话不答是哑巴。

· 碰到美酒似猛虎，遇到敌人如懦狐。

· 缺乏勇气的军官，如同狐狸把甲胄穿。

· 不回击敌人是狐狸，不报答朋友是骗子。

· 是雄狮，抖擞绿鬃站着死；是懦狐，夹着尾巴倒地亡。

· 与其像狐狸夹尾逃深山，不如像猛虎斗死在人前；与其厚颜老死埋坟场，不如英勇战死赴九泉。

英语中象征胆小的动物形象是小鸡（chicken）、兔子（rabbit / hare）等，比如：

· to chicken out. 临阵退却。

· chicken-hearted. 胆小的，软弱的。

· as timid as a rabbit. 胆小如鼠。

· hare-hearted. 胆小的，易受惊的。

以上不能完全对应的谚语说明，由于某一民族拥有民族性的、独一无二的特色文化而产生文化空缺，这使其他语言无法与带有某种特有民族文化的语言对应，由此产生了人们认知的空缺，从而产生了语言世界图景的差异。

## 第三节  英语谚语与康巴地方语言溯源比较

### 一、源自民间口语的谚语

谚语是流传最广、最丰富、最为群众喜闻乐见的口头文学形式之一，大多数是通过口头传播流传和保存下来，在口头传承的过程中人们不断地去应用、充实、提炼和发展它。许多谚语短小精悍、语言简练、寓意深刻、富有哲理。

谚语是在民间流传的固定语句，利用简单通俗的话语表达寓意深刻的哲理。谚语源于生活，亦用于生活。大多数藏语谚语和英语谚语都来源于长期的生产劳动和日常生活实践，蕴涵着丰富的生活经验，凝结着广大人民群众的智慧，表达了人民群众的思想、感情和意志，也表达了他们的要求、愿望和理想，给人以启迪和教育。从整体来说，源于民间生活的英语谚语与康巴地方语言既有普遍性又有特殊性，它通常透过生活中的某一细节来揭示一个普遍道理。

藏语谚语和英语谚语中有大量关于农业生产、气象、狩猎的谚语，如气象谚语、节令谚语、农事要诀等，通常称为"农谚"。以气象谚语为例，由于实际的气候有同有异，藏英语言的谚语也有异有同。

北宋释道原的《景德传灯录》卷二十八："雷声甚大，雨点全无。"由于光在空气中的传播速度要远远大于声音的传播速度，藏族人民对打雷下雨这一自然现象进行细致观察，总结出了具有高原特色的气象谚语"雷声大雨点小"。无独有偶，英语谚语中也有反映这一气象状况的气象谚语"Thunder and rain did not start singing more."（雷公先唱歌，有雨也不多。）

英语关于晴天和雨天的征兆的谚语有：

·Dawn rain, sunset sunshine. 朝霞雨，晚霞晴。

·Evening red and morning grey are the signs of a fine day. 晚霞和晨雾是晴天的征兆。

·Red sky at night, sailor's delight; red sky in the morning, sailor's warning. 晚上天空红，水手乐融融；早上天空红，水手心事重。

以上英语谚语涉及"晚霞""晨雾"两种晴天征兆，在藏语中也有类似的谚语：

·朝霞是水，晚霞是火。

·朝霞不出门，晚霞行千里。

·黎明时分起云雾，今日肯定是阴天。

这组英语谚语与康巴地方语言反映出相同的气象常识：如果早晨出现鲜红的朝霞，说明大气中水滴已经很多，是阴雨天气的征兆；如果傍晚出现火红色霞光，说明西方已经没有云层，表示天气晴朗。因此，西天有晚霞的时候，天将晴好，可出远门或劳动，若早上天空中见到朝霞，下午定要下雨。为此，可根据彩霞有否，安排生产劳动。这是藏族和西方的先民们根据长期的经验积累而形成的对天气的共同认识。藏语和英语中还有其他类似的气象谚语。例如：

·东风起要下雨，西风起要晴天。

·东风吹过，云往边边跑，必定要下雨。

·不刮东风天不下雨，不刮西风天不晴。

·One day East wind, three days rain. 一日东风，三日雨。

·No east wind, no rain, no west wind, no sunshine. 不刮东风不雨，不刮西风不晴。

·When the wind is in the east, it's neither good for man or beast. 风起东

方,人畜不安。

·When the wind is in the west, the weather's at the best. 风起西方,气候最佳。

以上英语谚语与康巴地方语言都提到了"东风"和"西风"两种自然现象。尽管藏英人民生活的地理位置不同,但是对"东风"和"西风"的认知和理解是相近的。藏族主要生活在亚洲中部的青藏高原,东临太平洋,受太平洋的暖湿气团影响,东风带来暖湿气流,降水丰富,西风带来干燥空气,多晴天。而英国位于亚欧大陆西部和大西洋东北部,受洋流的影响,形成典型的温带海洋性气候,来自欧亚大陆的东风会带来寒冷的阴雨天气,受北大西洋暖流影响的西风湿润、温暖。由此可见,藏族和英国的劳动人民对于"东风"和"西风"的认知具有互通性,一般东风与雨天联系在一起,而西风是晴天的先兆。

人民群众是语言的创造者和使用者,也是谚语的创造者和使用者。只有人民群众使用和传播过的语句,才会成为语言中现成的词汇单位,即"谚语"。尽管藏英人民生活的地域环境不同,但是人们在认识和改造自然的活动过程中,以自己特殊的方式生存和呼吸,并根据自己的认识、需要和兴趣将现实世界加以分类,赋予意义给予名称,并以这种方式交流思想,认识和把握新事物。透过谚语的构成词汇和它所揭示的含义,我们可以透视出藏英人民在生产方式上有着某些共性。

正如英国哲学家弗朗西斯·培根(Francis Bacon)所说:"一个民族的天才,智慧和精神寓于它的谚语之中。"作为语言文字中的精髓,藏族谚语和英语谚语在起源、类别及语言特色上有很多相似之处。从起源上看,大多数英语谚语与康巴地方语言都源于人民大众的口头创作以及历史典故;从类别上看,英语谚语与康巴地方语言可以分为自然现象谚语、社会生活谚语。英语谚语与康巴地方语言总是立足于本民族特定的物质生活条件、历史、社会制度和人生哲理，用鲜明生动的语言表情达意。藏英人民生活在同一个客观世界中，反映的客观世界规律是相同的，故藏族谚语和英语谚语在表述这些客观事物时，往往大同小异。但是，由于藏语和英语具有民族性，它们反映的内容有时也有民族特点。因此，英语谚语与康巴地方语言具有民族语言世界图景，大到整类谚语的形成，小到个别谚语的用词，都有一定的民族特点。

恩格斯（Friedrich Engels）在《自然辩证法：劳动在从猿到人转变过程中的作用》中指出："语言是从劳动当中并和劳动一起产生出来的……"[1]谚语源自人类先民的生产劳动实践，是人们世世代代的生活经验的高度总结与卓越智慧的长期积淀，有着极为丰富的文化内涵，极富民族特色的传统民间文化形式。

中国是世界上农业的起源中心之一，农耕文明从头到尾贯彻我们的整个历史。在农耕技术没有得到发明和完善普及前，高原畜牧业是在草原生存的藏族人民的主要经济形式。随着时间的推移和藏族人民一代又一代人的努力发展，生活在青藏高原的藏族逐渐从"逐水草而居"的游牧生活向定居的农耕生活转变。在长期的农业生产实践中，藏族先民创造了许多与农业生产经验相关的谚语，传播着藏族灿烂辉煌的农耕文化。例如：

· 春季下大雪，农民笑，牧民愁。
· 布谷鸟鸣叫时，正是播种之际。
· 要想秋天多打粮，春天就得农活忙。
· 秋收粮食入库时，正是冬季来临时。
· 地似金，种似银，时节误了无处寻。

---

[1]赵蓉晖.普通语言学[M].上海：上海外语教育出版社，2005：10.

・秋收粮食入库时，正是冬季来临时。

这些农牧谚语，是藏族先辈长期从事农牧业生产的经验积累，流传下来便成为传统的知识，具有原始物候学、经济学等多学科的科学成份。[①]

藏英人民对世界的认识具有许多相似性，从而形成了文化的相似性和共性，这些共性又在语言中得到了体现。因此，尽管文化背景不同，但在英语和藏语中存在相同或相似的农业谚语。例如：

・After a rainy winter follows fruitful spring. 今冬雨水足，来春果满枝。

・A year of snow, a year of plenty. 瑞雪兆丰年。

・April rain for corn, May for grass. 四月下雨长谷，五月下雨长草。

・Make hay while the sun shines. 晒草要趁太阳。

・Out of old field comes new corn. 老田出新谷。

・As a man sows, so he shall reap. 种瓜得瓜，种豆得豆。

英国是一个四面临海的海洋国家，广袤的海洋孕育了丰富的海洋文化。独特的地理环境造就了英国强大海运业和捕鱼业，英国人通过生活感知和体验创造了大量与航海、捕鱼等活动有关的谚语，言语之间展现出独有的海洋文化图景。例如：

・A great ship asks deep water. 大船行深水。

・Hoist sail when the wind is fair. 趁着风好，扬起帆。

・In the deepest water is the best fishing. 最深的水里好捕鱼。

・In a calm sea, every man is a pilot. 在平静的海上，人人都是领航员。

・The good seaman is known in bad weather. 坏天气才能识出好水手。

这些谚语都是英国水手们对航海的经验总结，它们既直接适用于航海活动，又具有非常广泛的文化内涵。例如，"Hoist sail when the wind is

---

[①] 方河贞. 西藏民谚浅议[J]. 西藏研究, 1985 (01): 69.

fair."字面意思是让水手理顺风帆，同时还有着更为普遍的教育意义。此谚语教育人们，要充分利用好机会做事情，趁热打铁，乘风破浪。

藏族人民生活的青藏高原是欧亚大陆上最多产的江河之源，是中国湖泊分布最密集的区域，其湖泊面积占到全国湖泊总面积的45%以上。丰富的湖泊生态系统孕育了丰富的水生资源，藏族先民曾从事过渔猎生产活动。直到近代和现代，雅鲁藏布江流域的拉萨、日喀则、山南等地一直有以捕鱼为生的渔民和渔村的存在。藏族人民在捕鱼的实践中不断摸索出许多经验，并总结成经典谚语流传下来。例如：

· 鱼恋诱饵，自取灭亡。

· 海滨并非未去，只是鱼未捕到。

· 鱼儿水中欢快游，欢快过分上钓钩。

· 鱼儿虽善游，总在船底下。

· 你蜥蜴下河不会喝水，我鱼儿上岸不会吃草。

人类早期的生产工具十分原始和简陋，生产力水平很低，物质极为匮乏，生产劳动都必须依靠集体协作完成。在藏语和英语中都有反映集思广益、共同协作这方面的劳动谚语。

藏族谚语：

· 众人心一致，弱小成大事。

· 树多能挡风，人多能成事。

· 众人拾柴，柴火多；柴火多了，火焰高。

· 三个常人的计议，胜过一个超人的主意。

英语谚语：

· People together who is strong. 民齐者强。

· Rice type meters to more, more people to speak out. 稻多打出米来，人多讲出理来。

- So many heads so many wits. 三个臭皮匠，抵个诸葛亮。
- With all the force, is unmatched in the world. 能用众力，则无敌于天下矣。

自然界中所有的生物都有求生存的本能，古往今来，丰衣足食、健康长寿一直是人们追求的重要目标，藏英人民也不例外。在长期的日常生活中，藏英人民群众积累了丰富的养生保健经验，并形成防病治病、健康养生、延年益寿的生活谚语。

藏族谚语：

- 善于节制饮食，身体平安。
- 同食不混碗，感冒何能染。
- 饿时蔓菁[①]香，冷时破衣暖。
- 吃不到嘴的酥油面条，吃不饱肚的蜂蜜面汤。
- 食物要趁胃口好时吃，遗嘱应于神志清醒时留。

英语谚语：

- Eat at leisure, drink with measure. 饭菜尽情吃，饮酒须节制。
- Gluttony kills more than the sword. 暴食杀人胜刀剑。
- He that eats least eats more. 饮食有节可长寿。
- Many dishes, many diseases. 猛吃猛喝，疾病必多。
- Rest breeds rust. 人不活动，百病丛生。

古人曰："一寸光阴一寸金，寸金难买寸光阴。"对人类来说，时间是一去不复返的，我们每个人都应该好好利用和珍惜它。随着人类社会的不断发展和进步，藏族和西方的先民不约而同地创造出了劝勉人们要珍惜时间的谚语，并在人们的日常生活中流传下来。

---

① 蔓菁，又名芜菁，是十字花科芸苔属一年或二年生草本植物。按根部的形状，蔓菁分为长圆两种，有多种颜色，性似萝卜、喜清凉，皮色光洁者为贵。因形似盘状，藏族人也称圆根。

藏族谚语：

· 舍去过去，把握现时。

· 失之交臂，后悔莫及。

· 早上不干活，晚上悔不及。

英语谚语：

· All time is no time when it is past. 光阴一去不复返。

· No one can call back yesterday. 昨日不复来。

· One today is worth two tomorrows. 一个今天胜似两个明天。

· To save time is to lengthen life. 节省时间就是延长生命。

## 二、源自文学作品和文化典籍的谚语

谚语形式短小、内容丰富、思想性强、艺术性高，故文人学士们著书立作时会引用许多民间谚语。文学作品若用好一句谚语往往能起到画龙点睛、深入浅出的作用，藏英书面文学作品也不例外。在藏族古老的历史文献中，记载了不少民间谚语，这些谚语多半出现在哲理格言诗集、传记文学作品和藏族历史著作中。而英语谚语的产生和发展多与希腊罗马神话、寓言故事、莎士比亚著作等书面文献有着密不可分的联系。

（一）源自文学作品和文化典籍的藏族谚语

藏族在中华民族大家庭中历史悠久，是具有古老文化渊源的民族之一。早在远古时期，藏族人民就创造出神话传说、民间故事、格言、史诗等民间文学形式。据推断，大约在吐蕃王朝建立初期，藏族先民已经使用朗朗上口、简单易记的口头语言总结生产实践中积累的经验。

1. 源自藏族英雄史诗《格萨尔王传》的谚语

《格萨尔王传》是世界上发现史诗中演唱篇幅最长的英雄史诗，它既是族群文化多样性的熔炉，又是多民族民间文化可持续发展的见证。藏族古代神话传说、诗歌和谚语等民间文学为《格萨尔王传》的生成和发展奠定了丰厚的基础。《格萨尔王传》概括了藏族历史发展的重大阶段和进程，揭示了波澜壮阔的社会生活，用通俗而又诗性的语言描述了纷繁复杂的人物关系及各民族和睦相处、共同发展的历史进程，用对生命和人生的哲思，折射出青藏高原千年沧桑变幻的历史记忆[1]，包含了藏族文化的全部原始内核，标志着古代藏族文化的最高成就，被誉为"东方的荷马史诗"。

《格萨尔王传》是藏族谚语的海洋，书中引用了许多形式优美，富有音乐感，具有哲理性的民间谚语。这些流传于藏族民间的简练通俗而富有意义的谚语，对传授藏族人民生活经验，教导人们如何分清是非善恶美丑、鼓舞民族斗争意志、培养高尚道德情操具有重要的教育指导作用。全书涉及谚语种类繁多，涉及题材十分广泛。根据谚语包含的知识进行划分，《格萨尔王传》中的谚语主要有以下几种：

第一类，训诫谚语。训，是说教也，教导、教诲，诫是敕也，从严戒声，告诫、警告。训诫是指教训或教条地讲道[2]，教导人们怎么正确面对生活，为人处世等。这类谚语主要借助于道德观念、道德准则、道德理想等形式，激励和劝勉人们正确选择自己的道德行为。例如：

·父到年老为儿想，母到年老为女思。

·寒冷时不怕衣重，饥饿时不嫌食粗。

·敌人一个还嫌多，朋友一百还嫌少。

·痛苦终有完结日，快乐会有到来时。

---

[1] 来源：新华网 [DB/OL]. http://www.xinhuanet.com/2022—06/02/c_1211653018.htm
[2] 《译文典》[DB/OL]. http://www.zdic.net/cd/ci/5/ZdicE8ZdicAEZdicAD339250.htm.

第二类,事理谚语。《管子·版法解》:"慎观终始,审察事理。"在长期的生活和斗争中,藏族人民总结出客观事物的本质性、必然性、规律性的谚语。这些谚语反映了不同时期藏族人民所共有的基本思维规律与经验,帮助人们从多类事物中抽象出深邃的哲学道理,对藏族人们的社会实践具有重要的指导意义。例如:

·水太清了无鱼捞,话太清了无人理。
·空口之言易消失,实践之果永留存。
·出口的话,用马难追;离弦的箭,用手难捉。
·事情慢慢去做就能成,话要慢慢讲才能说明白。

第三类,战争谚语。《格萨尔王全传》结构宏伟,卷帙浩繁,内容丰富,主要分成三个部分:第一,降生,即格萨尔降生部分;第二,征战,即格萨尔降伏妖魔的过程;第三,结束,即格萨尔返回天界。其中第二部分以"征战"内容最为丰富,篇幅也最为宏大。除著名的四大降魔史(《北方降魔》《霍岭大战》《保卫盐海》《门岭大战》)外,还有18大宗、18中宗和18小宗。全诗紧紧围绕格萨尔降妖伏魔、除暴安良、安定三界为主线展开,所描写的战争场景多达上百次,关于战争的谚语比比皆是。例如:

·自视过高有隐患,轻敌冒进会遭殃。
·不可挥兵去犯人,敌人侵犯要反击。
·斗不过敌人去献媚,不如断头流血死。
·大丈夫威势要针对顽敌,对降服者要视同兄弟。

第四类,军事法律谚语。法律是由特定物质生活条件所决定的统治阶级意志的规范体系,是统治阶级意志的体现等。《格萨尔王传》中反映的军事法律渊源主要有哲、律、礼、诰、训(准则)、令、苯教、藏传佛教、藏族固有的风俗习惯及伦理道德。[①] 该部巨著中最大的亮点就是体现了强大的军队和组织严密的军事法律，这些军事法律为中国少数民族地方立法、更好地实行民族区域自治，丰富中国法制史的内容，繁荣社会主义民族法学都有极为重要的意义。例如：

·头戴羊绒毡帽者，调解是非拍的案，头戴金冠的法王，也无办法去改变。

·打官司可全靠讲理，交朋友须直率真诚。

·在大法王的法庭，有申诉的时候，也有倾听的时候。

·货物交换要补差，城堡顶上插金旗，杀人需要赔命价。

第五类，生产生活谚语。生产生活谚语浓缩了藏族人民长期的社会实践和生产生活经验，蕴涵着深刻哲理意义的人生经验理论。《格萨尔王传》涉及古代藏族人民生活的方方面面，被学界称为"研究古代藏族历史的百科全书"。书中引用的生产生活谚语鲜活生动地描写了古代藏族生活图景，反映了丰富而广阔的社会生活。例如：

·大地金盆五谷长，秋天开镰割庄稼。

·青稞煮好摊毡上，拌上精华好酒曲。

·寒冷时不怕衣重，饥饿时不嫌食粗。

·春三月若不播种，秋三月难收六谷；冬三月若不喂牛，春三月难挤牛奶。

第六类，动物谚语。素有"世界屋脊"之称的青藏高原坐落在亚欧大陆的中南部，平均海拔在4000米以上，是世界上海拔最高的高原。高峻的海拔、年轻的历史和独特的地理位置，赋予了青藏高原一系列独有的自然特征，形成了独特的高原山地自然景观，是我国野生动物生存的

---

① 南杰·隆英强.探析《格萨尔王传》中反映的军事法律[J].西南民族学院学报，2007（04）：47—50.

重要区域，有着丰富的野生动物资源，有着我国"野生动物宝库"的美誉。作为藏族百科全书，《格萨尔王传》中的动物谚语比较系统地反映了藏族人民独特的动物观。例如：

·口吹烈火，燎烧胡须，小石击崖，惊动鸱鸺（猫头鹰）。

·小鸟虽然多成大群，老鹰追得他们散十方。

·石子打狗是良方，对付老虎不可取；撒网能捉小鸟儿，想捉大鹏鸟不可能。

·高飞者若不节制，如鹏鸟的羽毛风吹落；凶悍者若不节制，老虎也会滚陡坡。

由此可见，《格萨尔王传》引用了非常多的民间谚语，这些谚语高度概括了藏族世代劳动人民的生产生活经验。《格萨尔王全传》中谚语句式多样，有单句、复句、句群，还有大量的音节对称、形式整齐的短句与押韵句，涉及道德情操、生产生活、战争、军事法律、动物等多方面内容。

2.源自格言诗集《萨迦格言》的谚语

《萨迦格言》是藏族文学史上的第一部哲理格言诗集，该书成于13世纪上半叶。作者萨班·贡噶坚参[①]（1182—1251）以格言诗的形式，表达了自己对处世、治学、识人、待物等方面的认识和看法。诗集共有457首格言，用词雅俗兼蓄，蕴含了大量的民俗民谚，运用通俗易懂的语言诠释深奥难懂的伦理道德，具有很高的艺术水平和文学价值。

第一类，治学谚语。萨班是一位具有渊博知识的学者，精通多种学问。他广泛接触各类教派的学者和社会上的学者，熟悉许多学者的学士

---

[①] 萨班·贡噶坚参，藏传佛教萨迦派第四代祖师，藏族学者、诗人，被称为萨迦"班智达"（大学者）。

品德、为人处世的道理。学者是萨班理想中的人物，他认为学者最值得赞扬和尊重。因此，萨班在《格言》诗集中，极力赞扬学者、尊崇学问，把学者的地位抬得高于一切，把学问看成最宝贵的东西。在《格言》中有许多关于治学的谚语。例如：

·学者勇于改正过错，愚者怎能做到这点。
·学者不经过考问，怎能了解学问的深浅。
·学者研究所有的知识，精通后就能造福世界。
·即使具有渊博的学问，仍要吸取别人的长处。

第二类，伦理道德谚语。在《格言》中，萨班对学者人品道德也有要求，他认为品德对于学者也是至关重要的。正如《格言》47条写道："高贵的身份靠德行保持，行为堕落就失去了高贵。"这条格言告诫人们，学者尽管拥有高贵的身份，但是如果要保持下去，就需要良好的德行和修养，如果品德恶劣的学者，不会得到人们的尊重。在《格言》中，类似反映伦理道德和思想观念内容的谚语非常多。例如：

·骄傲会使你无知，贪婪会使你无耻。
·高尚的人再艰难，也决不取违义之财。
·正直的人即使贫困，品德也会显得高尚。
·贤者虽然身居远方，也能关照他的亲友。

第三类，为人处世谚语。为人处世，即待人接物，应付世情。正如中国西汉伟大史学家、文学家司马迁在《报任少卿书》中说道："教以慎于接物，推贤进士为务。"在《格言》中有许多关于待人接物的谚语，指导人们要学会为人处世之道。例如：

·好人结交坏人，就会走上邪路。
·坏人跟着好人，品德也会高尚。
·性格过于耿直者，对人对己都无益。

·只要大家同心同德，小民也能办成大事。

3.源自其他藏族文化典籍的谚语

源自谚语集《松巴①谚语》，据藏文史料记载，此谚语集在公元9世纪就出现了，原藏于我国敦煌千佛洞中的古藏文文献中，书中收录了一批藏族经典谚语，如：

·毛驴虽先走，也要落在马后面；小鸟虽先飞，也会被鹞爪抓住。

·善言相睦，是家庭的根本；恶语相伤，是魔鬼的入门。

·英雄的胆量，不为死亡所惧；

贤者的敏锐，不为学识所窘。

在藏族历史著作中《西藏王统记》《贤者喜宴》《青史》《红史》中也有不少篇幅运用了具有哲理和雄辩意义的谚语，增加了著作的语言表达效果。如：

·缺乏鉴别的智力时，盲人独自迈步。

·每厘黄金，都是掏采而来的。

·应如柱子直，应如柱子竖。

历史文书《吐蕃赞普传记》也含有丰富的藏族谚语，例如：

·人不见则顺足迹寻找，水不见则沿水沟找寻。

·松木生长百年，一斧足以伐倒；江河纵然宽阔，小舟可以渡过。

·小鸟虽众可为一鹰所食，小鱼虽群可为一獭所食。

4.源自藏族民间故事的谚语

在藏语中，有许多民间故事是谚语和故事结合在一起的。谚语与故事的结合体现为三种形态：一条谚语对应一个故事类型，一条谚语对应

---

① "松巴"是古代吐蕃五大地区之一，《唐书》上叫"苏毗"，也叫"孙波"。大致在今西藏北部和青海南部一带地方，这个地区是牧区。

多个故事类型，以及多条谚语对应一个故事类型。①例如：

· 人家的东西是人家的，不应当贪得去侵占。

· 幼稚的蛮横是狗的蛮横，招来的是石头和棍棒。

以上谚语均来自深受藏族人民喜爱的古典寓言小说《猴鸟的故事》。此书中引用了100多条谚语，语言生动，内容丰富，寓意深刻，具有浓郁的藏族文化色彩。

· 恩情记在心上，山鼠能扶大象；仇恨记在心底，鹧鸪能灭狐狸。

此条谚语来源于一个善恶报应的藏族寓言故事。一只山鼠掉进深洞，无法脱身，过路的大象救了它，山鼠十分感激。多年后，山鼠发现大象倒在河滩地上起不来，便在大象脚下挖沙坑，让大象站了起来，报答了恩情。狐狸和鹧鸪交朋友，狡猾的狐狸却暗中偷吃了几只小鹧鸪，后来鹧鸪为猎人报信，消灭了狐狸。

由此可见，藏族书面文学受到了民间文学深刻的影响，书面文学中渗透了不同形式的民间文学，其中民间谚语是书面文学的常见形式之一。

（二）源自文学作品和文化典籍的英语谚语

1. 源自莎士比亚作品

莎士比亚（William Shakespeare）是世界文学史上最杰出的戏剧家，其戏剧被公认是不可企及的文学典范。英语谚语"宁可不要100个印度，也不能没有莎士比亚"形象地说明莎士比亚在英国文学史上的重要地位。英语语言中的许多谚语都是来自莎士比亚文学作品中的，并在很大程度上丰富了英语语言。正如威尔森（Wilson）曾说："No writer is richer in

---

① 丁晓辉，谭璐. 民间故事与谚语的常见结合形态[J]. 三峡论坛，2016（04）：58—64.

proverbs than Shakespeare."（在谚语方面，没有哪个作家比莎士比亚更丰富。）公元十六、十七世纪，即莎士比亚时代，是英语谚语数量产生最多的时代，从1640年到1670年30年间出版的谚语集就达23种之多，而莎士比亚创造和引用的谚语比其他的作品表达更有文采。由于莎士比亚的作品真实地反映了社会现实，隐含着丰富的谚语性语料，也成为英语谚语产生的沃土。莎士比亚的文学作品语言生动形象，词汇丰富，寓意深刻，许多语言已经成为千古流传的警句、名言，甚至演变成家喻户晓的谚语。

作品1：喜剧《仲夏夜之梦》（*A Midsummer Night Dream*）

- The course of true love never did run smooth. 真爱无坦途。

作品2：喜剧《皆大欢喜》（*As You Like It*）

- All the world is a stage. 整个世界就是一个舞台。
- Love is merely a madness. 爱情不过是一种疯狂。
- Sweet are the uses of adversity. 逆境和厄运自有妙处。

作品3：悲剧《麦克白》（*Macbeth*）

- All is well that ends well. 结果好，一切都好。
- Blood will have blood. 血债血偿。
- Life is but a walking shadow. 人生只不过是行走着的影子。

作品4：喜剧《威尼斯商人》（*The Merchant of Venice*）

- It is a wise father that knows his own child. 聪明的父亲才了解自己的孩子。
- Love is blind. 爱情是盲目的。
- All that glisters is not gold. 闪光的并不都是金子。

从以上例子看出，莎士比亚不愧为语言大师。这些作品，语言生动，词汇丰富，寓意深刻，许多语言已经成为千古流传的警句、名言，甚至演变成家喻户晓的谚语。有些是他自己创造的名言警句，后来被人们长期传播使用而成为谚语，有些则是引用其他人的名言警句。

2. 源自其他文学作品

我们从莎士比亚的著作着手来谈英语谚语的文献起源，是由于这些作品在英国乃至世界文学史上占有相当高的地位。英语谚语的文献起源与整个西方文化的历史有关，因此，不管从语言还是从文化来说，莎士比亚的作品只能是英语谚语文献起源的代表。其他英语文学作品，如诗歌、戏剧、小说、散文等都可以成为英语谚语的源泉。例如：

· Procrastination is the thief of time.(*Dombey and Son*)

拖延乃是光阴之窃贼。

· The child is father of the man.(*My Heart Leaps Up*)

三岁看到老。

· Variety is the spice of life.(*The Task*)

变化多姿是生活的调味品。

· Well begun is half done.(*Epistles*)

开了好头等于做了一半。

3. 源自《圣经》

《圣经》是人类历史上伟大的文学巨著，是西方文化和思想道德的历史源泉，它对人类的影响尤其对欧洲乃至整个基督教世界影响是无法估量的。王佐良先生说："《圣经》是西方文化的精髓，它对西方文化的影响超过任何一部作品。"[1]《圣经》涵盖历史、政治、文化、经济等方方面面，是世界最畅销的一本书，从成书到现在已经有1000多种

---

[1] 王佐良：欧洲文化入门 [M]. 北京：外语教学与研究出版社，1992：84.

《圣经》的语言版本。作为一本历史传记类的书籍，书中一些故事家喻户晓，许多通俗易懂的口语也已深深扎根于英语语言之中，对谚语的丰富和发展起了很大推动作用。

《圣经》所收集的智者格言，内容极为丰富，在流传过程中演变为精美的谚语。本书中的例子以国内外特别是英美出版的辞书、谚语集等所收录的谚语为准，所引的《圣经》英文是"钦定本"（*King James Version of the Bible*，简称KJV），即1611年完成的"詹姆士王本"。

第一类，完全出自《圣经》的谚语。英语里完全出自《圣经》的谚语中，有一部分在用词及语法等方面使用的是古雅的圣经体，如：

· A soft answer turneth away wrath.（*Proverbs* 15：1[①]）

温和的回答可以息怒。

· Hope deferred maketh the heart sick.（*Proverbs* 13：12）

所盼望的迟延未到，令人心忧。

· Have joy of the wife of your youth.（*Proverbs* 5：18）

要喜欢你年轻时娶的妻。

· Judge not, that you be not judged.（*Matthew* 7：1）

你们不要论断人，免得你们被论断。

在上述谚语中，人称代词多用古式，第三人称单数一般现在时在动词原形后加-eth，即常在动词原形后加-s或-es。不少词语保留了古义，如"judge"，意思是"criticize"或"censure"。

在完全出自《圣经》的谚语中，还有许多《圣经》的文字与当代英语相同。例如：

· All rivers run into the sea.（*Ecclesiastes* 1：7）

---

[①] "15：1"指第15章第1节，下同。

江河都往海里流。

· The love of money is the root of all evil.（*Timothy* 6：10）

贪财是万恶之源。

· The price of wisdom is above rubies.（*Job* 28：18）

智慧的价值胜过珍珠。

第二类，从《圣经》中变异、衍生而成的谚语。现当代英语常用的语言形式之一就是变异或衍生。在英语中，有许多谚语是以《圣经》原文基础，通过变异或衍生而成，例如：

谚语1：The leopard cannot change his spots.

江山易改，本性难移。

谚语2：Spare the rod and spoil the child.

孩子不打不成器。

谚语1语出《旧约全书》《耶利米书》，原句为：Can Ethiopian change their skin or leopards their spots？Then also you can do good who are accustomed to do evil.（埃塞俄比亚人能改变其肤色吗？或者豹子能改变其豹斑吗？若能，你们这些惯行恶的人便可行善了。）

谚语2源自《旧约全书》《箴言》中的第十三章第二十四节，原句为：Those who spare the rod hate their children, but those who love them are diligent to discipline them.（不忍杖打儿子的，是憎恶儿子；疼爱儿子的，随时管教。）

4. 源自伊索寓言

《伊索寓言》相传为公元前6世纪被释放的古希腊奴隶伊索所著的寓言集，并加入印度、阿拉伯及基督教故事，共357篇。《伊索寓言》中的内容大多与动物有关，故事简短精练，蕴含哲理。它对后代欧洲寓言的创作产生了重大影响，是西方寓言文学的典范之作。许多英语谚语都是出自《伊索寓言》，例如：

·Don't kill the goose that laid the golden eggs. (*The Goose with the Golden Eggs*)

不要杀死下金蛋的鹅。

·Haste makes waste. (*The Thirsty Pigeon*)

欲速则不达。

·The quarrels of friends are the opportunities of foes. (*The Lion and The Three Bulls*)

朋友间的不合，就是敌人进攻的机会。

5. 源于历史故事

在西方漫长的历史发展过程中，不同时期都出现过众多著名的历史故事和事件，人们常用简洁的语言来概括历史故事和事件的内容，这些经典的语言沿用久了也就成了谚语典故。例如：

谚语1：Nero fiddled while Rome burn. 罗马失火，尼禄弹琴作乐。

此谚语源起于一个历史事件，传说在公元64年，罗马皇帝尼禄（Nero）命人火烧罗马城，以便能看看"特洛伊城陷入火海会是什么样子"，并以大火为背景，朗诵自己的诗篇，还拿竖琴为自己伴奏。

谚语2：meet one's Waterloo 遭遇滑铁卢

"Waterloo"（滑铁卢）为比利时中部一个城镇，1815年拿破仑军队在此大败，现该典故喻指"遭遇惨败"或"遭到毁灭性打击"。

谚语3：keep one's powder dry 保持火药干燥

此谚语源自与英格兰军人和政治家奥利弗·克伦威尔（Oliver Cromwell）相关的一则故事：在爱尔兰战役期间，在一次渡河攻击前对部队说："Put your trust in God; but be sure to keep your powder dry."（笃信上帝，但不要忘记，保持火药干燥），现用来指"做好准备""有备无患"。

### 6. 源自希腊和罗马神话

众所周知，希腊文化是整个西方文化形成和发展的基础。在氏族社会和奴隶社会时期，古代希腊人就创造了很多关于神的故事和英雄传说。希腊人以想象中的奥林匹斯山的主神宙斯及其诸神为主要系谱，结合古代希腊的历史和传说，创造出了虚幻多彩的神话故事。这些神话反映了史前人类生活的广阔图景，展示了当时的社会风貌和人类童年时代的图景，是当时希腊文学作品的重要题材。罗马神话可以说基本上是从希腊神话移植过来的，内容和希腊神话大致相同。①

这些古希腊罗马的神话以口头的形式在各部落流传了几百年，经过古希腊人荷马（Homer，约公元前9世纪—公元前8世纪）和赫西俄得（Hesiod，前8世纪，享年不明）整理加工，成为世界文学宝库中的珍贵遗产。古希腊罗马神话中诸神和英雄以及关于他们的故事几乎家喻户晓，以诸神或英雄的名字或故事情节来喻指某种事理的谚语大量出现在欧洲各国民间口语和书面文献中，对西方文学产生了深远的影响。有的谚语直接来源于希腊民间谚语，有的谚语则是希腊罗马古典作家创作的。例如：

谚语1：Not even Hercules could contend against two. 即便赫尔克利斯，也是一不敌二。

这条谚语中赫尔克利斯（Hercules）是罗马神话中的英雄，主神宙斯之子，他力大无穷，神勇无比，曾完成12项伟大业绩。

谚语2：Call Minerva to aid, but bestir thyself. 求弥涅尔娃指点，但行动靠自己。

谚语中"弥涅尔娃"（Minerva）是罗马神话中的智慧女神，相当于希腊神话中的雅典娜。

---

① 郭建民. 英语谚语研究[M]. 兰州：甘肃教育出版社，1992：1.

以上两则谚语中都出现了希腊罗马神话中的神或英雄。除人名外，英语谚语含有希腊罗马神话中地名等词语的也有所见，例如：

谚语3：The descent to Avernus is easy. 下地狱很容易。

阿威耳努斯（Avernus）是意大利那不勒斯附近坎帕尼亚（Carnpania）区的一座死火山湖，据说地狱的入口在此，故该词又指地狱。

个别英语谚语的源头还可追溯到古希腊诗人荷马、古罗马诗人奥维德或亚里士多德等古希腊罗马诗人、作家或哲学家的作品。如：

· Without Ceres and Bacchus, Venus grows cold.

译文1：没有克瑞斯和巴克斯，维纳斯会感到冷的。

译文2：没有温饱就难有甜蜜的爱情！

这条谚语源于古罗马剧作家太伦斯（Terence，约公元前190—公元前159）的作品，谚语中Ceres（谷物女神）、Bacchus（酒神）、Venus（爱神）都来源于罗马神话，"Ceres and Bacchus"成为丰收、温饱的象征。

作为两种不同的语言艺术，康巴藏族谚语和英语谚语都具有悠久的历史，源远流长，语源丰富，具有独特的语言文化内涵。随着人类社会的不断发展，康巴藏族谚语和英语谚语在历史长河中兼收并蓄，新的谚语也不断出现，并充实和丰富着英语谚语与康巴地方语言的宝库。随着时间的推移和境况发生变化，某些谚语也逐渐被人们遗忘，或被新的谚语所代替，但绝大部分康巴藏族谚语和英语谚语经过时间和历史的考验，以顽强的生命力广泛流传于民间。康巴藏族谚语和英语谚语来自人民群众，与人民群众生活密切相关，凝结着人民群众的智慧，反映了优秀传统文化。

# 第三章
## 英语谚语与康巴地方语言中动物谚语语言世界图景

DI SAN ZHANG
YING YU YAN YU YU KANG BA DI FANG YU YAN ZHONG
DONG WU YAN YU YU YAN SHI JIE TU JING

# 第一节　英语谚语与康巴地方语言中"马"的文化图景

## 一、藏族"马"文化的形成与发展

"马"在藏语中大致有23种别名，包括嘉措吉（海生）、络腮（聪慧）、白及布（财之子）、隆及星达（风中的木马）等各种称呼。藏语中的"槚"（茶）与汉语中的"茶"是古同音字，并且由此能反映当时藏汉两种文化交互产生的影响，那么藏语中的"马"与汉语中的"马"想必也应该会有语音上的、语义上的、文化上千丝万缕的联系。

马是藏族群众日常生活中常见的牲畜，是不可缺少的交通工具、娱乐工具。《藏汉大词典》中有关马的词汇很多，共有178个。这178个词汇包括马的颜色、马的性情、马的种类、马的外形特征、马的器具、马的民俗活动等。藏族把自己独特的民族文化因素融入专门用语中，从而在专门用语中形成一种特殊的世界图景。藏语中的"马"的语用现象反映了绚丽多彩的"马文化"，"马文化"反过来对与"马"有关的语言产生了巨大的影响。

在漫长的社会发展进程中，马的历史和藏族人类文明发展息息相关。从藏族社会生活史的角度来看，自古迄今，藏族被称为"马背上的民族"，藏族先民以马为伴、逐水草而居。作为役使家畜，马是藏族人民生产、生活的重要资源，是交通和战争中不可或缺的重要工具，在藏族生活和文化中扮演着重要的角色。藏族人对马有着特殊的感情，在民间流传着这样一句话："只要会说话就会唱歌，会走路就会骑马。"由于生活环境的限制，藏族放牧、转场、走亲、访友、打猎、婚嫁等活动都离不开马，因此，骑马是藏族必备的技能。马的饲养为藏族先民从单纯狩猎走向畜牧业的历史提供了现实基础，远在吐蕃时期，藏族先民就掌握和积累了丰富的养马、驯马知识。敦煌出土的吐蕃历史文书生动、真实地记录了吐蕃人关于马的法律文书。

吐蕃时期以前，从雅隆部落八世王布德贡杰到二十八世王拉脱脱日年赞时，藏族人民就开始大量地牧养牛和马。到了吐蕃时期，藏族农牧业已十分发达，松赞干布属下各翼牛肥马壮，尤以藏北、河曲九地广辟牧场为甚，所产马匹多运往周边各地贸易。①藏族历史故事传奇经典《松赞干布迎娶文成公主》叙述道：文成公主进入西藏时，多用马或骆驼运输所带物品，并说她"于莲花大坝有'百匹善走骏马'来接；她来到拉萨'拉通渡口'，又有百多马头木舟来接；在拉萨的'吾吉滩'，有百辆双轮马车来接"，这说明马为赞普和公主的联姻立下汗马功劳，马成为藏汉民族广泛交往交流交融的重要媒介。

西藏历史文献《贤者喜筵》记述道：噶尔·东赞域松（？—667）向文成公主夸赞藏地物产时就说过吐蕃"牛马羊肥壮，欢乐又幸福"。赤松德赞（742—797）时期，聂·达赞顿素（吐蕃七良臣之一）曾颁布规定，要求本地每一户必养一匹马。由此可见，当时西藏牧业之发达。后世各代兴盛时期藏族人民非常重视畜马。老百姓是这样歌唱他们以马为伴的生活的："上中下草原滩连滩，上滩的马群像云彩，青年们套马备金鞍，牧人的坐骑这里来。"②

由此可见，马是重要的交通工具和娱乐工具，被牧民誉为"人之翼"。马对藏族人民来说是不可缺少的忠实伴侣，藏族是中国养马历史最悠久的民族之一。藏族人尚马有着深厚的历史渊源，不同历史时期对

---

① 夏敏. 独具魅力的藏族马文化[J]. 百科知识，2014（04）：60—61.
② 夏敏. 马文化与藏族民间生活[J]. 西藏民俗，2000（01）：11—15.

马的需求不同，反映出不同马文化图景。

## 二、西方"马"文化的形成与发展

马是大型奇蹄目哺乳类动物，马的英文单词是horse，马又分为公马（stallion）、母马（mare）、小马（pony）等。古代欧洲农业技术水平长期不如东亚，也缺乏粪肥堆肥等农业技术，因此长期采用轮耕制，在人口密度较低的同时，休耕的田地种植苜蓿、大豆等固氮植物养田，这些植物的大部分都能作为优质的马料。因此，古代欧洲广泛使用马耕，民间养马较为普及，几个世纪以来马一直是重要的家畜。

在西方古代战争中，马是一种必不可少的军事战斗力量，使人产生威武勇敢的联想，同时，在西方日常生活和工农业生产中，马又是不可或缺的有效劳动力，它总给人一种宽容温和的联想。在英语文化中，关于马的联想总是与忠诚、坚强、勇敢、宽厚相关，这种联想其实是西方一种典型的文化形象感。之所以西方人会对马有着如此的印象，要追溯到如今西方人的祖先所生活的那个时期。

凯尔特人属于游牧民族，他们是现今英国人的祖先，早在公元前20世纪中叶时期，他们就登上了欧洲的历史舞台，然后经过漫长时间的迁徙和流放，逐渐进入了西欧、南欧和中东欧各个地区，从公元前800年直到罗马时期凯尔特人就统治着欧洲的大部分地区，成为英国文化的主导力量。凯尔特人骁勇善战，善于骑马打猎。随着凯尔特人四处征战，马成为他们的生死朋友。在凯尔特时期，马成为地位和身份的象征，凯尔特民族在长期的游牧和迁徙过程中，征服和同化被其征服的国家，马文化也随着凯尔特民族四处征战的铁蹄渗入了西方文化，成为如今西方文化中的重要元素。作为凯尔特人的象征，马与战争有关，凯尔特人将马称为"属于太阳神的野兽"，并将其赋予女神爱波那。作为凯尔特人后裔，如今的英国人以及将英语作为第一语言的国家的人民，依然保留着爱马传统。因此，在如今西方社会的社会经济文化中会看到有马术、赛马、驯马、马车等关于马的一系列丰富内容。

经过时代的洗刷、冲击、揉杂，西方马文化不断地发展和补充，马在西方历史文化中逐渐形成一种特定的文化内涵。马的形象代表着名誉、礼仪、坚毅、忠诚、虔诚、谦卑、骄傲的贵族文化精神，表达着强健、谦逊、包容、顽强不屈、向往自由的意象与向往和平、正义、法制、祥和的民主精神，象征着高贵而勇敢的骑士精神，同时也展现了西欧国家的尚武精神和绅士风度。

### 三、康巴藏族谚语语言世界图景中"马"的文化内涵

（一）权势和地位的象征

马在藏族文化中的地位极高，是权势和地位的象征。敦煌本吐蕃历史文书中的《达布年赛传略》记述苏毗的娘、韦、农三氏与达布年赛共同结盟立约，百姓歌曰"能人骑骏马"，这里的"能人"是指身份地位高的人，骏马也就成为其身份的标志；藏文典籍《王统史》和《教法史》记述：第三十一代藏王赞普囊日松赞寻得一黑骏马为坐骑便成了王；藏史说"王子能骑马，父王升天"，马喻指王室权力移交；在过去，马鞍也是财富和权力的象征，藏族权贵的马鞍一般都是镀金鎏银，非常豪华。以下谚语中的"马""马鞍""辔"都是权势和地位的象征，如：

· 骑在马上，难见蝼蚁。

· 跑马并辔，设帐对门。

· 出门骑在马背上，在家坐在软垫上。

· 祖传鞍鞴要珍惜，自有驮客找上门。

・骑马要骑自家的马，设帐要找相当的户。

（二）财富的象征

由于马在藏族的生产生活中扮演着重要角色，所以藏族人常把马作为贵重礼物赠送他人，以此表达真诚待友的最高礼节。据藏史记载，赤德祖赞因感激太医宇妥宁玛·云丹贡布①对自己的治疗，特赐良马、鞍鞯等礼物；欧曲·古多吉在拜玛尔巴在洛扎为师时，赠送31匹骏马作为见面礼。由此可见，赠送马匹是权贵人士重要的"公关"手段。在某些重大礼仪中，普通群众也以马为礼相赠，例如藏族婚礼前男方要提供彩礼，其中马是贵重的彩礼之一。在藏族谚语中，"马"也成为财富的代名词。例如：

・来时马迎，去时指送。

・自己有了金马，不去再寻银羊。

・牵来走马千万匹，难换一个忠诚友。

・富者坐骑胸前挂双缨，穷人衣裳补丁摞补丁。

・如果生命的价值是一百匹骏马，名誉比一百匹骏马还宝贵。

・虽无牛羊遍野富甲草原的声誉，却有拴牛家中油脂汪汪的奶茶。

（三）吉祥和美好的象征

马在远古的神话时代就已经成为藏族人生活中必不可少的伙伴。藏语文教材中有一篇写"马"的课文，可以翻译为《聪慧之马》或《骏马》，这篇课文将马人格化。课文形象地描写了马的速度、马的颜色、马的品

---

① 宇妥宁玛·云丹贡布，(708—833)，藏医学鼻祖。出生于堆龙（今堆龙德庆县境内）藏医世家。曾祖父洛哲希宁为松赞干布的御医，祖父斋杰加噶尔巴和父亲宇妥·琼布多吉均精通医学理论和医疗技术，分别担任吐蕃赞普芒松芒赞和都松芒波杰的御医。

性、马的功用等。藏族人尚白，白马具有圣洁、神秘、高贵的文化意象。在藏族传说中，白衣白马被视为吉祥之兆。藏戏《文成公主》中有老马新驹的道具，象征着祥瑞。因此，"马"在藏族谚语中被赋予了吉祥的文化内涵，祥瑞之兆。例如：

- 白马的毛色永换，黄金的颜色永不变。
- 骏马是英雄的翅膀，群众是首领的眼睛。
- 没有骏马的草原不美，没有酥油的糌粑不香。
- 百件棉衣和百匹骏马，比不上一条洁白的哈达。

（四）力量和速度的象征

马的速度快，可以代步，载力大，可以拉车，是藏族人民实际生活中不可缺少的重要工具。"马"在藏族谚语中不只是被局限在日常工具的简单范畴，它还成为威武、强壮、刚健和速度的象征，蕴含着藏族对马的钟爱之情。例如：

- 矫健的骏马备上金安，英武的青年骑在上面。
- 小驹不胜大马载，盐驮难均衡。
- 骏马步伐快如风，学者讲话如流水。
- 快马勿须拔镫催，弱小不得受欺凌。
- 脱缰的野马难抓回，说出口的话难收回。

（五）喻指好人、有才能或有经验的人

在藏族谚语中，"马"还常常被赋予了一个重要意象，用来指好人、有才能或有经验的人。藏族有句谚语"马小易骑，人小易使"，其意相当于汉语谚语"人善被人欺，马善被人骑"，马喻指"好人"。在藏语中夸奖小孩聪明、听话、懂事情况或者说集"好孩子"标准的若干特征于一个小孩，就会说："这个小孩像马一样。"意思是指这个人能力强，善于为人处事，更多的时候是指这个人人品好、有能力。此外，"马"在藏语中还比喻有经验的人，如：

·老马识途。

·人小懂理，马小善骑。

·人自小时看，马从驹时瞧。

·好人爱朋友，好马亲主人。

（六）养马和相马的知识

由于马在藏族生产生活中具有不可替代的作用，藏族人民对马也是精心养护，每日饮马、供料、净身，关心是无微不至的。谚语"骑马之前，要拍拍鞍"和"上山不被骑不是好马，下山不下马不是好人"生动地描绘了藏族人对马的呵护、关爱。谚语"既要珍惜马，又要爱惜鞍"表现藏族人在役使马时采取的各种防护措施：骑马用镫、备鞍、护蹄、打掌、驾车套嚼，都是小心翼翼，不敢造次。在与马日日相伴中，养马的经验知识积淀在藏族谚语中，如：

·羊放山，马放滩。

·系马在槽头，自有人作价。

·嚼子支配马头，舆论支配话题。

·为使骏马系厩内，未察马厩已破败。

在漫长的社会生产实践中，藏族人民总结了一套选择马匹优劣的方法。根据马的口齿、体型、毛质、步态等将马分为其林（音译）、甲达、都瓦、母庆、如欧五类。[①]藏族人民用通俗易懂的谚语来传授自己的相马

---

① 次旦玉珍. 论藏族赛马文化[J]. 西藏艺术研究，2007（04）：79—82.

经验，而且在简单的相马谚语字里行间中透出对马的喜爱。例如：

· 相马看口齿，交人摸心底。

· 不要只凭马饰，就论马的优劣。

· 马儿长相虽一样，蹄子形状有区别。

· 马好不好看昂起的头，心诚不诚看碗里的奶。

· 骏马在奔驰中才知道它的劲，人在交谈中才知道他的心。

## 四、英语谚语语言世界图景中"马"的文化内涵

### （一）权力和地位的象征

在英国文化中，马也是权力和地位的象征意象。考古学家在凯尔特人的墓葬中发现了公元前 800 年的马车和青铜马具等陪葬品。至今在伦敦英国议会大厦外面的泰晤士河堤坝上还挺立着 1902 年建造的一辆双马拉的战车。前方两匹马前蹄扬起，似在鸣嘶。凯尔特王后波迪卡和两个女儿勇敢威武地凝视前方。[①] 这座双马拉战车的青铜雕像向世人展示着英国悠久的马文化。例如：来自 14 世纪的英国皇家阅兵式的习语 "get off one's high horse"（不要妄自尊大），形象地刻画出上层社会的贵族骑着高头大马，居高临下，横行四方，看不起平民百姓的景象。因此，"high horse" 被赋予了高高在上、自命不凡的象征义。例如：

· Don't ride the high horse. 勿摆架子。

· Set a beggar on horseback and he'll ride to the devil. 小人得意，忘乎所以。

· It is a proud horse that will not bear his own provender.

再高傲的马也会愿意驮自己吃的饲料。

---

[①] 戴尔·布朗. 凯尔特人——铁器时代的欧洲人[M]. 北京：华夏出版社，2002：41.

## （二）勇气、宽容和保护神

在基督教国家里，马为勇气和宽容的象征，守护国家、地方、行业的圣人。如英国的守护圣人圣乔治（Saint George）常常以骑马的姿态出现。[1]英国人把马视为保护神，是平安好运的象征。因此，英国人把马头拱形形状的胸针当作护身符，有在家门口挂上马蹄（horseshoe）铁的习俗。据说，为了祈求平安，英国著名的海军统帅威尔逊将军会在军舰桅杆上挂上马蹄铁。此外，在英语文化中，"马"谚语代表着许多深远的意义和境界，如：高大健壮的战马，让人产生威武勇敢的联想；耕地拉车的马，让人产生宽容温和的联想。谚语中"马"被赋予了勇敢、宽容、温顺的文化意象。例如：

- A ragged colt may make a good horse. 丑驹可能长成骏马。/后生可畏。
- A colt you may break, but an old horse you never can. 小驹易驯，老马难教。
- If wishes were horses, beggars might ride. 愿望不等于事实。
- You can lead a horse to the water, but you cannot make it drink. 你可以把马牵到水边，但你无法强迫它喝水。

## （三）力量和速度的象征

在西方传统文化中，与太阳、月亮相系的马被赐予了强大的力量，似乎可以统摄整个宇宙。《启示录》中骑着白、红、黑、绿四匹马的骑士，分别代表着战争、饥荒、瘟疫和死亡，反映了马的惊人力量。马也蕴涵着健壮体格的文化意象。Horsepower成为测量机器动力的单位名词，与过去马充当生产交通工具展示的巨大力量密切相关。因此，英语谚语中的"马"被视为巨大力量的象征。如：

- as strong as a horse 非常健壮、精力充沛。

---

[1] 埃文斯. 英国文学简史[M]. 北京：人民文学出版社，1984：21.

・work like a horse 拼命干活、辛勤工作。

・All lay loads on a willing horse. 人人都把重担加给听话的马。

・Don't put the cart before the horse. 不要将大车套在马前面。

在古代，马要承担繁重的劳役，体能消耗非常大，特别能吃能喝。英语谚语把马的这一特质也投射给了人。如：

・eat like a horse. 吃得很多。

・hungry as a horse. 饿极了。

・drink like a horse. 牛饮。

・a hungry horse makes a clean manger. 饥不择食。

此外，马善于奔跑是与生俱来的，马群通常在原野上觅食一天要跋涉数英里，成为速度的象征。鉴于马的速度，英国人先把马用作交通工具后又成为休闲娱乐工具。英国人利用马善奔跑的天赋发展出许多体育运动，如耐力骑乘、马术场的玩套绳、跨越障碍赛等。这一概念项下的谚语有：

・Illness comes on horse but leaves on crutches. 病来如山倒，病去如抽丝。

・A running horse needs no spur. 奔马无需鞭策。

・Don't spur a willing horse. 快马不用鞭催。

（四）骑士精神的象征

骑士（Knight或Cavalier）从字面上理解，就是骑在马上的战士。骑士的产生是与马镫的发明与流传密不可分的。直到8世纪的时候，欧洲战场上的主角一直是步兵，他们排成密集的队形，长矛如林，盾牌如墙，很容易打败马背上骑不稳的骑兵。正是在这个时候，马镫从东方传到了西方。7世纪时，征战四方的阿拉伯骑兵已使用马镫。711年，阿拉伯骑兵越过直布罗陀海峡，杀入欧洲。法兰克人和日耳曼人几乎同时学会了使用马镫。马镫不但使骑兵和战马更好地融为一体，而且使骑兵的双手彻底解放出来，可以随心所欲地使用兵器，这样，骑兵就成了冲击力极强的"人体枪弹"。当时有句谚语："一个骑在马上的法兰克人能把巴比伦城墙冲个窟窿。"骑兵的崛起，逐渐替代了步兵在战场上的统治地位。

随着古罗马帝国的分裂与瓦解，西方失去了统一的政治中心，各种部落首领、城堡主、庄园主纷纷发展自己的武装，保卫自己、劫掠别人，征战不休。当时欧洲实行封建的采邑制度，从国王往下层层分封时，公爵、侯爵、伯爵、子爵、男爵都拥有土地，并且分封土地，而其底层既是土地的所有者，又必须是战士，一遇到战事，他们就自备马匹、武器，参加到领主发起的战争中。最初，人们把这些人称为骑士，后来，公爵、侯爵、以至于国王，都热衷于成为骑士。骑士之风最盛的时期是11至13世纪之间的十字军东征（拉丁文：Cruciata），到15世纪下半叶，国王和大公们建立了自己的正规军队，原始意义上的骑士制度退出历史舞台。骑士制度虽然衰落，但骑士名称和骑士精神永远载入西方文明史册之中。

骑士精神的核心内容是扶危济困、除暴安良、行侠仗义等。骑士精神还包括勇敢、忠诚、诚实、重视荣誉等内容。据中世纪的记载表明，骑士的勇敢有不同的衡量标准，如在比武中表现出的勇敢，不及在战场上与敌人格斗时表现得勇敢高尚；战斗中的一次勇敢冲锋不及在混战中的勇猛厮杀更荣耀；以上各种表现不及在战斗中特殊场合的特殊表现更荣耀。由于马是中世纪骑士的忠实伙伴，常与勇士、军队统帅和胜利者联想到一起。"warhorse"是指久经沙场的战马，后来比喻"经验丰富的战将"；"old warhorse"喻指"老兵、老练的政客"，既有褒义色彩也有贬义色彩；"horse marine"具有贬义色彩，原指骑在马上的水兵或在船上执勤的水上骑兵，后来被赋予了特殊意象，指"不适应环境的人，不合乎常理的人"。"骑士"的文化意象也逐渐进入英语谚语中，反映出伟大的骑士精神。例如：

· A horse, a wife and a sword may be shown but not lent. 老婆如同马和剑一样只能展示不能让出。

· A good horse often needs a good spur. 好马常要好靴刺。

· Better lose the saddle than the horse. 宁可丢鞍，不可失马。

· It is the bridle and spur that make a good horse. 缰绳和刺底下出好马。

（五）育马和驯马的经验

作为英国最重要的经济产业，英国马业拥有300多年的历史，在英国农业、畜牧业的发展中发挥着非常重要的作用。目前，英国有独特的纯血马检测机构和最先进的训练设施，培养了许多优秀的驯马师、骑手和育马专家。因此，世界上高品质的纯血马都出产于英国，英国培育的赛马在世界各国的赛场上享有声誉。随着英国马业的快速发展，英国人用谚语总结了许多关于"育马""驯马"和"相马"经验。例如：

· A good horse is never an ill color. 良马无劣色。

· A golden bit does not make a better horse. 口衔金马嚼，未必是骏马。

·Don't look a gift horse in the mouth. 馈赠之马,勿看牙口。

·Horses look at their teeth and trees look at their rings. 马看牙板，树看年轮。

· The common horse is worst shod. 公用之马，掌子最差。

## 五、英语谚语与康巴地方语言赛马文化图景对比

（一）康巴藏族赛马文化

赛马，藏语称"达久"，是藏族民间最古老、最受欢迎的竞技活动和娱乐方式之一。古代藏民族以民风剽悍、善骑能射而著称，其中骑射

之术是藏族男子必须学会的基本技能。在吐蕃时代，藏族铁骑四处征战，不断扩大疆域，横刀跃马于青藏高原。赛马活动是藏族人们最喜爱的竞技娱乐活动，而且也是藏族人民精神的展示。在所有藏族民间传统节日中，几乎都少不了赛马活动。赛马不仅以母题的形式在节日中显现，更为重要的是，体现了藏族人民对马的浓郁信仰。

藏族赛马一般都是自愿参加的，不受任何限制。比赛项目繁多，如大跑、小跑、走马、打靶等项目。"大跑"主要是速度比赛，以鸣枪或吹号为号，以达到终点的先后确定名次。"小跑"和"走马"则除了比试速度外，还看马步的平稳性，这种比赛也计名次，骑术的高低和马的优劣自有评论标准。

赛马文化还包含英雄崇拜主义。有些地方的赛马节沿袭了格萨尔每次出征前要举行跑马射箭的习俗。《格萨尔王传》的分章本《赛马称王》叙述格萨尔是通过赛马比赛获得胜利的方式被群众拥戴为岭国国王，他抵御外敌入侵，开疆拓土，创建岭国，为民族的统一做出了巨大的贡献。因此，千百年来，格萨尔成了藏族人民心目中崇拜的英雄。久而久之，赛马活动蕴涵了这种英雄崇拜的风俗文化。相传藏王松赞干布在迎娶文成公主的时候，举行了隆重的赛马会，松赞干布亲自参加比赛，结果只跑了第十三名，公主决定录取前十三名表示感谢，由此留下藏族赛马取十三名为荣的习俗。

从古至今，藏族人民的物质追求和精神渴望与马息息相关。爱马是藏族人民的天性，正如谚语所言："马是牧民的生命与翅膀。"经过千百年的发展，赛马已成了藏族最普遍、最持久的群众性竞技活动。并由此创造了藏族民俗文化最为重要的一个组成部分——赛马谚语。例如：

· 良马鞍上功夫，好汉肩上事业。
· 要想赛马就趁现在，往前尽是狭路关隘。
· 参赛的马匹统统跑完，扬起的尘埃也已消散。
· 赛马要在平坦的草地上，英雄要在烈马的背脊上。

（二）英国赛马文化

英国人至今喜欢骑马、赛马、赌马，他们对马的热爱程度在全世界无人能超越。正如亚运会形象大使华天①的父亲所言，英国人羞于谈论自己的汽车，却趾高气扬地说着自己的马。英国人自称拥有三项最伟大的传统，第一是猎狐，第二是赛马，第三是马球。其中，现代赛马形式多样，有速度赛马、平地赛马和障碍赛马等。

例如：速度赛马是比马匹奔跑速度、骑手驾驭马匹能力的一种竞技活动，此项运动最初只是作为一种选育良马的主要手段。据考证，在公元前7世纪四匹马驾车竞技比赛就是古代奥林匹克运动会重要的竞技项目。40多年后，赛马比赛演变为骑手驾驭进行。

目前，英国有五十几个各具特色的赛马活动，一年到头都可以举行平地赛马和障碍赛马。英国赛马会一般会持续2—5天，有的赛马会有相应的主题，有些赛事会专门为女骑手开放一天，称为女士节（Ladies' Day）。例如：由安妮女王于1711年建立的爱斯科赛马会（Royal Ascot，也译作英国皇家赛马会）已经具有300多年的历史，英国女王的马匹也会参赛，此赛马会一直被视为是世界上最豪华、最奢侈的赛马项目。

在社会文化发展领域中，赛马运动已经从皇室贵族参与转变为社会各阶层全民参与的大众娱乐活动。赛马是保留了绅士风范、高雅特征的大众活动，也是英国文化中重要组成部分。随着赛马活动走进英国百姓的日常生活，"horse"的习语与赛马、赌马有很深远的渊源关系。例如：

· a horse of another color / a horse of a different color . 另当别论。

这句谚语起源于四百来年前，当时骑士的马有不同颜色，把赌注押

---

① 华天，1989年10月25日出生于英国伦敦，中国国家马术队男运动员。2009年，被推举为国际马术联合会历史上第一位21岁年龄级别最佳骑手，还成为"著名老伊顿生"名单中的人物。

在某一骑士身上的人不希望"另一颜色的马（horse of a different color/horse of another color）"取得比赛的胜利。随着这则谚语的广泛流传，其意思衍生为"完全是另一回事"。

·hold one's horse. 忍耐,不要急,镇静。

从字面意思来讲就是勒住你的马，停步不前。这个习惯用语大概起源于19世纪马匹作为重要交通工具时的一个口令，用来要求驾驭马车的车夫停下他的那些马匹。如今这个短语被广泛应用于各种场合，可译为"不要急，冷静下来，等一下"，有时也引申为"要冷静，要克制"。

·back the wrong horse. 下错赌注。

这条习语源于赛马场上赌注下错了马，赛马场上马的颜色各不相同，当观众看到第一个冲向终点线的马不是自己押注的马颜色时，就会失望地说"That's a horse of another color."现代英语将其引申为"支持错了人；做出错误的决策"。

## 第二节　英语谚语与康巴地方语言中"牛"的文化图景

### 一、康巴藏族"牛"文化的形成与发展

牦牛是藏族先民最早驯化的牲畜，它生存至今已有几千年的历史。在东汉时期，"牦"就被收录进了《说文解字》一书，其释义为"西南夷长毛牛也"。《山海经·北山经》中把"牦牛"描述为："潘侯之山……有兽焉，其状如牛，而四节生毛，名曰旄牛。"在几千年的游牧生活中，藏族人对牦牛的认识达到了无以复加的境界。在藏语中，牦牛被称为

"雅克",根据藏语译音,世界把"牦牛"通称为"yak"。牦牛是青藏高原地区特有的一种体型庞大的动物,牦牛与藏族民众的生产生活有着不可分割的关系。自古以来,这种关系渗透在藏族群众生活的每一寸土地上,久而久之,形成特有的高原牦牛文化。

数千年来,牦牛与藏族人民相伴相随,是藏族人民最重要的朋友之一。藏族的衣、食、住、行和政、教、商、战中都离不开牦牛,牛乳、牛肉、牛毛成为生活在世界屋脊的藏族人民生活、生产资料的主要来源。简而言之,藏族驯养了牦牛,牦牛养育着藏族。牦牛可用于农耕和运输,具有识途的本领,以其耐寒负重的秉性奔波在雪域高原,故被喻为"雪域之舟"。由此可见,牦牛是藏族人民的高原生活离不开的亲密伙伴,他们对牦牛产生了非同一般的感情。

牦牛是藏族人崇拜的图腾,崇拜牦牛的历史风俗根深蒂固地留存在藏族的文化生活中。据历史学家考证,"牦牛羌"是藏族的族源之一。《敦煌吐蕃历史文书》中载,天神之子聂赤赞普从天而降,"遂来作吐蕃六牦牛部之主宰"。此外,藏族神话故事《斯巴宰牛歌》当中讲到:"斯巴宰小牛时,砍下牛头扔地上,便有了高高的山峰;割下牛尾扔道旁,便有了弯曲的大路;剥下牛皮铺地上,便有了平坦的原野。""斯巴"(SRID-PA)含义是"宇宙""世界"。

由此可见,在藏族几千年的历史长河中,牦牛图腾崇拜成为藏族生命与力量的源泉,并演化形成了一种既古老又现代的文化形式——"牦牛文化"。

## 二、西方"牛"文化的形成与发展

在西方文化中,牛也占有重要的地位。欧洲游牧民族把牛当作最重要或唯一的财产,因为牛为他们提供的生活资料非常多,例如:牛肉可以食用,牛皮可制衣服御寒,牛奶可饮用,牛粪可以做燃料。牛有逐水草而居的习性，欧洲人随牛而不停地迁徙，由此推动了西方文明的交流。因此，作为与人类生产生活、祭祀、战争都密切相关的动物，牛在欧洲文化版图上留下了浓墨重彩的一笔。

（一）神话：牛"孕育"北欧

在古希腊神话里，牛的生殖繁育能力很强，拥有呼风唤雨的力量和至高无上的权力。和牛有关的最著名故事就是欧洲的来历，据说：欧洲（拉丁语：Europe），也称作"欧罗巴洲"，名字源于希腊神话人物"欧罗巴（Europa）"。众神之王宙斯（Zeus）变身为一头雪白健壮的公牛，劫持了腓尼基国王阿戈诺尔（Agenor）的女儿欧罗巴到一个陌生的大陆。在这里，欧罗巴与宙斯生了3个孩子，这片土地最后就以"欧罗巴"的名字来命名，也就是今天的欧洲。宙斯又将自己化身的公牛形象送上天空，成为夜空中闪亮的金牛座。

在北欧的创世神话中，牛的角色更像是一位母亲。在北欧神话中，母牛欧德姆布拉（Audhumla）是最早出现在世上的动物。古代北欧人认为：最初宇宙没有天，也没有地，没有海，也没有空气。宇宙被黑暗包围，只分作冷和热两个地方。冷是冰雪，热是火焰，中间隔着一条又宽又深的大裂缝。如果冷热相遇，就会发出嚓嚓的巨响，使那些冰山受热熔化。久而久之，从北方的冰山里诞生了巨人族的祖先伊密尔（Ymer），几乎和伊密尔同时出生，还有一头名叫欧德姆布拉的大母牛，伊密尔就喝母牛分泌的乳汁。欧德姆布拉舔食冰山上的盐，将布利（Buri，神族的祖先）从冰山中释放出来。最初的巨人族和神族依靠母牛的乳汁生活，后来两个族群为争夺乳汁开战，神族取得胜利并成为世界主宰。"诸神之王"奥丁（Odin）用死去的巨人伊密尔的肌体建造成世界：头做天，肉做地，骨做山，牙齿做岩石，血汗变成海洋，头发做树木百草；又取来火团布满天空，成为耀眼的星星。其中最大的火团就是太阳和月亮。这样，天地万物就造出来了。

（二）两河流域文明：战斗的公牛

两河流域（底格里斯河和幼发拉底河流域）是人类最早的文明发源地之一。"美索不达米亚"希腊文，意为"两河之间"，其地是一片位于底格里斯河及幼发拉底河之间的冲积平原（现伊拉克境内），所以亦称两河流域。约于公元前5400年左右，埃利都（Eridu）是世界上的第一座城市，在苏美尔语中的意思为"强大之地"或"指导之地"（mighty place）。后来，这一地域相继出现了苏美尔文明、古巴比伦王国、亚述帝国、新巴比伦王国。

约在公元前7000年，人们开始驯化两河流域的野牛。公牛的身影在艺术品中随处可见，如公元前6世纪两河流域新巴比伦王国时期的印章，上面常有狮子和公牛搏斗、人首牛身的形象等图案。公元前1000前—公元前500年间的美索不达米亚平原是亚述帝国的领地。公元前722至公元前705年萨尔贡二世（Sargon II）统治时期，他把宫殿建在都城杜尔舍鲁金（Dur-Sharrukin，今伊拉克境内），并在都城的城门及宫殿门口建造了外形奇特的神兽——拉玛苏（Lamassu）和舍杜（Shedu），它们是都城的守护神，形象通常为公牛的身体、鹰的翅膀、男子的头，头冠周围装饰着玫瑰花图案，角朝上伸展，形似公牛的耳朵。

（三）中世纪欧洲：牛是生产生活的必需品

在西罗马帝国灭亡以前，牛是非常重要的生产工具，但是牛肉并不是欧洲人的主要食物。直到中世纪，欧洲的贵族和骑士认为吃牛肉能够使人变得骁勇善战，上层社会对带血的半熟牛排情有独钟。后来随着养殖业和肉类贸易的快速发展，牛肉成为土豆大规模种植前相对便宜的食物之一。到19

世纪时，擅长烹饪美食的奥地利人甚至开创了享誉欧洲的"牛肉文化"。

除牛肉外，牛奶也是欧洲人餐桌上常备饮品。在最后一个冰河时期，成年人还无法直接饮用牛奶，因为他们身体中缺少分解乳糖的酶。不过在新石器时代，牧民率先掌握了通过牛奶发酵来制作奶酪、酸奶等食品的方法，从而使牛奶中的乳糖含量降低到成人可以接受的程度。在大约5000年前，欧洲人直接进化出了乳糖耐受基因。今天有超过90%的北欧人具有乳糖耐受力。

由此可见，牛在西方人类文明史上留下了不同的印记，拥有着丰富的形象，甚至在"创造和改变"西方历史的过程中发挥了重要作用。

### 三、康巴藏族谚语语言世界图景中"牦牛"文化内涵

（一）强大力量、突出能力的象征

东汉著名的文字学家许慎在其代表作《说文解字》一书中写道，"牛，大牲也，牛件也"。《现代汉语词典》对牛的解释则是："哺乳动物，身体大，趾端有蹄，头上长有一对角，尾巴尖端有长毛，是反刍类动物，力气大，供役使、乳用或乳肉两用，皮、毛、骨等都有用处。"[①]可见牛的典型特征就是大。牦牛是体型庞大、繁殖能力强的动物，藏族人民常用"牦牛"表示"力量强大""能力突出"等意思。以下谚语就形象地反映了牦牛体型庞大这一典型特征：

1.强壮、力量大

·野牛虽壮不能驮物，老虎虽猛不能看门。

·有牦牛一样大的身躯，不如有纽扣大的智慧。

---

[①] 中国社会科学院语文研究所词典编辑室.现代汉语词典[M].北京：商务印书馆，1985：836—837.

- 驮得起重驮才算牦牛，拿得准时辰才是公鸡。
- 瘦死的野牛要九头牦牛驮，撑死的老鼠只需要一把握。

2. 说大话、吹牛

在藏语中，如果有人说话漫无天际、言过其实，称为"说大话"，常将爱说大话的人称作"吹牛皮"，如：

- 吹牛吹得比山大，做事做得比羊小。
- 聪明人用成果说话，傻瓜才用舌头吹牛。
- 会念经的高僧当成"阿足"，会吹牛皮的人当成圣贤。
- 你的嘴巴只有老鼠洞那么小，说出的话倒有牦牛那么大！

（二）勤劳善良、忠厚老实的象征

藏族驯化牦牛比较晚，但至少也有3000多年的历史。藏族对牦牛的喜爱不仅因为它是人类生产生活中的劳动工具，还因为它勤劳善良、忠厚老实的性格。牛是不可或缺的劳动力和重要的家庭成员，为藏族人民耕种粮食，驮运重物，助人出行。下列谚语中的"老牛"就是指具有这种品格的人，"老牛精神"则指勤劳能干、无怨无悔、无私奉献的精神，如：

- 吃的鸟雀食，干的牦牛活。
- 对于耕地老牛，棍子胜过圣旨。
- 与其杀死母牛，不如留着挤奶。

此外，在谚语中"老牛"喻指富有经验，熟悉情况的人，如：

- 老牛虽无力，却能识路途。
- 活了多年的老犏牛，虽不能驮却认识路。
- 翻山越岭老犏牛，虽无载力路途熟。
- 老牛的肉有嚼头，老人的话有听头。

## （三）财富的象征

在藏族传统文化中，牦牛是牧人的精神家园。牦牛代表着藏族传统生活方式，推动了藏族畜牧业的发展，成为雪域高原的象征。对于世代沿袭着游牧生活的藏族人民来说，牦牛具有无可替代的重要地位。牦牛全身都是宝贝，每一宝又都无私地赐予了人类，为传统的藏族社会提供了人们生存的基本保障。在藏族群众的观念里，精神领域的无价之宝是佛、法、僧，被尊称为"三宝"。而在物质世界里价值连城的珍宝便是"诺尔"，是世间一切宝物的母亲或者是"源泉"，其他如金银珠宝类，在藏语中称之为"诺布"，即子宝。"牦牛"是真正意义上的母宝，就是"诺尔"，意为"宝贝"或"财富"。由于牦牛是多种用途的大型牲畜，拥有牦牛数量成为藏族衡量财富多寡的重要标志。藏族谚语中，"牦牛"成为"财富"的象征。例如：

· 千金难买牦牛肉，稀贵更属白牦牛。
· 人的性命值一百头牦牛，人的信誉值一千匹骏马。
· 虽无牛羊遍野富甲草原的声誉，却有拴牛家中油脂汪汪的奶茶。

## （四）吉祥健康、保命护生

正如费尔巴哈所言："动物是人不可缺少的、必要的东西；人之所以为人要依靠动物；而人的生命和存在所依靠的东西，对于人来说就是神。"[①]人类早期思维建立在二元逻辑之上，吐蕃人亦然。在藏族人民的心目中，牦牛不仅仅是普通动物，还具有"神性"，是能够保护人类、保佑万物的神物。藏族人民不但为了崇拜牛而举行仪式，制造圣物，还特地为牛发明了一些民俗活动。

---

① 〔德〕费尔巴哈. 费尔巴哈哲学著作选集[M]. 北京：商务印书馆，1984：438—439.

一般说来，牦牛（尤其是白色牦牛）是神圣的，是"好"神灵的象征。在藏族古代传说中，最原始的神都与牦牛有着紧密的联系，白牦牛代表着山神和大地之神。在藏族祭祀活动中，人们要选用白色牦牛作为吉祥、平安、美好的吉祥标志。在藏族人心中，牛头具有镇宅的作用，是一种平安的象征。据史料记载"甲戌人供牛头人身像，墙上用白石嵌牛头，屋顶供牛头"（王庭良《甲戌与牦牛羌》），《羌族史》中也说，"至今阿坝藏族自治州内的嘉戎藏人，家中供奉的大神是'牛首人身'"。藏族人民用丰富的谚语来表达对"牦牛"的崇拜之情，反映藏族独有的牛文化。例如：

·甭估计牦牛的年岁，牛角挂在门上方。
·白尾巴是牦牛的装饰，白雪峰是村庄的装饰。
·你看是一个平常的牛犊，我当成一个拉萨的神佛。
·父亲不好儿子不见得不好，神力牛的爸爸是黄牛。

（五）怪力乱神、凶狠恶毒

野牦牛，是青藏高原上特有的大型物种。从身材和外表来看，野牦牛性情凶猛，攻击性非常强，硕大的牛头上长着50厘米长的牛角，其雄性野牦牛的肩高甚至能达到175厘米以上。群居的野牦牛有一套独特的防御策略，当遇到危险时，为了保护牛犊，雌性野牦牛一律头部朝外围成一个圆圈，将小牦牛围在中间，而雄牦牛则在圈外抵御雪豹、狼群等猛兽的攻击。因此，在藏族文化中，作为白牦牛的对立物，代表着野性凶悍的世界，野性十足的野牛（黑色的）被赋予了"坏"的鬼怪和恶魔的意象。在下列谚语中将野牦牛"凶狠"的文化语义发挥得淋漓尽致。例如：

·愚痴如呆头羊，蛮横像野牦牛。
·野马不听驾驭，野牛难当坐骑。

- 摸不得的老虎嘴，碰不得的野牛角。
- 好斗牦牛烈性马，不能拴在一根绳。
- 白嘴野驴套不了笼头，黑色野牛上不了鼻串。

此外，"牦牛"还被赋予了其他意象，比如：谚语"不会跳舞的人，像一头牦牛；不会唱歌的人，像一根木头"中"牦牛"比喻动作笨拙的人；"懂道理的百人我可说服，钻牛角的一人我无能为力"中"钻牛角"是指一个人死脑筋，遇事不灵活的表现。

（六）游牧文化

游牧文化是藏族从事生产经营活动的主要形式之一，自古以来在藏族民间文化的传承和弘扬中起着重要作用。在古老的游牧文化中，生活在青藏高原的世世代代的藏族与赖以生存的家畜"牦牛"为伴，选牧场而迁，岁月轮回游牧不息，渐渐形成底蕴深厚的游牧文化。居住在青藏高原的藏族创造了独具特色的游牧方式——转场放牧，一般情况下藏族会安排四个季节的牧场，在夏季、秋季和冬季三季里，藏族都会按照之前所安排好的季节牧场来放牧牦牛。在不同牧场的选址问题上，冬季牧场会选择在背风而又向阳的山洼地里，而夏季牧场会选择在海拔较高的高山地区或者是地势比较高的平滩上面，春季牧场与秋季牧场往往会安排在上述两种地形之间的山腰地区。正因为有了这样的牧场选择方式，所以当地的藏族有句顺口而且富有哲理的谚语，叫做："夏季放牧上高山，春秋返回山腰间，冬季赶畜去平川。"藏族谚语蕴涵着藏族祖辈们丰富的游牧经验，凝聚着劳动人民的智慧。例如：

- 会放牧的放一条线，不会放的撒一片。
- 冬天不喂牛，夏天没酥油。
- 还在学习喂羊羔，就别想去放牦牛。

·不会爬山的牦牛，就没有草吃，永远长不出肥膘。

·秋冬晚出牧，以防黑霜伤畜肚；春夏早出牧，牛羊如山虎。

## 四、英语谚语语言世界图景中"牛"的文化内涵

（一）与"牛"有关的英语词汇

西方社会根植于游牧养殖业，因此牛的名称远比藏语丰富。在英语中，每种牛都有特定的单词，而且分类清楚，如cattle（牛的总称）、ox（牛）、buffalo（水牛）、bull（公牛）、cow（母牛）、calf（牛犊）、steer（阉牛）、heifer（小母牛）、kine（黄母牛）等。与牛有关的英语词汇蕴涵着丰富的文化内涵，如：

cattle：牛的总称（集合用法，cows，bulls，oxen等的总称），cattle暗指卑鄙的人；吵架时cattle是骂人"畜生"；奇怪的是，美国俚语中cattle还可指女学生。

cow：母牛，含有"懦弱""胆怯"的意思，cow-hearted（胆怯地；胆小地）、cowish（胆小的；怯懦的；像牛一样的）；"cow"还常被用来指"肥胖而不整洁的女人（或婆娘）"；在澳洲俚语里，"cow"表示捣蛋的家伙，不讨人喜欢的人（物）；牛在印度文化中是神圣的，受此影响，英语在20世纪初出现了习惯用语"sacred cow"，用以指"神圣不可侵犯的思想、机构、制度等"。

bull：公牛（未阉的公牛），常指"体壮如牛的人"，如：You are bullish.

calf：牛，指"愚蠢的胆小鬼"或"稚嫩的人"，短语"calf love"常用来指"少男少女对异性的短暂爱情"或"初恋"。

ox：阉牛（被阉割的肉食或劳役用的公牛），该词在英语中含有"愚蠢""呆头呆脑""笨拙"等意思。其复数形式为"oxen"。英语中用

"dumb ox"或"as dumb as an ox"描述"呆滞（或笨拙、沉默寡言）的人"；"play the giddy ox"则指"胡闹、干蠢事"。

（二）英语谚语中"牛"的文化图景

1. 行动笨拙、做事莽撞的人

《牛津高阶英汉双解词典》将"bull"的引申意义描述为"a person who is careless, or who moves or acts in a rough or awkward way, in a place or situation where skill and care are needed." 根据词条注释可知，人们所产生的感受主要来自牛的外在形象，因此，在英语中，"bull"通常隐喻"笨拙莽撞的人"。例如：谚语"A bull in a china shop."起源于一幅漫画。1816年阿姆赫斯特勋爵（Lord Amherst）代表英国政府出使中国，与满清王朝商议贸易问题，但是没有收获。当时英国的多家报纸刊登了一幅漫画，名为"A Bull in a China Shop"，把行事鲁莽、遭到失败的外交官讽喻成一头闯进瓷器店的公牛。这则谚语不仅传神且一语双关，china既指瓷器，又指中国；bull既指公牛，又指英国。从此，该谚语就成了一个形容笨手笨脚、鲁莽闯祸之人的隐喻。在英语谚语中，"bull"喻指"行动笨拙、做事莽撞的人"。例如：

· to bull into. 仓促地投入某事；鲁莽地参与某事。

· Many a good cow has a bad calf. 虎父生犬子。

· The black ox has trampled on his foot. 祸事临头。

2. 性情暴躁、桀骜不驯的人

John Bull（约翰牛）是英国的拟人化形象，出自16世纪英国著名作家约翰·阿布斯诺特（John Arbuthnot，1667—1735）的政治讽刺小说《约翰牛的生平》(The History of John Bull)。作者笔下的"约翰牛"形象是个头戴高帽、足穿长靴、手持雨伞的矮胖绅士，为人愚笨而且粗暴冷酷、桀骜不驯、欺凌弱小。作者通过这个赳赳武夫的形象，暗喻当年英国的专横跋扈，抨击"民权党"（英国自由党的前身）的好战策略。显然，这个绰号最初含贬斥色彩。随着时间的推移，"约翰牛"的形象发生了耐人寻味的变化，由最初那个身强力壮、满脸横肉的中年船长形象，变成了一个年过半百、五短身材的矮胖子。于是漫画上出现的"约翰牛"形象是个头戴宽边礼帽、足穿皮鞋、身穿茄克衫的绅士。当年那种杀气腾腾的气概收敛不少，其原来的贬义似乎变成了褒义。"约翰牛"逐渐变成了一位饱经事故的实干家形象，他的行为成了英国人的标准行为。在英语谚语中，"horn"（牛角）被赋予了"桀骜不驯""倔强"的文化内涵。例如：

· An ox is taken by the horns, and the man by the tongue. 牛因角被执，人因舌陷身。

· Curst cows have curt horns. 恶牛角短。

· Old oxen have stiff horns. 牛老角硬。

· take the bull by the horns. 不畏艰难；勇于面对困难。

3. 强壮和力量的象征

在英语中，牛被人们视作力量的象征，与牛的身体肥壮、富有力量的生物性特征相关。如：bull of Bashan（巴珊的公牛），源至《圣经》的"Psalm"（《诗篇》）："I was cast upon you from birth. From my mother's womb you have been my God. Be not far from me, for trouble is near; for there is none to help. Many bulls have surrounded me; strong bulls of Bashan have encircled me."句中的"Bashan"即今巴勒斯坦北部加利利海以东和东北面的广阔肥沃土地，盛产牛，此地的牛高大肥壮，吼声震天，力大无穷，这就是所谓的"巴珊牛"（bull of Bashan），所以在英语里，bull of Bashan 表示"气壮如牛的人；大嗓门的人"。"牛"往往被看作评判一个人身材

的标准，凡是身材魁梧健硕的男人，常常受到人们这样的赞誉，如NBA球队Chicago Bulls，球员人人都像公牛一样彪悍勇猛，创造了公牛王朝的传奇。在英语谚语中，我们可以找到类似的句子，例如：

·A cow has a kilo of strength and can't be pushed for a moment. 牛有千斤力，不能一时逼。

·He has an ox on his tongue. 心事重得张不开口。

·Winter cattle are not thin, spring ploughing is not worrying. 冬牛不瘦，春耕不愁。

4. 财富的象征

在西方文化中，牛也是财富的象征。古埃及壁画上，曾多次出现过臣民向法老进贡的场面，最大宗的贡品就是牛。根据《旧约全书·出埃及记》（Exodus）第32章的记载，以色列人出埃及后，依然沿袭埃及人以牛为神圣的动物习俗，古犹太人在摩西（Moses）上西奈山之际逼其哥哥亚伦（Aaron）用黄金打造金牛犊"the golden calf"，当作上帝的形象来膜拜。因此，英语中有"worship the golden calf"，比喻"见钱眼开"或"崇拜金钱"的意思。

在现代经济社会中，bull market（牛市）股市术语喻指"股市上涨的良好局势"。据悉，"bull"和"bear"这两种说法来自17世纪建立的伦敦证券交易市场。当时的交易员要把买单写在纸上贴在一个公告板（bulletin board）上，人们之间叫白了就把"bulletin"说成了"bull"。如果"bulletin board"上买单纸片空了，英语叫"bare"（空的，光秃秃的），后来也叫白了，就成了"bear"。"bear market"（熊市）股市术语出现于19世纪早期，喻指"因预计股价会跌而卖掉将来才发行或现在还没到手头的股票"，这样就使得投机商可以较小代价购入股票，股票市场的投机商就被称以"熊皮批发商"。因此，"bullish"的含义为"牛市的、看涨的"意思，引申出"乐观的"意思，而"bearish"跟"bullish"正相反，意思就是"熊市的、看跌的"，具有"悲观的"引申义。美国金融和投资中心华尔街上铜牛受到人们疯狂的追捧，也是因为它就是美国财富的象征。因此，在英语谚语中"牛"也成为"财富"的象征。例如：

· A cow, half a family. 一头牛，半个家。

· A lamb is as dear to a poor man as an ox to the rich. 穷人眼中的一只羊，贵似富人眼中的一头牛。

· Cattle farm treasures must be taken good care of. 耕牛农家宝，定要照顾好。

·You can't sell the cow and sup the milk. 事难两全。

·The cow knows not what her tail is worth until she has lost it. 有时不爱惜，失后徒叹息。

5.牛仔文化：勤劳、勇敢

尽管北美洲家牛的历史并不悠久，但西方文化对征服自然的崇尚、对人的力量和勇气的崇尚，让北美洲无形中延续了欧洲斗牛和奔牛的传统，于是头戴牛仔帽、衣着牛仔服牛仔裤、腰别左轮手枪、在无边旷野上挥鞭赶牛的牛仔（cowboy）出现了。牛仔们勇敢、独立、自由、勤劳，在荒凉、未知的美国西部穿行。这一形象很快成为小说和电影关注的对象，20世纪初，大量优秀的美国西部牛仔片涌现，马龙·白兰度（Marlon Brando）、詹姆斯·迪恩（James Dean）、"猫王"埃尔维斯·普雷斯利（Elvis Presley）等明星也都以牛仔形象现身，让牛仔成为美国文化的一面旗帜。"cowboy"也成为英语谚语中的一部分，如：

· He runs a business as a cowboy. 他像牛仔一样管理企业。

· If working hard, even a cowboy can be a president. 只要努力，牛仔也能当总统。

## 五、藏英民俗活动中"牛"的文化图景

### （一）藏族的赛牦牛活动

牦牛作为藏族文化的载体，是藏族传统社会活动的主角之一。至今，与牦牛有关的形形色色的文化娱乐活动中，赛牦牛就是一项具有久远历史的藏族传统体育性娱乐活动。

相传，在唐朝时，松赞干布举行隆重的欢迎仪式来迎娶文成公主，欢迎仪式上有许多精彩的藏族传统娱乐活动，如赛马、赛牛、射箭、摔跤等。这些娱乐活动备受文成公主及送亲官员的喜爱和欢迎。于是松赞干布当场宣告：以后每年赛马的同时，也举行赛牦牛活动。因此，在重大节庆日中，赛牦牛也是一项必不可少的娱乐活动。

牧人们常说："赛马看技巧，赛牛看笑话。"实际上，不少地方的牦牛赛，也正是为了取乐。赛牦牛没有复杂的表演技巧，赛程一般为100米或200米，通常只以赛牛奔跑的速度决定胜负。参赛的牦牛没有具体的数量，少者三头五头，多的可达四五十头。参赛者极为重视这项比赛，胜利者往往被视为英雄，受到人们的尊敬，同时能给自己和整个部落带来荣誉。赛牛前，参赛者要花一段时间调教赛牛，进行艰苦训练。在比赛当天，赛手们都会身着崭新的藏袍，而且还要将赛牛精心梳洗打扮。谚语"只要鞍子捆绳很结实，牦牛上下奔驰勿担心"生动形象地反映了赛牦牛的场景。

### （二）西班牙斗牛比赛

西班牙是世界上最著名的"斗牛王国"。有人说：在西班牙没有不斗牛的节日，也没有不爱看斗牛的地区。西班牙斗牛迄今已好几百年甚至上千年的悠久历史。该项目起源于古代宗教祭祀活动（杀牛供神祭品），13

世纪西班牙国王阿方索十世（Alfonso X de Castilla，1221—1284）开始这种祭神活动，后来逐渐演变为赛牛表演，18世纪中期才真正开始斗牛表演。阿尔达米拉洞窟中保存的新石器时代的岩壁画就有人与牛搏斗的描绘。

根据历史记载，曾经统治西班牙的古罗马凯撒大帝（Jules Caesar，公元前100—公元前44）非常喜欢骑在马上斗牛，直到此时，现代斗牛的雏形才基本形成。在这以后的6个世纪时间里，斗牛一直被视为勇敢善战的象征，受到西班牙贵族的追捧。到了18世纪中叶，波旁王朝（Bourbon Dynasty）统治时期，第一位国王菲利佩五世（Felipe V，1683—1746）认为应该禁止这项残酷竞技运动，因为斗牛运动容易对皇室成员造成伤害。此后，斗牛这项竞技运动就从西班牙皇宫传播到了民间。

现在西班牙全国拥有400多家斗牛场，每年斗牛次数超过5000场。西班牙每年3月至11月举办斗牛节，斗牛日为星期日和星期四。

斗牛水平的高低，不但要看斗牛士挑逗公牛的技术，而且要看他是否有一剑杀死公牛的本领。斗牛表演：一名斗牛士挥动一面红色一面绿色的斗篷挑逗公牛。出于本能，牛看见了斗篷红色的一面，就凶猛地向斗牛士扑去。斗牛士突然换成绿色的一面，公牛就停止追扑。经过几个回合的不断挑逗和刺激，公牛（bull）变得性情暴躁和疯狂。在关键时刻，真正的斗牛士出场，开始精彩的杀牛表演。斗牛是英雄气概的表现，是勇敢的象征，受到西班牙人的崇敬和称颂。随着这一竞技运动在民间的流行，"bull-fight"（斗牛）也成为英语谚语中独有的文化意象。例如：

- like a red rag to a bull. 某人或事情的举动或言语让他人抓狂、愤怒。
- The bull must be taken by the horns. 要斗赢公牛，就必须抓住牛角。

## 第三节　英语谚语与康巴地方语言中"羊"的文化图景

### 一、藏族"羊"文化形成与发展

羊是藏族人民最先食用和驯化的动物之一。羊不仅是藏族先民的衣食之源，而且是藏族人民精神文化的重要载体。

据考古资料，西藏昌都卡若遗址发掘出新石器时代的羱羊、青羊、戳羊的骨头，许多羊型纹饰和完整羊类形象出现在西藏林芝、双湖、申扎、山南、日土的墓葬和岩画中。[①]这些藏族古文化遗存说明，羊与藏族先民有着非常密切的关系。羊是高原藏族人民驯养最多的家畜，它不仅是藏族的主要肉食来源，同时也是藏族的衣着和日常生活用品的必需品。羊皮袄、羊绒服饰和羊皮帽是生活在青藏高原的藏族人民抵御寒冷的重要宝贝，也是藏族人民经验和智慧的总结。正如谚语所言："穿山羊皮袄者作的调解词，着绸缎者不能改；戴山羊皮帽者说的调解话，戴红帽子的人不能改。"这句谚语反映出藏族强烈的民族自信心和自豪感。藏族人民充分发挥自己的智慧，会使用羊毛来做氆氇呢[②]、羊毛被、卡垫[③]、放牧的鞭子等；用羊皮制作唐古、折嘎艺人的假面

---

[①] 林继富.羊与藏族民俗文化[J].青海社会科学，1996（05）：95—99.

[②] 氆氇呢是藏族人民手工生产的一种毛织品，可以做衣服、床毯等，举行仪礼时也作为礼物赠人。

[③] 卡垫是藏语小型藏毯的意思。其制作精美，图案瑰丽，色泽强烈，具有独特的民族风格和地方特色。2006年该织造技艺经国务院批准被列入第一批国家级非物质文化遗产名录。

具、羊皮袄和羊皮帽等。由此可见，在藏族人民心中，羊不仅是丰富物质生活的宝贝，而且也是吉祥之物。

《藏历新年说羊》通过介绍藏历年中的羊文化，让读者领略了藏族文化的独特魅力：

绵羊和山羊是同出一辙的牲畜，但藏族人偏爱绵羊，新年的贡品上只摆绵羊头不摆山羊头，放生羊一般只养绵羊，偏爱吃绵羊，把牧羊人称作"绵羊人"，甚至绵羊和山羊同样向人类提供粪料，让人烧做肥料，可人们在生活中只说绵羊的粪，正如藏谚道：山羊的粪，绵羊的功劳。[1]

对于藏族来说，牛、羊是他们赖以为生的重要生活资源，如果没有牛、羊也就无法在环境恶劣的青藏高原生存。在藏族生命延续、部族发展、民族强大的过程中，"羊"有着不可磨灭的功劳，并且产生了灿烂辉煌的羊文化。

## 二、西方"羊"文化的形成与发展

羊在西方文化中也占有一席之地，养羊在西方也有悠久而深远的历史。养羊技术是新石器时代人们从中东迁入时带进欧洲的。欧洲森林茂密，非常适合养殖绵羊、生猪和牛。在瑞士新石器湖岸遗址的考古中，发现类似山羊角的绵羊角，这种羊可称为直角羊（palustris）。大约在公元前3000年左右，绵羊出现在不列颠。迄今通过考古发现的英国新石器时代养羊遗址，有英格兰西部威尔特郡（Wiltshire）爱弗伯雷附近的风磨山、多塞特郡（Dorset）的美登堡，这些地区的羊骨与瑞士直角羊极为相似。青铜时代早期，人们在不列颠很少发现有养羊遗址，这时的养羊者可能是游牧性质，特别是在奔尼山区和湖区这样的山区。虽然这时养羊主要是为了食用其肉和奶，但羊毛的产出也激发人们将其制作精巧的毛织品用于穿着。

---

[1] 平措扎西. 世俗西藏[M]. 北京：作家出版社，2005：152.

盎格鲁-萨克森（Anglo-Saxon）时期，人们更充分地认识到羊的重要性。有些零散的资料可说明罗马毛纺品出口贸易的继续与复兴。如796年查理大帝在给英格兰的麦西亚国王奥发的信中，说到他的臣民喜欢"过去时代我们已经习惯了的"那种类型的斗篷。各地羊品种的独特性也通过许多萨克森地名体现出来，如：舍普利（Sheoley）、舍普顿马勒特（Shepton Mallet）、施普利（Shipley）、斯基普顿（Shipton）等。由于养羊业的发展，盎格鲁-萨克森时期英国毛纺业得到了一定发展，据说西撒克斯国王阿尔弗雷德大帝（Alfred the Great, 849—899）的母亲就擅长纺纱。8世纪时，英格兰呢绒极有可能出口到欧洲大陆。11世纪，英王威廉一世主持土地和财产普查，普查结果汇总整理，编定成册，形成《末日审判书》*Domesday Book*，书中详细记录了英格兰港口伊普斯维治已将东部各地所产呢绒运往大陆。既然已向国外出口，说明毛纺业早在盎格鲁-萨克森时期就有了较好发展，并建立了一定的市场声誉。

由此可见，长期以来，养羊业是英国的支柱产业之一。养羊业也关联着英国社会积极生活的许多方面，如16世纪英国养羊业掀起的圈地运动加快了英国社会向资本主义迈进的脚步。由于"羊"曾经在英国的日常生活中居主导地位，人民群众在长期的劳动实践过程中，逐渐创造了"羊"的文化图景。

随着西方文明的进一步发展，羊在不同的文明景观中，被赋予了完全不同的含义。崇尚自由、独立的古希腊人选取了山羊作为他们的精神图腾，无论是在神话、宗教中众神之王宙斯和酒神的原形，都有标志性的山羊角。而崇尚谦卑、驯服的基督教教徒却选取了绵羊羔羊为耶稣基督的象征。在西方文化中，羊成为一个重要的文化符号，鲜明而生动地体现着不同的文化图景。

## 三、康巴地方语言世界图景中"羊"的文化内涵

（一）神灵图腾

羊被藏族先民奉为部落的神灵图腾之一。《新唐书·吐蕃传》中记载："其俗重鬼右巫，事羱羝为大神。""羱羝"意为盘羊，又称"年"神，暗含天神之意。"年神"不仅是羌人崇拜的羊图腾，而且也是羌人崇拜的总图腾。吐蕃文化属于氐羌文化的重要组成部分，羊也成为藏族人民崇拜的对象，被赋予了神灵的象征意味。有首藏语卜词把"羊"直接称为神的牲畜。如：

啊！在北面的高处：

住着七只黄羊，

贼人不要奢望，

那是穆曼药神的财宝。

西藏原始苯教经典《符音释难》中写道："穆叶十八神即为马神红、公牦牛神猛、奶牛神逊、绵羊神敏、山羊神凶……"①由此可见，藏族神系中包含了"绵羊"和"山羊"。

羊也被藏族先民视为自己氏族的灵魂寄存。《藏族远古史》对藏族远古的五大氏族灵魂寄存有明确的记载，藏族有董氏、竹氏、扎氏、廓氏、噶氏五大氏族，其中"董"氏属土，寄魂于鹿；"竹"氏属水，寄魂于牦牛；"扎"氏属金，寄魂于野驴；"廓"氏属火，寄魂于山羊；"噶"氏属木，寄魂于绵羊。"廓"氏和"噶"氏两大氏族的灵魂都寄托于羊。谚语"每逢十天杀一羊，桑多山②谷羊尸满"就体现了藏族先民对羊的崇拜具有原始图腾崇拜的某些特点。

---

① 新版《释典旨要随笔》第14页。
② 桑多山，邬坚地方一圣山，在阿富汗境内。

（二）象征聪明、强大和力量

1300年前由古藏文书写记录的敦煌石窟藏经洞有一首礼赞绵羊的古歌，它赞美了一只拟人化绵羊的聪明、强大和力量。古歌内容如下：

除了人类之外，绵羊也很聪明。

除了人类之外，绵羊也很强大。

你玛尔瓦，圈中的绵羊，

你应该在沟壑中跳整整九次，

在奔驰中飞快地跑整整九次。

在敦煌古藏文写卷中也有一些有关丧葬的故事，说"羊比人更聪明，羊比人更有法力"，甚至把羊颂扬为"没有父亲的人的父亲，没有母亲的人的母亲"。在藏族丧葬习俗中，人们习惯使用羊身上部件、羊形和羊型纹饰为死者赎身，为死者灵魂引路，祈求死者在羊的庇护下获得安宁。由此可见，在藏族人民的心中，羊象征着聪明、强大和力量。

此外，青藏高原上生长着一种大角野羊，也是绵羊的原种，即羱羊。由于羱羊具有强大的力量，威猛无比，故也被藏族人称为"大头羊"，藏语为"聂"。羱羊粗大的角向后上方伸出，显示出其威猛之力与敏捷之身，故此，藏族有句著名的谚语"羱羊的角丧失了，羊群就遭殃了"。由此可见，羱羊角是羊最有力的武器，是御敌护群的制胜法宝。在藏族民俗文化中，"羊"被赋予了聪明、强大和力量的文化意象。例如：

· 好脾气能驯服暴烈的骏马，暴脾气会打坏淘气的羔羊。

· 山羊正抵角，牛犊莫介入。

· 羚羊角软弱，羊群就输了。

· 羚羊角懈怠会毁群，人主懈怠会毁国。

· 山羊披上狮子皮，也成不了雪山的主人。

## （三）福运的吉祥标志

西汉大儒董仲舒有云："羊，祥也，故吉礼用之。"古代藏族称"羊"为"央"，在藏语中"央"译为运道，具有吉祥的文化内涵。藏族人民认为羊能带给他们兴旺的运道，是福运的标志。藏语中，白色的羊被称为"央嘎鲁"，蕴涵吉利和幸运之意。

在藏语中，"祈好运"或"祈福"为"g-yan"表示吉利，"g-yan"具有羊或山羊的含义。由此，藏族人民视羊为神灵，赋予它"吉祥""美"的文化内涵，羊与许多藏语词汇中词义有着密切的关系，例如：

g-yan-dkar 白羊。

g-yan-gzi 与神圣的美联系在一起。

iha-gnyan 善神。

gnyan-chen-thang-iha 唐古拉山神。

stag-ri-gnyan-gzigs 达日年赛[①]。

因此，在藏族日常生活中，羊不仅是食物，还是祝福贺喜的贵重礼品。藏族人民在新婚大喜、乔迁之喜、房屋封顶等重大庆典中，会把一整只羊肉摆在供桌上。前来贺喜的客人，会给主人赠送一整只羊肉作为贺礼，并在羊的空肚内塞满羊毛，以表示祝福吉祥。受现代社会价值观的影响，送来的羊肉有好有坏，有些人担心主人不知道自己送的是好羊肉，就在羊肉上贴上写有自己名字的胶布，功利目的远胜过诚意。如"真话假话说了便知，羊肥羊瘦宰了便知"和"藏人摆羊头，汉人放鞭炮"等谚语，生动形象地反映出藏族祝福贺喜的民俗文化。

由此可见，在藏族看来羊具有神性，是通往上天吉祥之物。藏族年

---

①达日年赛：吐蕃传说的一位赞普。据说钟年德如赞普的儿子生下就失明，长大后，他遵照父母的遗嘱供奉佛教圣物，从阿夏邀请医生阿夏杰为他治好了眼睛，能看见达山上奔跑的盘羊，所以取名"达日年赛"，表示能看见达山的盘羊。

初在门顶上悬挂羊头，在交往中送羊，以羊作聘礼等民俗活动，都是取其吉祥之意，以表达对羊的敬拜和感恩之情。

（四）善良、温顺、弱小、老实忠厚的象征

藏族人对羊存有很深的感情，把它看成是牲畜之娇。在藏族谚语中，"绵羊"被赋予了善良、温顺甚至是弱小的联想意义。例如：

· 老实人，似羔羊。
· 腰带能拴马，鞋带可拴羊。
· 贼偷单家独户，狼欺失群孤羊。
· 遇着绵羊是好汉，遇见好汉是绵羊。
· 别在绵羊群里逞本事，别在好汉面前成绵羊。
· 狼挂起山羊的胡子，改不了凶恶的嘴脸。

在藏族传统社会中，尽管藏族人民主要的交通工具是牦牛，但是羊也承担着运输的重任。谚语"马的褡裢放在羊背上"就是讲述羊驮运货物的景象。在远古沿续下来的农牧交易中，小小的绵羊负载着重重的褡裢，排着长队在崎岖的山道匍匐而行，穿过荒芜人烟的地区，把牧区的盐和酥油等物品驮运到农区，又把农区的青稞和麦子等粮食驮运到牧区，在农区和牧区的贸易中发挥了非常重要的作用。

《增广贤文》里有句古训"羊有跪乳之恩，鸦有反哺之义"。羔羊似乎懂得母亲的艰辛与不易，每次吃奶时，前腿会下跪，跪着吃奶是感激妈妈的哺乳之恩。"羔羊的跪乳"被藏族人们赋予了"至孝"和"知礼"的孝道文化，并总结出许多经典的谚语劝诫做子女要传承孝道，孝敬父母。例如：

· 羊羔哑奶双膝跪，养儿不孝怎算人。
· 隔年的羊羔仍识母，隔肚的儿子有敬心。

·对父母心里孝敬，对祖国一定要忠诚；羊羔跪着吃奶，如游子对母亲吐露深情。

（五）财富的象征

藏族有句谚语"牛羊是牧民之宝，六谷是农民之宝"，藏族家庭贫富的程度是以畜羊、牛、马之多寡而论。在以物易物的时代，藏族先民曾用"羊"代替"货币"。古时，在物物交换时，许多部落都会遵循如下公式：一匹上等马折牦牛六头；一头牦牛折母羊四只；一只母羊折羊皮三张；一张羊皮折羊毛七斤；一斤羊毛折酥油一斤。[①]藏族人民通过隐喻认知，"动物域"的羊投射到了"经济域"。在藏族谚语中，"羊"成为财富、资源或人丁繁荣的标志。例如：

·富不富，看黑白。（"黑"是指牦牛，"白"就是指羊。）
·羊儿虽小，浑身是宝；善于饲养，受用不小。
·富人爱鹰爱犬，贫人爱牛爱羊。
·爱羊羔如金银，自然会牛羊成群。

（六）山羊和绵羊的文化象征

绵羊与山羊虽然同称为羊，但是它们不属于同一种家畜。绵羊和山羊在外形、解剖结构、生理、生活习惯上有很多相同之处，但也有一些不同之处。

因为山羊性情活泼好动，藏族在日常生活中常把调皮的孩子比喻成山羊，正如谚语所言"如果山羊也算文静，绵羊当然算文静"。人类和山羊共同生活了多少年，但是仍然没有能够驯服山羊的野性。相传山

---

[①] 仇保燕. 诗意中国在那遥远的地方——青海藏区风情[M]. 广州：广东旅游出版社，1999：211.

羊和绵羊最先都是野兽，他们两个在商量生存的选择时，绵羊说，我们就投靠黑头藏人。而山羊说，不要投靠黑头藏人，他们会虐待我们。但最后还是依了绵羊的话，投靠黑头人并且做了家畜。藏族宰杀羊时，先用刀子剖肚，之后把手伸到羊肚中切断命脉，绵羊这时除了呼吸外不做声，而山羊却咩咩叫喊着乱动。对这样的区别，人们解释说，绵羊选择要投靠人，所以无话可说，而山羊叫喊，是责怪绵羊当初没听它的话。[①]

由于绵羊和山羊性情不同，绵羊性情温驯、胆小，而山羊的性情就比较活泼而且胆子很大。在藏族谚语中，绵羊和山羊如影随形。例如：

· 早是山羊，晚是绵羊。

· 不管山羊绵羊，有奶便是好羊。

· 骏马头毛驴尾巴，山羊头绵羊尾。

· 见到山羊学山羊叫，见到绵羊学绵羊叫。

（七）山羊喻指"带头羊、替罪羊"

羊的合群性很强，是长期进化过程中为了适应生存和繁殖而形成的一种生物学特性。绵羊与山羊都具有较强的合群性，但绵羊较比山羊的合群性更强，一般采取集体行动的方式采食。绵羊性情温顺、胆小，行动缓慢，而山羊具有强烈的独立意识和抗斗本性，生性胆大活泼好动，行动敏捷，不畏艰险，喜欢攀登，善于游走，常被藏族人民用来充当绵羊群的带头羊。正是这种关联，山羊和绵羊的习性投射到人类生活中，也就出现了丰富多彩的羊谚语。例如：

· 群羊好牧，独羊难放。

---

[①] 郭宁. 如梦西域[M]. 银川：宁夏人民出版社，2006：42.

第三章 英语谚语与康巴地方语言中动物谚语语言世界图景 | 113

- 山羊喜石山,绵羊爱草滩。
- 母山羊生胡,小山羊有须。
- 山羊漫山坡,数目圈内知。
- 老羊往哪跳,群羊跟着跃。
- 头羊下水,群羊过河。
- 头羊能跳过沟,其余的羊跟着跳。
- 群雁无首不成行,羊群出圈看头羊。

此外,山羊和绵羊相比,性情温顺的绵羊更受藏族人民的喜爱。藏族喜欢吃绵羊肉,新年的供桌上供绵羊头,放生羊一般是绵羊,把牧羊人称作"放绵羊人"。甚至,尽管绵羊和山羊都为人类提供粪料,可人们在生活中只说绵羊的粪,如谚语所道:"山羊的粪,绵羊的功劳。"因此,"山羊"还被隐喻为"替罪羊",如谚语"绵羊吃嫩草,山羊背罪名"。

(八)牧羊经验

牧羊是藏族最源远流长的生产活动之一。藏族的畜牧业经过数千年的发展,藏族人民把牧羊活动扩展到整个青藏高原之上。最初的时候,藏族都是把羊固定在家庭农场中,与鸡和猪等动物一起养殖。后来,为了维持庞大的羊的族群数量,藏族人民创造了独特的转场游牧文化,以满足羊群的食草需求。在长期的牧羊活动中,历代藏族牧羊人根据自己的牧羊经验总结出了许多谚语,这些经验谚语对现在的藏族养羊户科学养殖仍然具有一定指导意义。例如:

- 凌晨放马,露里放羊。
- 沙地里不赛马,泥泞处不放羊。
- 生奶当不成茶,生手放不好羊。

- 马不吃夜草不壮，羊不吃走草不肥。
- 没有牧羊人，羊就不成群。
- 取鹿茸要抓住二杠子①，抓羊膘要抓好夏秋季。

## 四、英语谚语语言世界图景中"羊"的文化内涵

英语"羊"的文化主要来自三个方面：生活劳动实践、古希腊罗马文化和基督教文化，其中来自生活劳动实践的文化语境最为复杂、意义丰富。

### （一）生活劳动中"羊"的文化象征

英国属温带海洋性气候，受盛行的西风控制，全年温和湿润，四季寒暑变化不大，适合牧草和农作物生长期长，草场可利用时间较长，畜牧业成本低，适合发展畜牧业。从地形来看，英国以平原、丘陵和低山为主。这样的地理环境有利于养羊业的规模化和专门化发展。15世纪末，由英国养羊业引发的"圈地运动"甚至促进了英国资本主义的发展。由于"羊"曾在西方人生活中扮演主导地位，久而久之便形成了他们表达观点的方式之一，人们经常会以"羊"喻指某类人。因为绵羊性情温和、易驯化，毛质柔软富有弹性、肉质鲜嫩，能给人们带来财富，所以"sheep"（绵羊）常常隐喻温顺的人，几乎成了温顺、温柔的代名词。在英语姓氏中，诸如Shepherd（牧羊人），Shepherd以及Shepard等姓氏都衍生于"sheep"一词。相比较而言，"goat"（山羊）习性凶猛，喜欢角斗，雄性山羊的尾部会分泌一种化学物质能触发雌性山羊排卵，当暴露在空气中时，该物质发生变化并发出"羊膻味"，所以"goat"的隐喻通常伴有贬义色彩，是淫荡、色欲、恶魔的代名词。在英语谚语中，

---

①二杠子：即刚刚分两枝的嫩鹿茸，是鹿茸中的上乘。

"sheep""lamb"和"goat"具有不同的文化意象。

第一类谚语,"羊"的文化象征。

1."sheep"和"lamb"象征温顺、纯洁、可爱、弱小

·Don't treat the enemy as a sheep, but as a wolf. 别把敌人当羊,要把敌人当狼。

·He that makes himself a sheep shall be eaten by the wolf. 甘心做绵羊,必然喂豺狼。

·It is madness for a sheep to treat of peace with a wolf. 跟狼讲和平,此羊必愚狂。

·If you turn into a lamb, the wolf will eat you up. 你若变成绵羊,狼就会把你吃掉。

2."goat"具有"牺牲品、色鬼、淫荡的人"的文化内涵

在英语中山羊向来被认为与罪恶和魔鬼有关。在古希腊神话中,好色的森林之神萨梯(Satyr)具人形而有山羊的尾、耳、角等,所以"goat"就产生了"牺牲品、色鬼、淫荡的人"的文化内涵。

·make sb. the goat. 拿某人当替罪羊。

·old goat. 好色之徒。

·to get one's goat. 使人发怒。

·A woman's tongue wags like a lambs tail. 女人的舌头摇得像小羊的尾巴一样欢。

3."ram"比喻脾气暴躁的人

·A pet lamp makes a cross ram. 受宠的小羊会变成性情暴躁的公羊。

·Don't look at the ram barking badly, but at his ability to cross the river. 不要看公羊叫得厉害,要看他过河的本领。

4."sheep"和"lamb"是财富的象征

·If there is nothing to discuss, buy pigs to buy sheep. 有事不商量，买猪买到羊。

·One may as well be hanged for a sheep as a lamb. 偷小羊是死罪，偷大羊也是死罪。

·Raise a flock of sheep without fear of famine. 养上一群羊，不怕有灾荒。

5."sheep"比喻团体中起主导作用的人或行业领军者

领头羊的最初意义来自羊的习性。羊群在一起前行时，永远有一只领头羊走在羊群前，带领羊群前行。放牧时，牧羊人只需控制好领头羊，羊群是充满信任地、心甘情愿地跟着它向前走。领头羊是羊群中体格最健壮、跑得最快、听力最好、思维最为敏锐的羊。因此，在英语谚语中，"领头羊"被隐喻到人类社会，喻指"团体中起主导作用的人""带领大家干工作的带头人"，或者"在某个行业中的领军者"。例如：

·Because they were as sheep not having as shepherd. 因为他们像一群没有牧人的羊。

·If one sheep leaps over the ditch, all the rest will follow. 一羊先过沟，其余跟着跳。

·One sheep crosses the river, so do ten sheep. 一个羊过河，十个羊照样。

第二类谚语，牧羊经验。

英国的养羊业具有2000多年的历史，早在新石器时代，随着新的移入者与当地土著的不断接触，当地的土著们已经开始接受农业知识和驯养牲口的知识。羊群始终在英国历史舞台上起着重要的作用，在历史不断向前发展和演变中，羊群的饲养和放牧方式也有着一定的变化和发展。同样，即便在同一时代，不同地区的饲养放牧方式也会有一定的差异。在长期的饲养放牧羊群活动中，广大英国民众在细致入微的观察中，总结出了一套自己的放牧经验，并浓缩成脍炙人口的谚语，如：

· Sheep grow by man and fat by grass. 羊靠人放，膘靠草长。
· Sheep change hands three times a day. 放羊一日三换手。
· Sheep are afraid of frost and the sun. 羊怕寒霜，霜怕太阳。
· Yellow withered leaves, no sheep. 枯叶黄，不放羊。

（二）古希腊罗马神话中"羊"的文化象征

希腊神话取材范围广泛，涉及西方社会生活的方方面面。古希腊的十二星座所描述的故事情节跌宕起伏，精彩绝伦，人物形象栩栩如生，其中与羊相关的有白羊座和摩羯座。古希腊人具有独特的审美趣味，他们的羊文化表现以"山羊"为主，典型地反映了古希腊独特的文化内涵。

"Aries"（白羊座，俗称"绵羊座"）是黄道的第一个星座，其星座符号是公羊角。火星是其守护星，战神（Mars）是守护神。据传说，玻俄提亚王子佛里克索斯（Hirixus）受奸人陷害，被国王送上祭坛。佛里克索斯的姐姐赫勒（Helle）骑着一只白羊从天而降，将王子从祭坛载走。后来，众神之王宙斯将白羊化为天上的白羊座。其故事主要歌颂上帝（宙斯）的明察秋毫、正直公平，所以白羊在古希腊享有较高的地位。

"Capricorn"（摩羯座，俗称"山羊座"）的形象是上身为羊，下身为鱼的神兽。土星是其守护星，牧神是其守护神。摩羯座的星座符号是一笔划出山羊外形特征的一种古代象形文字。这个符号中有着山羊的头和胡须，骨瘦如柴的身躯，却散发出攀登绝壁的坚强毅力。其实摩羯座就代表着山羊，而山羊本来就是一种个性非常强韧，且刻苦耐劳的动物。[1]

---

[1] http://www.360doc.com/content/15/0208/10/2198695_447181539.shtml

金羊毛（Golden Fleece）是古希腊神话中的稀世珍宝，象征着财富和权力，如谚语"as rich as a new-shorn sheep"（像刚剪完毛的羊那样富有——一贫如洗）。

（三）《圣经》中"羊"的文化象征

《圣经》中"羊"具有sheep（绵羊）、goat（山羊）、lamb（羔羊）三种形象，因为它们属于不同的种类，被赋予的文化内涵也截然不同。

在英语文化中，绵羊与山羊成为"好人与坏人"（the sheep and the goats）的划分最初来自《圣经》马太福音（Matthew 25:32）中的一段话：

All the nations will be gathered before him, and he will separate the people one from another as a shepherd separates the sheep from the goats.（世间万民都要聚集在他面前。他要把他们分别出来，好像牧羊的分别绵羊、山羊一般。）

"山羊"被视为"恶人"。在圣经旧约中有这样一则故事《利未记》(*Leviticus* 16:8)：

And Aaron shall cast lots upon the two goats; one lot for the LORD, and the other lot for the scapegoat.（为那两只羊拈阄，一阄归与"耶和华"，另一阄归与"替罪羊"。）

"山羊"被当做替罪羊。上帝为了考验信徒亚伯拉罕（Abraham，希伯来人的始祖）的忠诚，要求他杀死长子祭奠，当亚伯拉罕毫不犹豫举刀就要杀死儿子的时候，上帝派天使制止了他，并让他用一只山羊来代替，这就是"替罪羊"的由来。以后，每年的赎罪日①，犹太人这一天在圣殿举行献祭仪式，大祭司会取出一只山羊，把双手按在山羊头上，历

---

① 赎罪日（Yom Kippur）是犹太人一年中最重要的圣日。在新年过后的第10天，这一天是犹太人一年中最庄严、最神圣的日子。对于虔诚的犹太人教徒而言，还是个"禁食日"，在这一天完全不吃、不喝、不工作，并到犹太会堂祈祷，以期赎回他们在过去一年中所犯的或可能犯下的罪过。

数犹太人的罪过，罪行就转移到山羊身上，然后众人把这只山羊驱逐于旷野，让它带走犹太人的一切罪孽。因此这只山羊叫"scapegoat"，"scape"即"驱赶"之意。"山羊"替人赎罪之说沿用至今，英语中许多表达方式也说明了这一点，譬如谚语有"You have no goats, and yet you sell kids."（没有老山羊，还把小羊卖了。）再如英语修辞"play the goat"有"做蠢事"一意。所以不论是谚语还是修辞，"goat"大都用在贬义语境下，这也体现了《圣经》故事对英语"羊"的影响之大。

羔羊（lamb）为耶稣基督的象征。在旧约《以赛亚书》（*Isaiah* 53:6—7）中，"He was led lamb to the slaughter."（像羔羊被牵到宰杀之地。）这句话中的"羔羊"就是耶稣基督。与此同时，羔羊可以象征温顺和柔弱，现在很多人利用"as mild as a lamb"表示温顺的人们。

因此，西方人将sheep（绵羊）、goat（山羊）、lamb（羔羊）的文化意象融入了谚语中，如：

· separate the sheep from the goats. 区分善恶。

· It is small flock that has not a black sheep. 再小的羊群也有杂色羊。

· If the beard were all, the goat might preach. 如果长胡须就好，山羊也可讲道。

## 五、藏英民俗活动中"羊"的文化图景

（一）藏族日常生活中的"羊"文化

羊肉被誉为藏族食品四宝之一，每当藏历新年或有客人来访时，主人都会将羊肉摆上桌子待客。羊头是藏族传统特色美食之一，其肉质滑嫩，非常受人们的欢迎。吃羊头具有美好的寓意，所以羊头不仅仅是新年餐桌上必不可少的食品，同时也是供桌上的供品。藏族人吃羊头非常讲

究,家中成员每人都要分吃半个羊头,不能多得。羊头里杂碎很多,如舌头、面颊肉、脑浆、眼珠子、头皮等,其中的眼珠子最受人青睐,如谚语"羊头没吃是一篮,吃了也是一篮""吃羊头痴望的是眼珠子""喇嘛嘴说不吃肉,看见羊头就生吞"生动形象地反映出藏族人民对羊头的偏爱。

藏族有句话"食羊肉中毒最危险,遭女人祸害最凶险",由此可见,藏族吃羊肉非常讲究,他们一般吃绵羊肉而很少吃山羊肉,绵羊肉质肥嫩,味道鲜美,没有膻味、营养丰富,尤其适宜病人、产妇食用,而山羊肉不宜人、伤肾,有偏差的体质最好不吃,有所禁忌。正如藏族谚语所言:

· 贪美味肥猪肉,到手的只有干瘦山羊肉。

· 肥美的肉在羊身,众人分享分量少。

· 秋季宰杀母绵羊,有人褒奖有人贬;夸奖者赞羊肉肥,贬者诉说心舌瘦。

在牧区,"坨坨肉"是藏族人民传统的风味食品,源远流长。藏族人民将牛羊肉大块放入锅中,用大火煮沸,刚过心即捞起。食用时,手抓、刀削,冷热皆肉嫩味美。到牧民家中做客,主人会将"坨坨肉"端到客人面前,同时递上切肉的小刀。刀尖不能向着客人,要双手递上。藏族谚语蕴含了吃羊肉的学问,例如:

· 手抓羊肉放凉吃,强盗没时间等它凉。

· 三月的羊儿见不得,八月的羊儿舍不得。

对藏族来说,羊全身都是宝,没有哪一个部位是可以扔掉的,许多藏族谚语都体现了羊的重要性,例如:

· 纯白的氆氇,可以染各种色。

· 狐皮帽子外观美,暖耳还数羔羊帽。

· 父亲被儿子抛弃,犹如下雨无羊毛披毡。

·好儿子在羊皮袄子里,好武器在牛皮套子里。

·打牛羊用的"俄多",是牛羊身上的毛制成的。

(二)西方民俗活动中"羊"的文化图景

羊是西方餐桌上的肉食之一。英国就是远近闻名的产羊大户,他们吃羊的饮食文化也是自成一套,受理性的饮食观念影响,羊肉的鲜嫩程度是他们关注的重点,在英语里对羊肉有了较为细致的划分。绵羊(sheep)的肉大体上分为三种:一岁以下的小羊肉为"lamb";一岁到两岁之间的羊的肉为"hogget";两岁以上的羊的肉为"mutton"。山羊肉也是按照羊的年龄来划分:小山羊的肉称为"kid"或"cabrito";成年山羊的肉叫做"chevon"或"mutton"。不同年龄、不同部位的羊肉均有其相应的加工方法和吃法,就以羊肉中最嫩的一部分来说,如"rack striploin"(羊腰脊肉)、"rump"(羊后腿)、"rib-eye"(羊眼肉)等,一般都是烤来吃,最好的烹饪方法搭配最嫩的肉。谚语"One shoulder of mutton draws down another."(羊肉一上口,一腿连一腿)形象地反映出西方人对羊肉的喜爱。

英国养羊业不是一个孤立产业,它与其他相关行业有着许多联系,尤其与毛纺织业有着密切联系。养羊业发展的好与坏,左右着英国毛纺织业的发展,同时也衍生出了许多与羊毛加工业有关的英语词汇。

早在14世纪(中世纪英语时期),英国民族文学的奠基人乔叟(Geoffrey Chaucer,1340年或1343年—1400年10月25日)在小说集《坎特伯雷故事集》(*The Canterbury Tales*)中描述朝圣的看客时,提到了五个手工业者,其中有三人从事的工作与羊毛加工业有着密切联系,他写道:

*An Haberashere and a Carpenter,*

*A Webbe a Dyere and a Tapicer,*

*And they were clothed alle in o liveree*
*Of a solempne and a great fraternitee.*
(*Prologue* LL. 361—365)

在中世纪英语时期,"webbe""dyere"和"tapicer"分别代表羊毛编织工、羊毛洗染工和毛毡工,其现代英语拼写形式为"weaver""dyer"和"tapestry-maker"。据考证,英语中一些家庭姓名,因历史上先祖的职业与牧羊或羊毛加工业有关,而承袭至今。例如:

牧羊人:Shepherd/ Sheppard(谢普德)

染毛工:Dyer/ Lister(戴尔/利斯特)

毛编工:Webber/ Webster/ Weaver(韦伯/韦伯斯特/韦弗)

蒸洗工[①]:Woolman/ Walker/ Fuller(伍尔曼/沃克/富勒)

在英国历史上由于羊的数量和羊毛占有量决定一个家庭的富裕程度,因而,英文民谚"plenty of wool on one's back"专指那些生活较为富裕的人家。英国大法官和上议院议员的座位在旧时代常以羊毛作为垫褥,因此英文短语"to reach the wool-sack"(出任英国大法官);"to take seat on the wool-sack"(出席英国上议院会议),便表示一种社会地位的象征,这也足以彰显"羊"及"羊毛"语义的社会文化外延。

孩子们常常出去采集那些挂在树枝上、灌木上的零碎羊毛,他们往往心不在焉地干这些活,因此英文中便有了民谚"One's wits go wool-gathering",意思是"出神、心不在焉、想入非非、琐碎无聊的工作"等。英语中类似于此种表达的民谚或格言俯拾皆是,例如:

· God tempers the wind to the shorn lamb. 上帝照顾弱者。

· Go for wool and come home shorn. 羊倌出去捡羊毛,回来羊毛反被别

---

[①]蒸洗工,历史上鞣制羊皮时,工人要在皮革上面反复践踏以使其平展,故而得名。

人剪掉了。

・Give never the wolf the wether to keep. 莫把阉羊给狼管。

・Lose the sheep for a half penny worth. 因小失大。（在莎士比亚时代，多用焦油为羊治病，有人因不肯花半便士买焦油为羊医治而导致其死亡，损失更大等。）

・One scabbed sheep infects the whole flock. 一只羊生疮整群羊遭殃。

・One shears sheep, the other shears pig. 一个人剪羊毛，其他人剪猪毛。

・There is no wool so white but a dyer can make it black. 羊毛再白，也能染黑。

・The good shepherd shears his sheep and does not skin them. 好的牧羊人剪羊毛，而不是剥羊。

## 第四节　英语谚语与康巴地方语言中"鱼"的文化图景

### 一、藏族"鱼"文化的形成与演变

（一）自然环境对藏族"鱼"文化的影响

今天的藏族主要聚居在世界屋脊——青藏高原上。青藏高原上水系发达，水资源充沛。据统计，仅在西藏自治区境内，有20多条河流的流域面积大于1万平方公里，有100多条河流的流域面积大于2000平方公里。青藏高原还是天池聚集之地，其湖泊总面积达到37167平方公里，占全国面积近二分之一，是全国湖泊数量最多的区域。青藏高原丰富水域资源利于冷水性鱼类的生长和繁殖。青藏高原鱼类资源丰富，天然鱼类共150余种。

高原鱼不被藏族人青睐有两个生物性因素：一是高原鱼生长缓慢；二是高原鱼虽然肉鲜味美，但鱼的内脏、鱼卵和鱼眼含有毒性，不小心误食这些组织可能造成恶心、呕吐、全身倦怠、四肢无力、绞痛、腹泻，甚至发烧等身体不适，从而引发藏族人对鱼的厌恶。

由于青藏高原属于高寒地带，水质寒冷，河流生产的冷水鱼，生长缓慢，周期长，与牛羊等肉食来源相比，没有任何优势，鱼就逐渐地从藏族人的食谱中去除了。

（二）藏族生计方式对"鱼"文化的影响

据考古研究，在4000年前的西藏昌都地区，气候较温暖，植被浓密，伴随高原特有的垂直植被分布的是多样性，大中型动物资源富饶、食物丰富。在卡若遗址，先后两次发掘出土的大中型野生动物有鹿、藏羚、藏原羊、青羊、鬣羚、赤鹿、藏原羚、岩羊、狐狸、狼等，而水产资源只有一枚疑似黄河裸鲤的鱼类骨骼，这表明鱼在当时卡若人的饮食中所占的比例极小。

在远古时期，青藏高原上的藏族先民们就开始从事农耕。但由于光、热、水地区上不协调限制了高原农业的发展，同时低温也造成了宜农的土地面积小。青藏高原畜牧业发达，主要是因为：适合在青藏高原生存的牲畜多，如牦牛、藏羊、犏牛等；高原上的自然垂直分布使得草场可以分季节使用，高辐射量也利于牧草的生长；夏季温度不高（最暖的7月，其平均气温一般也低于13摄氏度），因而牲畜的食欲十分旺盛，白天的大部分时间用于进食，很少游走，容易长膘。正是因为这些有利的因素，青藏高原的大部分地区都以发展牧业为主。

随着牧业发展，鱼肉的可食用性不断降低，牛羊肉比鱼肉的热量回报更高。一方面，高原鱼是属于中小型鱼类。受制于体型，一条鱼可以提供的热量和蛋白质是有限、低效率的。另一方面，牛或羊能给一家人提供较长期的能量，牛羊的生长速度比鱼快，而且牛羊不与人争夺食物。换言之，在藏族人的食物名单中，牛羊肉是回报率高的高级食物，而鱼则是回报率低的次级食物。此外，回报率低的次级食物在高级食物变得稀少时，次级食物则进入食物名单弥补高级食物的空缺。这也解释了为什么在新中国成立前藏族的捕鱼者都是一些差巴。穷苦的差巴在缺乏牛羊肉等高级食物时，退而求其次以鱼为弥补。例如，地处特殊地理位置的俊巴村不宜发展牧业，牛羊肉就逐渐退出了村民的食物名单。在不适宜发展牧业的地区发展牧业的成本高，降低了牛羊的热量回报率。原本理应为次级食物的鱼的热量回报率得到了相对的提升，鱼理所应当地成为当地的高级食物。

（三）藏族食鱼禁忌的演变

藏族自古以来就存在着食鱼禁忌，但在不同时期、不同地区情况并不是一致的。

1. 新石器时期

青藏高原早在旧石器时代就存在人类文明的遗址，这些生活在旧石器时代的人是藏族的族源之一。尽管藏族人类文明遗址最早可追溯至旧石器时期，然而人类的食物搭配和选择形成基本框架的时间是在新石器时代，因此我们很有必要了解新石器时代藏族生活地区的饮食情况。

考古学家对藏族生活地区新石器时代遗址进行发掘，发掘的遗址中有新石器时代的鱼骨遗存和捕鱼工具。4000—5000年前的卡若遗址是藏东先民居住的地方，临近鱼类资源非常丰富的澜沧江，但在遗址中没有发现鱼骨，也未发现渔猎工具，如钓钩、网坠等。在拉萨河流域的曲贡新石器时代遗址发现了藏族先民从事渔猎生产的网坠，还有鱼骨。雅鲁藏布江的支流尼洋河流域和与雅鲁藏布江交汇处的林芝居木遗址、云星遗址、红光和加拉马等遗址也发现了捕鱼用的网坠。①鱼骨遗存和捕鱼工具证明了鱼是石器时代藏族祖先的食物的重要证据。这些考古资料清晰地显示，早在新石器时代，藏族先民曾在西藏腹心地区的雅鲁藏布江流域、拉萨河流域范围内从事过渔猎活动，普遍存在食鱼风俗。

2.新中国成立前的藏族食鱼禁忌演变

（1）甘青地区的食鱼规避

在公元814年以前，涉藏地区是否存在渔猎的活动在汉文文献中没有记载，无法了解详情。到了北宋时期这个问题略有耳闻。吴曾②在笔记小说《能改斋漫录》中记载，在临洮、袍罕等地（今青海东部与甘肃南部一带）虽然鱼产丰富，但是当地人却不食鱼。北宋以降，这个问题的相关资料基本为空白，直到清末民国初年才略有记载。光绪三十三年（1907），杨治平所编撰的《丹噶尔厅志》记载，青海地区的藏族人不吃鱼也不捕鱼，当时市面上供应的湟鱼是由生活在当地的蒙古人捕捞、运送、贩卖的。

1914年，甘肃名士周希武随勘界大员周务学赴澜沧江及通天河中下游一带考察。所成书《玉树调查记》中记载了玉树的渔业情况。当时玉树的藏族人忌食鱼，然通天河流域却有些藏族人在春天捕抓河中的裸鲤，但所捕获的鱼只卖给外地来的游客，而并非自己食用。他们的渔猎方式非常简单，一般直接用石头击打或木棍击刺，连鱼钩和渔网都很少用，如谚语"棒打水面，不伤鱼虾"。这也充分证明，渔猎只是当地藏族人民的副业，而不是主要的生计方式。

①陈立明.藏族饮食礼仪与禁忌[J].西藏民俗，2001（04）：4—6.
②吴曾（1162年前后在世），江西省崇仁县人，字虑臣，南宋笔记文作家。

（2）西藏地区的禁渔

在西藏地区，渔猎是受噶厦政府控制的，而非个人的行为。20世纪五六十年代，我国的民族学家在1962年对山南地区的社会调查显示，藏族平时不准打猎、捕鱼。在西藏，社会或政府对鱼的禁令重心从进食转移到了捕鱼这一行为上。噶厦颁布了一系列禁止杀生（捕鱼毋庸置疑为杀生行为）的法令。在1958年以前，噶厦每年都给各宗颁发"禁杀令"，其中有一条明确地写着"禁止上山打猎，下河捕鱼"，并将此法条文张贴于墙，警示民众。由于噶厦禁止捕鱼，在拉萨城等地卖鱼的渔夫在叫卖鱼的时候不敢直接吆喝"卖鱼"，而是委婉地喊"卖水萝卜喽"。

藏族有句谚语"禁止打鱼的是活佛，收取鱼差的也是活佛"。有农奴因为捕鱼而遭到了严厉的惩罚，禁杀令的刑罚轻重与执行与否是由农奴主决定的，并非任何地区都如此严苛，而且禁止捕鱼的时间也是因地而异。新中国成立前，昌都的江孜康马下涅如地区存在一项农奴主对农奴征收的打举差税。打举是专管铁匠、背尸人、猎人等的头目，上述职业从事者，需要每年交纳藏银3两。交完交差税后，渔夫、猎人等职业从事者就可以"捕鱼打猎，行乞立灶"。在甲马卡（现为加玛卡）的渔户不受领主或官方的管辖，不用承担正式的差税负担，原则上一年四季可以从事捕鱼活动。渔户捕鱼的目的主要是为了售卖，一般用鱼换取青稞等食物，也有人用青稞换取鱼作为食物。

在公元17世纪末至18世纪初，坐落在拉萨河下游与雅鲁藏布江交汇处的俊巴村形成，村民主要从事渔业生产。在西藏禁止捕鱼与食鱼的情形下，俊巴村的先民逐河而居，遵循"靠山吃山，靠水吃水"的做法以农耕捕鱼为生，因而形成了特有的饮食习惯和独有的"渔文化"。

3. 现代藏族的食鱼习俗

在现代饮食文化的浪潮下，藏族的饮食习惯正发生着复杂的转变，他们对鱼的态度也在不断地变化。有些学者已经给出了这种变化的答案：除部分城镇居民（多为青年）会少量食用鱼肉外，广大农牧区的群众还是保持着不吃鱼的习俗。由于现代饮食环境的不同，青年接触到鱼的几率增大，他们从口味和心理的角度接受鱼的可能性也增加。青年饮食习惯的变化十分快，所以部分藏族青年养成了吃鱼的习惯。藏族认为"不杀生"是"十善"之首，如果杀死一条鱼就等于残害了万条生命，罪孽深重。因此，藏族谚语中有"鱼有千子，杀了罪孽很重"之说。

尽管鱼在藏族日常饮食中的占比非常小，但是，随着渔业的开发、运输业与餐饮业的发展，时至今日鱼逐渐成为一种较为重要的社会性食物，同许多汉族以及其他食用鱼类的民族一样，鱼也逐渐出现在藏族一些重大仪式和节日的餐宴中，如谚语"湖里游着大鲤鱼，不如桌上小鲫鱼"。对于部分有饮食禁忌的藏族而言，他们自己不会吃鱼肉，但也不反对餐桌上有鱼。

### （四）可入药的鱼

不论在历史上还是当下，藏族人吃鱼抑或不吃鱼，都无法改变一个事实——鱼在藏医中是一种颇具疗效的藏药。花斑裸鲤、厚唇重唇鱼、藏鮡等鱼的肉、骨刺、胆汁均可入药。鱼肉可以治疗妇女病、胃肠病；研细的骨刺可以治疗水肿病；胆囊粉末外用可治烧伤、疮疖红肿、发烧灼痛。鱼可入药在藏医中有悠久的历史。在现存最古老、内容最丰富的藏医古文献——敦煌吐蕃医学《长卷》①中曾记载过鱼药的用途。此外，《长卷》中亦多次提及治疗一些病症时，应忌食鱼肉。这些都从侧面印证了这个时期一直存在着食用鱼肉的藏族人群。

---

① 罗秉芬. 敦煌本吐蕃医学文献《长卷》译注（上）[J]. 中国藏学，2002（2）：36.

综上所述,从20世纪五六十年代的民族志资料来看,捕鱼和食鱼行为并不是个人行为。在一些地区,要想自由地捕鱼需要遵守一定的规则,即向农奴主缴纳一定的差税或向寺院捐献香火,否则就会受到农奴主的责罚。对于藏族人吃鱼的习俗是因地而异、因时而异的,正如谚语所说的那样:"夏天的河鱼,想要无人卖;冬季的河鱼,想赐无人要。"

综上所述,在不同时期不同地区的大部分藏族人是不吃鱼也不捕鱼的,但在部分地区存在捕鱼和食用的习俗,从而形成了具有浓郁高原特色的鱼文化图景。

## 二、影响英国"鱼"文化形成的因素

### (一)地域环境的影响

英国位于欧洲西部,是大西洋中的一个岛国,由大不列颠岛(包括英格兰、苏格兰、威尔士)、爱尔兰岛东北部和一些小岛组成,隔北海、多佛尔海峡、英吉利海峡与欧洲大陆相望,有漫长的海岸线,其总长度为11450千米,平均约21平方千米国土就有海岸线一公里。周围水深不足200米的大陆架面积广阔,达48.6万平方公里,为其国土面积的两倍,多为适宜鱼类繁衍生长和便于捕捞的渔场。尤其是东面濒临的北海,平均水深96米,最浅处的多格浅滩仅13米,是世界著名渔场之一。英国海岸线曲折,有许多优良的天然港湾,可以作为渔港。

### (二)英国渔业和造船业的影响

英国是大西洋中一个偏离欧洲大陆的岛国。在都铎王朝(1485—1603)前,英国仍然是一个经济落后、工商业不发达的农业附庸国。为了改变这种状况,都铎王朝的统治者开始意识到只有快速发展工商业,才能使国家富强。因此，重商主义成为都铎王朝的主要政策。

第一，出台食鱼法案，扩大渔业的发展。

在都铎王朝时期，大雅茅斯是欧洲的渔业中心。从这个小镇上岸的鳕鱼、鲱鱼几乎供应着整个英国的市场。在渔业最繁华的伊丽莎白一世时期，从这个小镇出海的船最多时有500艘之多，而在每一片海域捕鱼的渔船维持在30—80艘左右。在每年盛夏到初秋的时节，大雅茅斯的渔民异常繁忙，因为这一阶段的鲱鱼最为肥美，出海的渔船几乎24小时连轴转。在鲱鱼大丰收的时节，一条渔船一次出海可以捕捞5万千克的鲱鱼。当渔船伴着晨曦靠岸时，岸上的鱼贩子早已等待多时，一桶又一桶的鲱鱼迅速被送往英国各地，伦敦80%的鲱鱼供应是来自大雅茅斯。

此外，都铎王朝还出台了一系列保护渔业发展的措施，比如在1563年，都铎政府出台了渔业法案，规定英国人严禁购买外国鲱鱼，而英国渔民出口鲱鱼则免税。类似保障法案为都铎王朝时期的渔业发展提供了绝佳的成长环境。在15世纪后期，每年渔业收入只能勉强达到1万英镑，而到了伊丽莎白一世时期，每年渔业收入已经超过了15万英镑，在国民生产总值中的比例也达到了10%左右。

渔业发展对于都铎王朝来说，意义重大，它解决了百姓的温饱问题。在1522年时，都铎王朝的人口是230万人，到1603年都铎王朝灭亡前，人口直线增长到了375万，面对人口的暴增，廉价的鲱鱼、鳕鱼无疑是人们最好的口粮。

第二，通过渔业贸易的繁荣，带动造船业的发展。

都铎王朝时期，渔业迎来了红利期，所以造船业也成了炙手可热的行业。捕鱼船主们四处寻找造船厂订购大型渔船，因为订单太多，像排水量超过80吨的渔船，往往要等上三年左右才能拿到船，可谓一船难求。因此，亨利七世鼓励民间资本投资建船厂造大船。亨利七世出台了相关保障法令，对于排水量超过100吨的新造大船给予每吨6先令的补贴。英国各地造船厂纷纷兴建起来，在伊丽莎白一世统治的1578年，全国造船厂已经发展到了120多家，全国各地造船厂加起来的工匠总数超过了10万人。

1510年前后，英国各地船厂所造鲱鱼船的数量最多，技术也相对成熟。这些船模仿荷兰的大帆船，船身的容积更大、帆的动力更强，航行速度也大大加快，更为重要的是这些船是专门的渔船，不再是商船、渔船兼用。因为是专业渔船，所以操控驾驶就不用太多船员，一艘船15个人足矣，而此前的渔商混用船则需要船员至少30人。节省了人力，无疑就增加了船主的利润，所以这种专业渔船很受欢迎。1515年到1520年的5年时间，都铎政府造出32艘排水量超过100吨的船只，而1564年到1567年短短三年时间，造船厂竟然造出了135艘排水量100吨以上的大船。在港口小镇达特茅斯停泊着的商船最大的载重量已经达到了800吨。

都铎王朝处在封建主义向资本主义过渡的节点之上，从亨利七世、亨利八世到伊丽莎白一世，不遗余力地推进重商主义，使得都铎王朝实现了大国崛起。

由此可见，重商主义政策中，延续百年的食鱼法令在英国崛起中发挥着巨大的助推作用。亨利七世出台的食鱼法令带动全民吃鱼，而全民吃鱼又刺激了远洋捕鱼行业的发展，渔业的发展又带动了造船业的蓬勃发展。

（三）食鱼习俗变化的影响

5000年前，新石器时代英国人的饮食结构突然改变了。家畜的到来帮助英国人从海洋获取食物转变到从草地获取食物。

1.新石器食鱼习俗

根据科学家对大不列颠岛上人类骨骼的分析，5000年前，大不列颠引进牛、羊、猪和麦子等物种时，鱼就快速地从新石器时代人们的饮食名单中消失了。根据英格兰布里斯托尔大学的化学家马克·凯普雷对古瓷器碎片遗留下来的残渣进行研究，表明旧石器和新石器交替时代的人们能快速地适应新的耕作方法，同时也说明英国农耕和畜牧发展速度很快。理查德和同事贝尔法斯特女王大学的瑞克·史凯丁和牛津大学的罗伯特通过检测存储在骨骼中的饮食信号来记录饮食的转变，其研究资料显示，自从驯养技术和种植技术传入英国之后，人们就再也没有食用过海上食物。据理查德研究团队的推测，英国人在新石器时代开端改变饮食习惯的原因有三个：一是因为农作物和家畜为其提供了稳定的食物来源；二是由于气候改变而被迫发生的；三是因为文化的压力。理查德说，碳同位素信号并不能完全排除英国人偶尔食用鱼肉的可能性，但是，它清楚地显示了在新旧石器交替时代，英国人很少食鱼而改用其他食物。直到公元一世纪，英国被罗马入侵后，鱼再次成为英国饮食中一种重要的食物。

2. 食鱼法案影响下的食鱼习俗

英国有着漫长的海岸线，渔业资源相当丰富。俗话说"靠山吃山，靠海吃海"，都铎王朝在"吃海"的问题上有着大野心，而且还想吃出海上霸权。

食鱼法令几乎贯穿了都铎王朝118年的历史。亨利七世时，法令规定四旬斋和斋戒日里人们必须食鱼。到1563年，也就是伊丽莎白一世统治时期，食鱼日的天数竟然达到了每周三天，每周的星期三、星期五和星期六是食鱼日。英国人一年吃鱼的时间长达半年，难怪现在的英国人主餐中也离不开鱼，这都是500年前都铎王朝养成的习惯。

吃鱼在伊丽莎白一世时期变成了全民义务。谁敢在食鱼日不吃鱼，偷吃肉，等待他的将是严厉惩罚。惩罚中最轻的是处以6个小时的枷刑，最重的是判处10天监禁。如果屠夫在食鱼日私自屠宰牛羊，每杀一头牛就要罚款20英镑。而都铎时期一个拥有1000英亩土地的农场主，一年的纯利润也仅有180英镑左右。

国王带头，全民吃鱼。历史上亨利八世、伊丽莎白一世都是吃鱼狂人。大英博物馆中有一份关于伊丽莎白一世吃鱼的菜谱，这是1576年深秋一天女王午餐的菜谱。菜谱上有两道主菜，第一道是水煮的鲑鱼和黑线鳕鱼汤羹，第二道是油炸的七鳃鳗和鲈鱼。女王的晚餐同样不会吃肉，依然吃鱼，而且餐桌上鱼的种类最多时会有十几种。在全民吃鱼的时代，吃鱼也是分等级的。鲽鱼、黑线鳕鱼、鲟鱼、海豹、龙虾只有王室才能享用。贵族、骑士、乡绅阶层这类有钱人最常吃的鱼是鳗鱼、梭子鱼还有鲑鱼，至于穷苦的人只能吃廉价的鲱鱼和鳕鱼。都铎时期的士兵待遇比穷人稍微好些，食鱼日时每人可以领到七八条鲱鱼，同时还能领到麦芽酒、面包，不算丰盛但足可以饱腹。据相关史料记载，在1563年，伦敦平均每天鱼类的供应量在25万千克，而当时伦敦的人口才20万左右。

3. 宗教影响下的食鱼习俗

四旬斋（Lent），亦称"封斋节""四旬节"或"大斋节"，为基督教的斋戒节期。封斋期一般是从圣灰星期三（Ash Wednesday，大斋节的第一天）到复活节（Easter Sunday）的40天，基督徒视之为禁食和为复活节作准备而忏悔的季节。在中世纪的法律文献中对斋戒也有所反映，例如，在萨克森公爵1482年颁布的关于从事强制劳动的仆人饮食的法令中就曾规定："在星期五和不吃肉的其他日子，是一道汤、一道鲜鱼或干鱼和两道蔬菜。这样，在斋戒时就只吃五样：一道汤、一道鲜鱼或干鱼和两道蔬菜。"[①]

在爱德华六世（Edward VI，1547—1553年在位）时期，英国议会曾

---

[①] 希施费尔德.欧洲饮食文化史：从石器时代至今的营养史[M].吴裕康，译.桂林：广西师范大学出版社，2006：94.

于1549年通过法令，提出在星期五、星期六和四旬斋等传统斋戒日时恢复"节制吃肉"的规定。后来这一政策不断发展，该法规规定，再增加每周星期三为食鱼日，任何人都必须如同在原来的四旬斋、四季斋、每星期五、星期六等斋期一样，禁止吃肉，可以吃鱼，违者处罚金三镑或监禁三个月。由于当时新教教徒反对这种天主教做法在新教国家英格兰推行，甚至于有人把"食鱼日"称为"塞西尔的大斋日"。

1571年，伊丽莎白一世（Elizabeth I）采取了对天主教和新教兼容的政策，促使议会通过英国国教的官方教义《三十九信条》，教义中有一项规定，摒弃天主教星期五不准吃肉（在天主教里星期五不能吃肉，就吃鱼）的斋戒。为了表明自己支持新教的态度，英国的许多百姓站在伊丽莎白一世一边与天主教划清界线，"星期五不吃鱼"成为他们的标志性口号和做法。后来，"星期五不吃鱼"缩略为"eat no fish"（不吃鱼）。在英语中，"eat no fish"隐喻为拥戴政府的行为，"不吃鱼的人"喻指"忠于政府的人"，后引申为"诚实的人"。

### 三、藏族谚语语言世界图景中"鱼"的文化内涵

藏族的"鱼"文化模式的形成、发展和嬗变受自然环境、生活习惯和生产方式的影响，藏语中涉及"鱼"的谚语没有英语鱼谚丰富。

（一）"鱼"象征保佑人畜兴旺的鲁（龙）神

据《十万龙经》记载，龙居于大海、湖泊、江河、沼泽、瀑布、水池、山岩、土地、树林等地上水下的所有地方。龙，藏语音为"鲁"[①]，是九位创世神之一。尽管鲁神、年神和土主在三十三界中分属于不同的天界，但

---

[①] "鲁"曾被翻译为"龙"，以至于与汉文化中的"龙"混为一谈。汉文化中的"龙"，在藏语中为珠神。

有时它们的范围是混乱的。鲁神的形象在人格化之前，其形象常常与同卵生物和爬行生物联系在一起，比如鱼、蛇、青蛙、蛤蟆、蝎子等。

1985年9月，西藏文管会文物普查队在阿里地区的日土县境内发现的任姆栋岩画清晰地说明了鲁神与鱼的密切关系。[①]这幅岩画意在表现原始宗教中为祈求人畜兴旺而进行祭祀的宏大场面。有观点认为，从画面中以羊头作为宗教牺牲可以推测岩画描述的时期是吐蕃时期。图中大鱼的醒目位置和其孕有十条小鱼的形象，及其四个戴鸟首形面具和三条小鱼围绕的情景，都展示了鱼的非凡意义。这条大鱼象征鲁神。鱼多子，在民间是多产丰收的象征，《百万土地神、龙神、年神、道神四经》中对"龙（鲁）"的定义解释为：万物之源。"敦巴辛饶授记，在这世间上，众生之源是'龙'；众生萌芽也是'龙'；众生育者也是'龙'；众生之因也是'龙'；众生之果也是'龙'；众生就是'龙'。"所以岩画中的大鱼代表着保佑藏族人畜兴旺的鲁神，是鱼龙合一的形象。许多藏族鱼谚反映出"鱼"也是藏族人民动物崇拜的对象之一。例如：

· 万子鱼母。

· 一碗水里面，岂能容大鱼。

· 水在水渠流淌，龙女[②]何必眼红。

· 鳏鱼虽然长着翅膀，但是无权自由飞翔。

（二）"金鱼"是智慧、吉祥的象征

八瑞相是藏族传统的吉祥图，其图案分别是：金鱼、胜利幢、宝伞、

---

[①] 赖菲. 探阿里日土岩画之苯教意蕴[J]. 西藏艺术研究，2009（03）：17—24.
[②] 龙女名叫"墨竹色青"，形象为十五妙龄美女面相，头上有九个蛇头，下身为鱼尾。她是苯教八大龙神之一，被莲花生收服成为藏传佛教宁玛派中地位很高的护法神。她也是女性，特别是年轻美貌之女性的保护神。

白海螺、莲花、宝瓶、吉祥结、金轮，藏语称"扎西达杰"。八宝吉祥图经常在壁画、丝绣和手绘的唐卡中出现，也常被刻饰在家具和木器上。在《格萨尔王传》中载："……头是吉祥白伞盖，身是吉祥胜幢立，语是吉祥白螺吹，意是吉祥结，眼是吉祥金鱼眼，舌是吉祥莲花开，颈是吉祥宝瓶转，手是吉祥摩尼宝，足是吉祥之五轮。愿得八种吉祥物吉祥！愿格萨尔大王得吉祥！"藏语称金鱼为"赛涅"，又称"黄金鱼"，与常见的观赏鱼不同，八宝中的金鱼是一种有胡须的江鱼，亦称"高原鱼"，这种金鱼"翅为绿玉，圆眼放光，柔软无比，撇弃无明，标志智慧"。金鱼被视作佛陀的眼睛，有慧眼之意，因为鱼眼可以透视浑浊的泥水。鱼是在水里自由活泼、自在生长、畅通无阻，因此，佛教中的金鱼代表着幸福、自由。在藏传佛教中，常以雌雄一对金鱼象征解脱的境地，又象征着复苏、永生、再生等意。在藏族谚语中，金鱼被赋予了许多美好的象征和寄托。例如：

· 水阔鱼儿乐，国泰百姓安。
· 水至清则无鱼，人至察则无徒。
· 鱼儿水中欢快游，欢快过分上钓钩。
· 山顶雪峰大鹏鸟，山脚湖中金眼鱼。
· 不去涉滔滔的江河，怎能捕到那黄金鱼。
· 不上高山猎不到香獐，不下深水摸不着金鱼。

（三）鱼是穷人的食物

根据最佳搜寻理论，与牛或羊的热量相比，高原鱼能为人类提供的热量非常低。而且，很多藏族部落认为鱼是穷人的食物。在藏语中，牦牛为"诺"，意为"财富"或"宝贝"，牛羊的数量和家庭的财富是成正比的。在民主改革前，牧区的人民主要是以牧业劳动成果为主要消费对象的消费生活模式，每户牧民几乎都过着自给自足的生活，他们的日常生活无不与"诺"有关。在拥有足够多的牧群可供食用的家庭与部落，他们的主要食物来源是他们所牧养的牛羊等家畜。对于没有足够多牧群的穷人而言，则很难从饲养的动物中获得足够的食物，野外的鱼则成了他们很好的选择。久而久之，这成了一个定势思维：对游牧民族的藏族而言，只有失去牧群的人才会吃鱼，失去牧群则意味着失去财富，即贫穷，所以，鱼是穷人的食物。正如谚语所说"富人吃菜，普通人吃肉，穷人吃鱼"。当然，这里有一个前提，即涉及的鱼都是野生的鱼，不是人工饲养的鱼，二者之间的意义有本质的差异，不能混为一谈。

（四）对"鱼"的轻视

藏族谚语"春天的鱼国王都吃不到，秋天的鱼乞丐都不吃""不吃鱼，嘴不腥"体现了鱼具有明显的两义性：一方面鱼是一种饥饿食物，即一些利用价值低、味道不好且通常被规避的野生食物，只有在食物短缺时才为人们食用，牧民在季节性的食物短缺时期可能摄入鱼；另一方面，在他们看来，鱼只是一种应急性的缓解食物短缺的食物，并非他们的常规食物，而且他们从心底看不起吃鱼的人。

《敦煌本吐蕃历史文书》还记载了另一则唱词，透露了藏族人对鱼的厌恶。释都松赞普（676年）与"达木"之属庐妃共居之时，喀垓·野多日道芒歌云：

……
既聪明又讲礼仪，
那是抢来做妃子。
险恶而又狡诈，
"达木"属庐家女子啊，
气味腥秽那是鱼腥，

最坏的锈斑那是铜锈。①

藏族人对鱼的轻贱还体现为他们对渔夫的称呼。渔夫被视为"贱人"。在藏族的法律里，贱人的地位最低。在西藏，村庄里一般都有一两户"贱人"，这些人一般都是失去牛羊或者土地等生产资料，而以捕鱼为业的人。谚语"当地无皮毛，就把鱼皮剥""渔翁罪大，渔翁利多"就是对渔夫形象的生动写照，贱人在他们看来是"不干净的人"，其地位比农奴还低。

（五）以"鱼"代教化

许多藏族谚语都是渔民在漫长的生产劳动中经验和智慧的总结，用短小、精辟、寓意深刻的"鱼"族谚语阐述深刻的哲理，例如：

· 海滨并非未去，只是鱼未捕到。
· 鱼儿蹦得再高，还是落在水里。
· 不涉水就捞不到鱼，不开枪就打不到鸟。
· 吃鱼肉要慢慢地吃，讲道理要慢慢地讲。

## 四、英语谚语中"鱼"的文化图景

（一）英语谚语中以"鱼"喻代人

英语谚语中，人们经常用"鱼"喻指人，但是"鱼"族词大都含有贬义的情感，少数词汇含有中性的情况，如表3.4.1所示：

---

① 王尧，陈践. 敦煌本吐蕃历史文书[M]. 北京：民族出版社，1992：167，171.

表 3.4.1 以"鱼"代人的英语谚语

| 英语"鱼"族谚语 | "鱼"族谚语的文化附加义 | 感情色彩 |
| --- | --- | --- |
| a cool fish | 无耻之徒 | 贬义 |
| a loose fish | 放荡的人 | 贬义 |
| a queer/odd/strange fish | 奇怪的人 | 贬义 |
| an April fish | 被愚弄的人 | 贬义 |
| Neither fish nor fowl. | 不是驴也不是马,指资质普通的人 | 贬义 |
| It is a silly fish, that is caught twice with the same bait. | 聪明的人不会上两次同样的当 | 贬义 |
| Fish begins to stink at the head. | 比喻从父母/长辈身上继承了坏的东西 | 贬义 |
| To make fish of one and flesh of another. | 以不同的态度对待两人 | 贬义 |
| a big fish | 大亨 | 中性 |
| a big fish in a small pond | 意为"大材小用" | 中性 |
| The herring man hates the fisherman | 同行是冤家 | 中性 |
| The great fish eat up the small. | 比喻富人或统治者 | 中性 |
| You are my lobster. | 你是我的最爱 | 褒义 |
| The first one to eat crab. | 第一个吃螃蟹的人 | 褒义 |

(二)英语谚语中以"鱼"代物

英国人民常跟鱼接触,"鱼"与他们的生活有着密切关系,生活中自然而然地产生了许多以"鱼"指代事物的谚语,此类谚语主要表达中性和贬义的情感,如表3.4.2所示:

表3.4.2 以"鱼"代物的英语谚语

| 英语"鱼"族谚语 | "鱼"族谚语的文化附加义 | 感情色彩 |
|---|---|---|
| drink like a fish | 狂饮如鱼，一醉方休 | 中性 |
| as mute as fish | 守口如瓶，默不作声 | 中性 |
| have other fish to fry | 意指"另有他图；另有重要的事情要干" | 中性 |
| a fish out of water | 指"某人和他所处的环境不融洽" | 中性 |
| draw a red herring across the track | 谈些不相干的东西来分散谈话的中心 | 中性 |
| He has fished well and caught a frog. | 虽然努力工作却收获甚微 | 中性 |
| All's fish that comes to his net. | 凡是到手的他都要，表示来者不拒 | 贬义 |
| look with a fish eye | 冷眼旁观 | 贬义 |
| hook one's fish | 用欺诈手段达到自己的目的 | 贬义 |
| cry stinking fish | 暴露自己的缺点，拆自己的台 | 贬义 |
| swim like a fish | 识水性 | 褒义 |
| Venture a small fish to catch a great one. | 欲钓大鱼，先舍小鱼 | 褒义 |
| Throw a long line to catch a big fish. | 放长线钓大鱼 | 褒义 |
| To throw a sprat to catch a whale. | 用一条小鲱鱼去钓一条大鲸鱼 | 褒义 |
| Little fish are sweet. | 鱼小味鲜（礼轻情意重） | 褒义 |

（三）英语谚语中以"鱼"代教化

谚语是流传于民间的简练通俗而具有哲学道理的语句，是一个民族语言和文化的高度浓缩。英语中"鱼"族谚语以朴实简明的语言阐述深刻的哲理，启迪人们的智慧，引导人们形成正确的社会价值观，如表3.4.3所示：

**表3.4.3 以"鱼"代教化的英语谚语**

| 英语"鱼"族谚语 | "鱼"族谚语的文化附加义 | 感情色彩 |
|---|---|---|
| Never fry a fish till it's caught. | 鱼还没捉到不要忙 | 中性 |
| If water is noisy, there are no fish in it. | 咆哮的水中无鱼 | 中性 |
| Great fish are caught in great waters. | 要抓大鱼，就下大海 | 中性 |
| Air is to man as water is to fish. | 人离不开空气，犹如鱼离不开水 | 中性 |
| Fish jump out of the water and rain comes. | 鱼儿出水跳，风雨就来到 | 中性 |
| There will be no fish if the water is too clear. | 水至清则无鱼 | 中性 |
| The best fish smell when they are three days old. | 再好的鱼三天也要变臭 | 贬义 |
| Fish in troubled water. | 浑水摸鱼 | 贬义 |
| Cut no fish till you get them. | 没有捉到鱼，不要忙着取鱼肚肠 | 贬义 |
| Go to the sea, if you would fish well. | 不入虎穴，焉得虎子 | 褒义 |
| The ability to swim is to fish. | 鱼天生会游泳 | 褒义 |
| Fish or cut bait. | 要么好好干要么别干 | 褒义 |

# 第五节　英语谚语与康巴地方语言中"狗"的文化图景

## 一、藏族"狗"文化的形成与发展

狗也是藏族先民最早驯养的动物之一，是藏族人民生活中最亲密、最忠诚的家庭成员。在早期阶段，以狩猎和游牧经济为主的藏族社会中，狗是看家护院、牧马放羊的最忠实助手。随着藏族畜牧业和农业水平的发展，虽然狗的用途逐渐变小，但是狗在藏族人民生活中仍然扮演着重要而特殊的角色。因此，藏族形成了崇拜狗的习俗，一般不随意杀狗，不食用狗肉。

基于藏族人与狗的关系，学界认为藏族狗文化有以下三个依据：一是藏族神话传说与民间故事；二是历史典籍中对"犬种"记载与社会根源中藏族与狗的相互依存；三是藏族民俗禁忌与习俗传承。

藏族历史上以狗为图腾，早已存在产生类似神话故事的深层文化底蕴。据说，古代吐蕃曾以狗为本民族的图腾。史籍记载吐蕃有个以"狗"为图腾的部落——白狗羌。《逸周书》卷七《王会》载："仑狗国。"[①]"仑"为古代传说中的西方神秘区域。古代羌族正居住在今新疆、青海、西藏昆仑山一带。《新唐书》卷215下《突厥传》亦载：默棘连置酒与可敦、阙特勒、暾欲谷坐帐中，谓振曰："吐蕃，犬出也，唐与为婚……"[②]由此可见，古突厥也以为吐蕃为狗种。古吐蕃人的后来者——藏族有些部落以"狗"为姓氏。学者王忠据此"疑犬为吐蕃图腾动物"[③]。可见，在古代藏族人民中有着崇拜狗的神话土壤。

藏族狗图腾的说法，最早可以追溯到唐代吐蕃时期，《唐书》中记载了大量的关于吐蕃狗图腾的相关信息。《新唐书·吐蕃传》中记载唐将崔逸与蕃将乞力徐"共刑白犬盟"，继而因孙海谗言，使逸失信，"与惠琮俱见犬祟，疑而死"一事，他有注解释曰："犬为图腾，唐人以为即其祖先，旧唐书吐蕃传言'俱见白狗'。"[④]《旧唐书》卷196上《吐蕃传》记载：

---

① 吕思勉，童书业. 古史辨（上）[M]. 上海：上海古籍出版社，1982：168.
② 陈燮章，索文清，陈乃文. 藏族史料集（一）[M]. 成都：四川民族出版社，1982：243，471.
③ 王忠. 新唐书吐蕃传鉴证[M]. 北京：科学出版社，1958：15.
④ 王忠. 新唐书吐蕃传鉴证[M]. 北京：科学出版社，1958：77.

"拜必两手据地，作狗吠之声，以身再揖而止。"《新唐书》卷216上《吐蕃传》也有类似的记载："拜必手据地为犬号，再揖身止。"①上引两《唐书》记载吐蕃人行礼的方式，俯下身体两手着地，发出狗叫的声音，再揖身，意指吐蕃人作狗吠行礼。由此可见，唐人认为吐蕃人这种奇怪的行礼方式可能与其崇拜狗图腾有关。

千百年来，青藏高原这块神奇的土地孕育出了牧民生命产业的掩护神——藏獒。《尔雅》书云"狗四尺为獒"；《博物志》云："犬四尺为獒"；《司马迁史记世家》："先纵獒狗名獒"；在《说文》中译"浪"，即放浪不拘的犬为敖（"敖"与"獒"通假）。通过以上的描写，可以归纳出："獒"是高大聪明雄健凶猛的犬类。"藏獒"在藏语中叫"DoKhyi"（多启），"多"是拴住的意思，"启"是狗的意思。由于藏獒体型庞大、凶猛善斗，主人必须拴住饲养。

生活在青藏高原的牧民几乎每家都养狗，通常把"藏獒"叫做"龙狗"。藏族牧民养狗的主要目的是看家护院、保护牲畜，有时狗也能帮助牧民放牧和狩猎，由此可见狗在藏族生活中的重要性。因此，藏族人不吃狗肉，民间有"狗肉不上席"的说法。但也有一些资料表明，藏族社会中也存在人们不崇狗、不尊狗现象。在旧社会，西藏农牧区有一种流浪者叫"莫什匠"，是女光棍的意思，男的叫"尼什匠"。他们没有耕地、牲畜，不能成家立业，靠给人做工或乞讨为生。部落头人和寺庙往往收他们做苦力，除供给少量饭食外别无报酬，生活相对困难，他们社会地位相对卑微，必须依附他人、供人役使才能生活下去。所以民谚说："单衣里边没温暖，尼什匠身边没幸福"，青海地区也流传着"莫什匠和狗一样"的说法。由此可见，人们把"狗"和"莫什匠"相提并论，狗

---

① 陈燮章，索文清，陈乃文. 藏族史料集（一）[M]. 成都：四川民族出版社，1982：249，475.

在部分藏民心目中的地位并不是那么神圣，在部分藏文化中是下贱的代名词，是受人歧视的物种。

在藏北等地有一种刑罚是"在犯人头上烙字，有的还烙'狗'等字样。"果洛地区，把人和狗拴在一起，与狗同槽进食，故意少给食物，让人与狗争食，被狗咬伤。①《西藏风土志》也有类似的记载：在封建农奴制度下的旧西藏，妇女统称为"吉卖"，被看成最低贱的人。……还流传着许多污蔑妇女的谚语："狗与妇女乃纠纷之祸根。"②藏族民间还流传着"坏人坐上席，狗头端上桌"的谚语。在犯人头上刻"狗"字样、把犯人和狗拴在一起、把狗和最低贱的妇女相比、把狗比作坏人等，这无疑是将二者以同样鄙视的眼光看待，说明"狗"在当地代表的就是一种贬义文化意象。

藏族民间故事《主仆俩打赌》中，头人骂仆人说："你这个狗奴才，是我自己从马背上下来的……"③民间故事承载反映的是人类在实际生活中的观念和看法，故事中头人骂仆人"狗奴才"，也说明藏人将"狗"仅仅看作供人使役的工具。

由此可见，经过几千年的历史沉淀，藏族已经形成独特的狗文化。有的地区存在崇狗、尊狗、敬狗的习俗。但狗在有些藏人心目中是地位卑微的下贱动物，受人歧视，更甚者可以给他们带来不祥和晦气。

## 二、西方"狗"文化的形成与发展

（一）西方古代狗文化

在北欧古代神话中，"狗"常被称为守卫地狱之门的神灵或魔怪。在

---

① 陈庆英. 藏族部落制度研究[M]. 北京：中国藏学出版社，1995：471，172，249.

② 赤烈曲扎. 西藏风土志[M]. 拉萨：西藏人民出版社，2005：185.

③ 云丹龙珠. 西藏民间故事[M]. 甘肃民族出版社，2008：41.

古希腊神话中，最著名的狗是刻耳柏洛斯（Cerberus），它是古希腊神话中的地狱看门犬，为堤丰（Typhos）与厄喀德那（Echidna）所生。赫西俄德（Hesiod）在《神谱》（Theogon）中说此犬有50个头，而后来的一些艺术作品则大多表现它有3个头，因此在汉语语境里，尤其是通俗文化中，常称其为"地狱三头犬"。其名在古希腊语中没有确定的意思，有一说为"斑点"，也有一说为"黑暗中的恶魔"。

5世纪以后，"圣徒"圣克里斯托夫（Saint Christopher）的传说在拜占庭帝国统辖地区的东正教中流传。据说，圣克里斯托夫被罗马人俘获改为信仰基督教，上帝赐其狗的容貌。圣克里斯托夫被当作"狗头人"可能出自对"迦南人"一词的讹误，拜占庭教会把拉丁语中的"迦南人"（Cananeus）误读为近似的"犬"（canineus）。

古希腊传唱的荷马史诗《奥德赛》（Odyssey）中说：奥德修斯（Odysseus）在特洛伊战争中取胜后，不顾海神波塞冬的咒语启航回家，在经历20年磨难后，终于回到自己的家乡，家里那只名叫阿尔戈斯的狗认出了乔装成老乞丐的主人，但是它老得已无力大声呼叫和跑动，只能竭力摇着尾巴表达善意，哼哼着垂下耳朵死去。可怜的阿尔戈斯不能跟随自己的主人出门远征，而是留下来帮助主人守护家园。因此，在西方世俗文化中，"狗"是忠诚的象征，多为褒义色彩。

（二）西方近代狗文化

欧洲文化是西方文化的主流，而欧洲文明最早以渔猎和畜牧文化为主导。在17—18世纪期间，英国贵族喜欢狩猎，饲养和培育各种猎犬成为风尚，甚至成立了不少狗俱乐部，并参照当时的社会等级，按照狗的血统、外观和行为，确立狗的等级。虽然人类社会逐渐取消了等级制度，但当时狗的等级划分参照标准仍沿用至今。

到了19世纪，都市中产阶级的崛起刺激了宠物狗饲养的发展。据统计，19世纪中期的伦敦有近2万名街头小贩出售宠物，其中大多是狗。1859年纽卡斯尔出现了世界第一场狗展，1873年出现了第一个大型犬只俱乐部"英国犬只俱乐部"（The Kennel Club），后来还形成了纯种狗的国家登记系统。养狗成了一种时尚，能养狗意味着家庭富裕，能够很好地照顾和训练宠物狗，从而彰显自己的品味和能力。

19世纪末至20世纪初，养狗成为欧美都市中产阶级的主流文化之一。在欧美国家，养狗家庭非常多，这也就衍生出了一个新的产业，即犬只护理。关于狗的文化产业形式繁多，比如：专门的狗医院、狗美容店、狗服装店、狗的选美大赛等。加拿大甚至创建了狗城市，为狗设置专门的节日，让其放假和休息。1999年，欧盟还通过了《动物保护和动物福利附加议定书》，从法律角度切实地保护狗的合法权益。西方人爱狗，视"吃狗肉"为"野蛮"（savage）、"残忍"（brutal）和"不人道"（inhuman）行为。

19—20世纪流行的有关狗的文艺作品中，狗通常被赋予的是忠诚、友善的形象。例如电影《忠犬八公》中的日复一日、年复一年在车站忠心痴等主人归来的八公狗。20世纪剧作家尤金·奥尼尔（Eugene O'Neill, 1888—1953）的绝世佳作《一只狗的遗嘱》，以精练的文字，描述了他的狗以欢笑和喜乐淡化了主人因失去爱狗而难以释怀的悲伤和痛苦，让人不禁为之悄然动容。这些都表现了西方人喜欢狗、信任狗，与狗的亲密程度甚至超过人。

此外，由于西方人家庭观念淡漠，提倡个人竞争，强调独立自主。现代社会中主要有核心家庭和延伸家庭两类。核心家庭指一对夫妇加上儿女，延伸家庭指三代同堂、四世同堂的家庭。据调查，藏族家庭多为延伸家庭，家庭成员关系则体现为互补性。而西方家庭以核心家庭为主，家庭成员关系突出表现为独立性；西方人之间一般感情联系不似藏族那么强烈，西方老人、失意人群更容易产生孤独、冷清情愫，狗成了他们唯一的伴侣，唯一的精神寄托。在西方社会中，随处可见无人照料的老人，但却很少看见无人喂养的老狗；有的老人在死后会将自己大额遗产留给陪伴自己的一条狗，也不会给自己的子女一分一厘；有的老人在狗死后几天就撒手人寰，永远和老狗做伴去了。反映到隐喻文化上，西方人对狗多持褒义、正面的印象。

### 三、藏族谚语语言世界图景中"狗"的文化内涵

藏语中有不少关于狗的谚语，既是藏族长期观察犬类生活习性的概括，又以隐喻的方式表达了人对犬类的态度，给人以忠告或者劝勉，集中传达了狗在藏族人生活中的地位以及藏族人对狗的情感态度。

（一）狗的地位

弗洛伊德（Sigmund Freud，1856—1939）认为"图腾是宗族的祖先，同时也是守护者"[1]。图腾既然是宗族的祖先和守护者，就应该被人们尊崇和膜拜。在藏族世俗生活中，狗不是民族图腾，仅仅是以看家护院、防御盗贼的形象出现，因其地位卑微，不被人尊崇。在藏族谚语中，"狗"更多被赋予了地位低下的"看护者"意象。例如：

· 老虎虽猛，不当看门狗。
· 要想求于人，见狗也叩头。
· 流浪狗乞丐没有家，哪里饱肚哪是家。
· 人好坏让朋友去论，狗好坏让盗贼去议。
· 让上师护佑是为了来世，给门狗喂食是为了防贼。

---

[1] 西格蒙德·弗洛伊德. 图腾与禁忌[M]. 杨庸，译. 台北：台湾志文出版社，1979：14—15.

以上藏族谚语在一定程度上反映了狗在藏族人心中的地位，鹏鸟、狮子、老虎、孔雀、骏马等动物图腾更受人们的尊崇和膜拜。例如：

· 雄鹰虽饿不吃草，骏马虽饿不吃肉。
· 孔雀不怕中毒，高山不怕雪压。
· 智谋像骏马腾闪，心胸似羊羔活跃。
· 胆力勇豪似斑虎，敏捷机灵如鹞鹰。

（二）对狗的态度

由于狗的地位低下，部分藏族人对狗秉持贱视与嘲讽、轻蔑与不屑的态度，而不是赞美崇拜之情，其态度早已突破了许多狗图腾的禁忌。在藏族谚语中，"狗"更多喻指品性不好的人。例如：

· 恶人不会布施，赖狗难消酥油。
· 狗头上戴上人面具，狗性仍然不改。
· 贪婪的人无羞耻，无羞耻的人犹如狗。
· 劣狗尾随的追咬，会招来石头的打击。
· 流水和河岸顺一条线，豺狼和恶狗属一类人。

以上藏族谚语将狗比喻为恶人、无羞耻的人、丧失人格的人，同时还将贪吃、低贱、势利、嫉妒等不好的品质附着在狗的身上。尽管杀狗、吃狗肉的条目没有出现在饮食谚语中，但还是存在与图腾中的饮食禁忌相违背的情形，如谚语"狗头置于盘中仍还昂得高，坏人劝说多了会增加恶意"。

（三）"狗"的两义性

1. "狗"的贬义内涵

从社会功能上看，民间谚语的特点主要是传播经验和知识，起到一种潜移默化的教化作用。①藏族谚语中关于狗的隐喻表达层出不穷，内容主要涉及狗的生活习性，如狗啃骨头、狗咬仗、狗咬人、狗夹尾巴等。在谚语中，狗的这些习性具有贬义色彩，折射出藏族对狗的轻蔑态度，起到了潜移默化的教化作用。

**第一性：贪恋食物，毫不满足**

·没有不贪财的人，没有不喝血的狗。

·醇美的酥油坨子，伤了贪吃狗的胃。

·狗吃骨头主人去打扰它，谨防咬伤你的脚骨。

·门狗若被食物诱惑不会吠，主妇若被情欲所烧难清醒。

**第二性：欺软怕硬，趋炎附势**

·人爱富人，狗咬穷人。

·衣衫褴褛，易遭狗咬。

·狗由主人挡，铁用钳子夹。

·牛眼看人高，狗眼看人低。

·狗嘴咬住骨头不放，老人头脑固执己见。

**第三性：品行低劣，本性难移**

·母狗不翘尾，公狗何竖耳。

·君子不违盟誓，豺狗不离旧迹。

·官吏虽像恶狗，狗尾仍戴头上。

·给狗戴上人面具，狗性依然改不了。

·呲牙的狗不一定咬人，要当心夹尾巴的狗。

2. 藏族谚语中"狗"的褒义内涵

藏族民间有"九犬生一獒"的说法，獒"是藏族传说中的神犬，是

---

① 刘守华，陈建宪. 民间文学教程[M]. 武汉：华中师范大学出版社，2002：241.

上天派来的使者，活佛的坐骑，是牧民的掩护神。6000年前，藏獒被藏族先民驯化，它和藏族人民世世相伴，尽其所能地守护着牧民生活。藏獒是世界上公认的最古老、最稀有大型犬种，因其有神武的外形、力量强大、动作敏捷矫健、威猛善斗、尊贵而高傲的王者气质被誉为"东方神犬"。藏獒具有忠心护主的天性，不仅是游牧民族的最佳保护犬，同时也被认定是国王、部落首长的最佳护卫犬。藏獒一度被看作藏族人民的保护神。因此，在藏族谚语中，"狗"成为忠诚、勇敢、机智的化身，具有褒义色彩。例如：

·贼不供同伙，狗不咬主人。

·狮子与狗斗，狮子虽胜也是输。

·井里打水靠绳子，深山放牧靠狗。

·不要赶走老狗，老狗身上有灵性。

·人好坏让朋友去论，狗好坏让盗贼去议。

通过以上资料分析，在藏族纷繁的世俗生活中，狗没有被神圣化，它与藏族人民相伴至今，毁谤和赞誉各占一半。一方面保留了藏族动物崇拜的痕迹，不杀狗、忌食狗肉是藏族的普遍习俗。另一方面，藏族历史上也有杀狗的情况，据《新唐书·吐蕃传》史料中记载，吐蕃和唐王朝会盟时，依照中国的传统习俗，"杀狗盟誓"。因此，只有在面临民族重大事项时，藏族才会杀狗，以表自己的决心。谚语"人不食言，狗不吃铁"形象地反映了藏族人民践行自己誓言的决心。

"善"是藏族最赞许的美德，需要靠忍耐、知足、无贪、仁慈的理念来维护。狗的凶恶、贪婪、无耻、势利等不符合藏族人民倡导的价值观、审美观。因此，藏族贬狗的态度出现在谚语中也是自然之事。

### 四、英语谚语语言世界图景中"狗"的文化内涵

英语中有许多与"dog"相关的谚语，与藏族谚语表达里多数为贬义

不同，英文中的狗常常含有积极、正面的意义（不排除贬义用法）。在英美等国家人的眼中，狗是人类最忠实的朋友，在他们的日常生活中扮演了很重要的角色，因此他们赋予"dog"更多的感情色彩和人文关怀。

（一）"狗"有褒义内涵

第一，用"dog"来比喻人，褒义词，表示对一些人的赞扬和信任。例如：

- A living dog is better than a dead lion. 死狮不如活狗。
- A staff is quickly found to beat a dog with. 欲加之罪，何患无辞。
- The dogs bark, but the caravan goes on. 说者自说，做者自做。
- An old dog barks not in vain. 老狗不乱吠。

以上的英语谚语中"dog"前面没有贬义的形容词，所构成的词语也没有贬义。但是如果"dog"被贬义形容词修饰，则与其构成的词语就具有了贬义。例如：

- a sly dog. 阴险的家伙。
- a dirty dog. 卑鄙的家伙。
- a surly dog. 脾气粗暴的人。
- a black dog. 意志消沉的人。

因此，英语中关于狗的部分习语因受其他语言的影响而含有贬义，而大部分都没有被赋予贬义色彩。在英语谚语中，人们常常用狗的形象来隐喻人的行为。例如：

- A good dog deserves a good bone. 好人有好报。
- Give a dog a bad name and hang him. 人言可畏。
- Hungry dogs will eat dirty puddings. 急不暇择，饥不择食。
- Old dog will not learn new tricks. 老人学不了新东西。

第二,"dog"是忠诚的代名词。

狗具有忠实品质,因此英美国家的人通常以狗自称或互称,而不带有贬低之意。现代作家诺埃尔·考沃德(Noel Coward)曾写过这样的戏谑语:"Mad dogs and Englishmen go out in midday sun." 意思是"英国人在中午太阳最热的时候出去从事户外活动就像疯狗似的"。英国人并不介意此话,他们认为狗是重要的家庭成员之一。欧美国家的人常说,"There are two dogs and three kids in my family."

在英语谚语中,人们经常用"狗"表示忠实、辛苦这一类概念隐喻。例如:

· as faithful as a dog. 像狗一样忠诚。

· A dog is a man's best friend. 狗是人类最好的朋友。

· Dogs that run after many hares kill none. 多谋寡成。

· Out of the horsepower, eat pig and dog food. 出的牛马力,吃的猪狗食。

第三,人与狗平等以及人与自然平等的观念,例如:

· If there are no dogs in Heaven, then when I die I want to go where they went.

如果天堂里没有狗,那我就去狗狗们去的地方。

(二)"狗"有中性内涵

在英语国家中有些与"dog"相关的词语、短语的用法虽然不是褒义的,但是表示中性。用"狗"形容比赛、时间、天气、程度。

1. 用"狗"形容比赛

· dogfall. 比赛平局。

· Pull dog, pull cat! 激烈比赛,角逐,加油。

· Fight dog, fight bear. 一决雌雄。

2. 用"狗"形容时间

·dog's age. 长时间；悠长的岁月。

3. 用"狗"形容天气

在西方文化中，"三伏天"被称为"the dog days of summer"，也指一年中最热的日子，同样持续30到40天，开始于7月中旬，持续到8月。回溯历史，这一概念最早是由埃及人提出的。他们发现，天狼星总在尼罗河泛滥的季节之前出现，因此他们通过观测天狼星的位置来预测洪水泛滥的时节。这段时间也正好是一年中最热最湿的时候。更有趣的是，这一名称后来也被解释为：热到连狗都要疯的日子。

英语中还有一句谚语"rain cats and dogs"，其意为"倾盆大雨"。该谚语源自北欧神话，狗和风暴有关，猫则和雨水有关。

（三）"狗"有贬义内涵

"dog"在英语中也会有一些贬义的用法，在西方《圣经》中"dog"被描述成一个邋遢又堕落的动物。《圣经·箴言》中有这样的记载："As a dog returneth to his vomit, so a fool returneth to his folly." 意思是"愚昧人做愚昧事，做了又做，就如狗转过身来吃它所吐的东西"，喻指"恶习难改，禀性难移"。谚语"to go to the dogs"（变得很穷，彻底破落）起源于人们吃剩下的残羹剩饭拿去喂狗，后来形容一个人开始堕落，一败涂地，生活不如意，如"She's living a dog's life."（她过着连狗都不如的生活。）；"put on the dog"来自美国俚语，它可以追溯到1895年，那时人们觉得，新富人阶层会通过养宠物狗来显示自己有钱，所以"put on the dog"被赋予了"摆臭架子，装腔作势"的贬义；单词"bitch"的字面意思是"一只母狗"，在英语中是一个常用的俚语，常指代"婊子、荡妇"，与"bitch"相关的词组"son of bitch"常用来指代"混蛋""王八蛋"，英美剧中这个词也经常出现。由此可见，在许

多英语谚语或《圣经》中"dog"一词是贬义词,不是褒义词,例如:

·Dog returns to its vomit. 恶习难改。

·Dogs fight against people, snows fight against wind. 狗仗人势,雪仗风势。

·Dogs bite and wear, people lick and wear. 狗咬穿烂的,人舔穿好的。

·People love the rich, but dogs bite the poor. 人爱富的,狗咬穷的。

·The dogs that licks ashes trust not with meal. 不可让贪婪的人看管钱财。

由此可见,在西方文化中,狗不但可以与人相提并论,甚至其美好的形象可以超越人之上,比如法国大革命的著名人物罗兰夫人曾说过:"The more I see of men, the more I admire dogs."

# 第四章
## 英语谚语与康巴地方语言中饮食谚语语言世界图景

DI SI ZHANG
YING YU YAN YU YU KANG BA DI FANG YU YAN ZHONG
YIN SHI YAN YU YU YAN SHI JIE TU JING

# 第一节　英语谚语与康巴地方语言中"酒"的文化图景

## 一、藏族"酒"文化的历史渊源

藏族酒文化有着悠久的历史和灿烂的文化，早在1000多年前就开始酿酒，有着独特的酿酒技艺。在藏族人民生活中，酒是逢年过节、结婚、生孩子、迎送亲友时必不可少的饮品。藏族视酒为"天之美禄"，青稞酒是他们最喜欢喝的饮品。在藏语中，青稞酒叫做"羌"（qiang），其酿酒原料为青稞。众所周知，藏族的先民与我国汉文典籍中称为"羌"的民族系统有很深的渊源。藏族是一个古代生息于青藏高原的羌族、党项等若干民族和部族形成的民族共同体。公元7世纪，雅隆部落相继征服诸羌部，建立强大的吐蕃王朝，许多羌人被融合，成为藏族。据专家考证，青稞是古羌族在青藏高原上最早培育出的一种麦种，也是藏族赖以生存的粮食。在西晋初期，善酿好酒的尚书张华酿酒所用原料"糵出西羌，曲出北朝"。西羌人既然有糵，当然也就会酿酒。《新唐书·党项传》记载：党项人不事农耕，但"取麦他国以酿酒"。因此，藏族酿酒的历史应追溯到吐蕃王朝建立以前的古羌时期。由此可见，在文成公主入藏之前，吐蕃已经学会了造酒，但没有掌握中原地区先进的复式发酵法。据《敦煌古藏文历史文书》记载，吐蕃贵族韦氏设宴请松赞干布与其盟誓，韦氏"以半克①青稞煮酒，捧献饮宴"。这种"煮酒"是采用青稞麦芽发芽制酒，与后来藏族传统的青稞酒酿造方法存在很大的不同点。

---

① 半克，仅合计为7千克。

## 第四章　英语谚语与康巴地方语言中饮食谚语语言世界图景 | 157

公元641年，据藏文史籍记载，文成公主出嫁吐蕃时，随嫁带去中原"六十种讲说工艺技巧的书籍"和"各种食品、饮料配制法"，其中有酿酒技术的介绍。但是，酿酒是一项复杂繁琐的工艺，酿酒的成败和品质好坏，主要取决于操作人员的经验，谚语"甜青稞往往酿成苦酒，快乐往往变成悲哀"蕴含着酿酒工艺复杂性。据《旧唐书》记载，文成公主入藏9年后，松赞干布又向唐朝"因请蚕种及造酒、碾、硙、纸、墨之匠，并许焉"①。此后，随着唐蕃文化交流的不断发展，特别是公元710年金城公主入藏，随带大批内地工匠，吐蕃才逐渐真正掌握中原先进的酿酒技术。由于地域环境的原因，青稞是青藏高原产量最多的粮食作物，这样，藏族人民自然而然地普遍采用青稞酿酒，使得青稞酒盛行，青稞酒亦成为藏族酒文化的主要载体。

必须指出，藏族古代社会中，青稞酒并不是大众饮品。事实上，在吐蕃王朝时期，藏族饮用酒的种类甚多。据敦煌文献《苯教丧葬仪轨》载，吐蕃早期所饮的酒有小麦酒、米酒、葡萄酒、蜂蜜酒和青稞酒等。此外，吐蕃早在公元670年就占有西域的龟兹、于阗、焉耆、疏勒四镇，并与波斯、大食、印度、尼泊尔等有交往，葡萄酒文化也沿着贸易之路，开始不断地从西域输入吐蕃，葡萄酒色红，而吐蕃人尚红，故葡萄酒在祭祀与宴饮中一度较盛行。在三江流域（澜沧江、怒江、金沙江）酿制葡萄酒有很长的历史，《明实录》记载：洪武七年（1374），康区谷日地方酋长以所造酒来献，其地"旧有造葡萄酒户三百五十家"。由此可见，这一地区曾有酿制葡萄酒的专业户，而这些酒亦主要是供上层所需而生产的。西藏东南部林区盛产蜂蜜，蜜酒是当地人很早就会生产的一种酒，藏文史料中说："在工布地区，杂日山王曾于15世纪向唐东杰布奉献过蜜酒和小麦啤酒。"在藏族社会中蜜酒是较珍贵的酒，一般献于贵人，

---

① 刘昫. 旧唐书[M]. 北京：中华书局，1975：5222.

数量不多。小麦是藏族主要粮食之一，产量虽不如青稞高，但适合采用内地传入的麦酒酿制法生产，故早期吐蕃多有酿制小麦酒的。[①]

综上所述，在藏族酒文化中，酒不单单成为一种饮品，还成为某种文化象征，在不同的时代，被赋予不同的社会生命。从某种意义上讲，藏族造酒的历史也是民族文化交流交融的历史。藏族源远流长的酒文化，既反映藏族社会、经济的发展状况，也充分体现了藏族的价值取向和审美情趣。

## 二、西方"酒"文化历史渊源

### （一）"wine"（葡萄酒）

葡萄酒是人类最古老的发酵饮料，在漫长的人类历史中扮演着非常重要的角色。

在欧洲保加利亚的古人遗迹中发现，大约在公元前3000至6000年，已开始以葡萄汁液进行酿酒，而古代诗人荷马亦在其《伊利亚特》（*Iliad*）及《奥德赛》（*Odyssey*）两本著作中也提到色雷斯人（保加利亚的古人）的优良酿酒技术，所以有很多人认为保加利亚是葡萄酒的发源地[②]。在埃及最著名的"Phtah-Hotep"古墓中所发现的大量珍贵文物，都清楚地描绘了当时古埃及人栽培、采收葡萄和酿造葡萄酒的情景，据今已有6000年的历史。西方学者认为，这是葡萄酒业的开端（Vine，1981）。

欧洲最早种植葡萄并酿造葡萄酒。公元前3000年，希腊爱琴海盆地的农业非常发达，农作物主要是小麦、大麦、油橄榄和葡萄。葡萄果实主要用于做酒，少量会被制作成葡萄干，希腊人喜欢饮用葡萄酒。在西方古代文明中，希腊人对葡萄酒文化也起到了促进作用，希腊人通过殖

---

① 次旺. 西藏文化概述[M]. 北京：中央广播电视大学出版社，2013：158.
② 张海玲，易红燕，王高社，等. 酒水知识与调酒技能[M]. 长沙：湖南师范大学出版社，2016：56.

民拓展了葡萄种植区域，发展了葡萄酒酿造和葡萄栽培的技术，并向大众推广葡萄酒。

希腊文化衰退后罗马人开始在欧洲地区扩张，用手稿记录葡萄栽培和葡萄酒酿造技术，并发展了欧洲的葡萄酒贸易。随着罗马帝国的扩张，欧洲葡萄园也得到广泛拓展。在古希腊和古罗马时期，葡萄酒的生产及贸易占据着极为重要的经济地位。中世纪，葡萄酒的发展主要依靠基督教会，基督教修道院详细记载了关于葡萄的收成和葡萄酒的制造过程。4世纪初罗马皇帝君士兵坦丁（拉丁语：Constantinus I Magnus）正式公开承认基督教，在弥撒典礼中需要用到葡萄酒，种植葡萄和酿造葡萄酒也是教会人员的工作之一。至此，葡萄酒随传教士的足迹传遍世界。

（二）"beer"（啤酒）

啤酒也是人类古老的酒精饮料，是世界上消耗量排名第三的饮料。"啤酒"一词的拉丁语是"cervisia"，该词是一个复合名词，由拉丁语的"谷物"（cereal）和一个表示"水"（water）的凯尔特词汇构成，这表明啤酒是后面两个地区各自发明的。中文"啤酒"是根据英语"beer"音译而成。

英语谚语"Adam's ale is the best brew."（亚当的啤酒是最好的饮料。）足以显现欧美国家的人对啤酒的热爱。作为世界上最古老的饮料之一，啤酒在西方的发展历程详见表4.1.1：

表4.1.1 啤酒在西方的发展史

| 发明时间 | 范围 | 文化简介 |
| --- | --- | --- |
| 公元前6000年 | 苏美尔 | 将大麦制成面包进行烘烤，捣碎加水制成麦芽汁水 |
| 公元前5000年 | 古埃及 | 用未烘烤的面团酿酒，加入枣改善口味 |
| 公元前4000年 | 古巴比伦 | 掌握20种不同类型啤酒的酿造技术 |
| 公元前3000年 | 希腊、罗马 | 啤酒极受欢迎，直到后来被葡萄酒取代 |
| 4世纪 | 欧洲 | 英国蜂蜜酒、黑啤、爱尔兰淡啤酒 |

续表

| 发明时间 | 范围 | 文化简介 |
|---|---|---|
| 中世纪 | 欧洲 | 酿酒器是女人的私有财产，酿酒是女人的工作 |
| 10世纪 | 比利时 | 修士因为食物匮乏、斋戒期间需要营养而开始酿酒 |
| 13世纪 | 德国 | 将啤酒花加入啤酒，起到防腐作用 |
| 15世纪 | 德国 | 《德国啤酒纯酒法》规定啤酒只能用啤酒花、麦子、酵母和水做原料 |
| 19世纪 | 欧洲 | 冷冻机对啤酒进行低温后熟的处理，令啤酒有泡沫；克里斯蒂安·汉森分离出单个酵母，并进行人工繁殖，改善发酵纯净性；法国创造巴氏灭菌法，令啤酒可以长时间保存 |
| 21世纪 | 美国 | 兴起精酿啤酒，不添加玉米、大米、淀粉、糖浆、不进行勾兑 |

西方的啤酒种类多种多样，且富有特色，在德国、捷克、比利时等欧洲中部地区，啤酒生产尤其繁荣。西方的啤酒文化对西方的饮食文化和人生情趣也有较为深远的影响。

## 三、英语谚语与康巴地方语言世界图景中"酒"的物质文化

### （一）对酒的偏好

藏族人民嗜酒。许多谚语蕴含着藏族人爱喝酒的天性，如"山羊见柳，藏民见酒""舍不得教的孩子变坏，舍不得烤的酒变酸""可口的酒是甘露，悦耳的话是丹慧"都有体现。对于藏族人民来说，酒具有多种功能：一是"兴奋剂"，能消除身体疲劳和调节身心；二是"镇静剂"，具有活血、止痛等功能；三是"调节剂"，能慰藉彼此间的情感。因此，藏酒从止渴饮品衍变为祭祀巫术、药物医疗、求愿祈福、节日欢聚等传

统活动的必需品。例如《格萨尔王传》将藏族酿酒方式分为"年酒""月酒""日酒";《四部医典》记载,将不同原料的酒配合成不同的附属药材;《茶酒仙女》描述酒水作为理想饮品对人的精神作用[①]等,以上这些关于酒的描写都凝聚着藏族民众的劳动智慧。

藏族饮的酒种类比较多,吐蕃人早期所喝的酒有小麦酒、葡萄酒、青稞酒等。随着唐蕃联姻而发展起来的汉藏文化交流和交融,藏族掌握了内地传入的复式发酵酿酒法,通过此法酿制而成青稞酒得到了藏族的普遍喜爱。藏族人家中都备有自制的青稞酒,俗称"土茅台"。久而久之,许多耳熟能详的青稞酒谚语时不时会响起在藏族人民的酒桌上,以表对青稞酒的喜爱之情。例如:

・青稞酒好喝,喝多了成毒。

・青稞芒刺人,青稞酒醉人。

・想烤酒青稞要好,要筑墙泥土要好。

・老头听小孩讲历史,酒糟向青稞说种地。

由于历史原因,西方人喜欢喝葡萄酒和啤酒,没有喝白酒的习惯。其中葡萄酒是西方人普遍喜爱的饮料,葡萄酒是平常驱寒取暖,朋友小聚或正式场合的宴宾优先选择的酒品。葡萄酒也成了他们生活里不可或缺的调剂品。在庆功宴或者某个值得庆祝的日子,西方人喜欢喝香槟。啤酒也是西方国家喜欢的酒类之一,几个朋友在一起玩耍,可能会喝一些啤酒。在英语谚语中,我们可以找到葡萄酒、啤酒、威士忌等不同酒类的影子,例如:

・Good wine needs no cries. 酒好无需叫卖。

・Wine tops the list of all medicine. 药物之中酒当头。

・Wine in, wit out. 贪杯失智慧。

---

[①] 乌丙安. 中国民俗学[M]. 沈阳:辽宁大学出版社,1999:42—43.

• Beer on whisky makes you frisky. 啤酒加威士忌，喝了使你好欢悦。

（二）酒器文化

酒的产生，也孕育了器具。酒具包括盛酒的容器、饮酒的饮具、制酒的工具。作为酒文化最原始的载体，酒器伴随酒文化贯穿历史，反映出人们对酒的态度，在人类生活中呈现出千姿百态。

1. 藏族酒器文化

酒器是藏族人民日常生活的重要器皿。在漫长的生活过程中，藏族人民利用自己的智慧就地取材，结合不同的需求，发明了很多酒器。藏族的酒具种类繁多，按功能分为：酒杯、酒壶、酿酒器等；根据制作材料分为：陶制酒器、金属制酒器、木制酒器、牦牛角或牦牛皮制的酒器，以及现在很常见的玻璃制的等。此外，各种酒具的纹饰也能诠释出不同时期藏族的审美习惯和宗教文化内涵。例如：受苯教文化的影响，早期吐蕃的金属器装饰图案多为动物。后来受佛教文化的影响，金属器具上的装饰纹饰有莲花、佛教吉祥图案，以及佛教吉语等。自古以来，藏族酒器还有等级之分，如旧时藏族贵族、土司家的酒具多为金银镶嵌绿松石、红珊瑚，而普通人家多用陶制或木制的器皿。好客的藏族爱用银碗盛酒招待客人，以此表示情谊像银子那样纯洁和珍贵。谚语"热壶里斟出来的酒是热的，真心里"和"结婚喜宴高高兴兴，醉酒打碎主人碗盏"中"壶""碗"等酒器，从不同的角度体现出藏族丰富多彩的酒文化。

2. 西方酒器文化

西方酒器虽然不如藏族酒器丰富多彩，但也有自己的民族特色。西方酒器多为轻薄透明的玻璃和水晶制品，便于观酒色、闻酒香、品酒味。西方酒器相对单一，高脚酒杯在品酒的过程中扮演着重要角色，其外形多为窄口宽肚，美观大方。西方酒器无等级之分，分工明确，只有正确使用杯子，才能品出酒特有的醇香。西方酒杯的选择会因场合不同而变化，每种酒都有其固定使用的杯子，例如：葡萄酒杯、白葡萄酒杯、鸡尾酒杯、白兰地酒杯及香槟酒杯等。与"酒器"有关的英语谚语蕴涵着丰富的酒文化，例如：

· You can not know wine by the barrel. 从酒桶看不出酒的好坏。

· New wine in old bottles. 旧瓶装新酒。

· The best wine comes out of an old vessel. 好酒来自旧桶。

· Every cask smells of the wine it contains. 酒桶必有酒味。/近朱者赤，近墨者黑。

以上谚语体现了西方人喜欢喝葡萄酒（wine）和啤酒（ale，beer），喝酒选用玻璃酒杯（glass），装酒用橡木酒桶（barrel、vessel）。

由此可见，作为酒文化最原始的载体，酒器包括盛酒的容器和饮酒的饮具，甚至包括制酒的工具。藏族酒器种类的繁多不仅仅是因为社会生产力的发展，更是由于封建等级制度的需要，通过不同的酒器来代表不同的身份。酒器就和古代官服一样被分成三六九等，打上了等级的标签。不同的人使用不同的酒器，酒器的存在完全就是为了辨别和突出喝酒之人的身份。但是，西方人视酒器为一般日用品，蕴涵的礼制文化没有藏族的丰富。

### 四、英语谚语与康巴地方语言世界图景中"酒"的精神文化

酒不仅是一种液体物质，也是一种文化符号，它既是物质的，又是精神的；既有物象，又有意象。酒向来是豪爽、乐观、大方、义气等品质的承载物，同时也跟醉、色、淫、狂、迷、乱有不解之缘，具有鲜明的二重性。[1]

---

[1] 陈珍. 民俗学视域下的哈代小说研究[M]. 上海：上海交通大学出版社，2019：188.

## （一）喝酒礼仪

### 1. 藏族饮酒礼仪体现出对饮酒者的尊重

酒，对于藏族群众来说，不是单纯的饮品，而是藏族文化的象征。藏族酒文化受中国尊卑长幼传统伦理文化的影响，在饮酒过程中把对饮酒人的尊重摆在最重要位置，如谚语"酒吃仁义，饭吃饱"。家中酿了好酒，遵循"长幼有序"的古训，头道酒"羌批"（酒新chang-phud）要先敬献给长辈，之后其他人才能开怀畅饮。在节日婚庆或众多人聚会场合，饮酒者要先向德高望重者敬酒，然后按顺时针方向依次向其他人敬酒。敬酒者用双手捧着酒杯举过头顶，以表示对受酒者的尊敬。而受酒者用双手接过酒杯，然后左手托住酒杯，再用右手的无名指轻轻地蘸上杯中的酒，向空中弹酒三次，表示对天、地、神的敬奉。弹酒敬神结束后，受酒者要遵循"松珍夏达"的"三口一杯"制饮酒。聚会饮酒时，大家共用的酒器，意思是一起饮酒的人亲如家人，情同手足。藏族人普遍爱饮酒，但绝不酗酒，饮酒习俗既反映了藏族同胞生性豪放、乐天、热情的性格，也体现了仁爱、礼貌、节俭的传统美德。

### 2. 西方饮酒的礼仪体现出对酒的尊重

西方人饮酒重视的是酒，要看喝什么酒，要的是充分享受酒的美味。基督教改革家马丁·路德（Martin Luther）曾经说过这样一句话："啤酒是人酿造出来的，而葡萄酒是神酿造出来的。"葡萄酒在西方社会、文化、宗教、历史上的影响，有着古老而深刻的文化内涵。因此，葡萄酒是西方人最喜爱的酒品之一，饮用葡萄酒的礼仪直接反映出对酒的尊重。英国作家戴维·赫伯特·劳伦斯（David Herbert Lawrence）曾说："如果我们喝点葡萄酒，我们就能从茫茫黑夜中看到梦想的星光。"因此，作为西方酒文化的主要载体，葡萄酒的礼仪也是最能体现西方饮酒的礼仪。葡萄酒的礼仪可谓十分繁琐，只有讲究葡萄酒的礼仪才能真正体味到葡萄酒内在的品质和深刻的文化底蕴。西方人应用葡萄酒的礼仪具体见表4.1.2：

**表4.1.2 西方葡萄酒的饮酒礼仪**

| 饮用步骤 | 文化内容 |
| --- | --- |
| 选酒 | 看产地；看出厂日期；看葡萄酒的寿命；看酒中是否有沉淀或异物；看颜色 |
| 酒杯 | 无色透明；杯腹无装饰；材质不宜太厚；选用高脚杯子 |
| 醒酒 | 喝葡萄酒的一大重要步骤，就是在宽敞的容器中，把酒静止一段时间，让葡萄酒与空气充分接触，把刚开启的葡萄酒中酸、涩、薄等缺点去掉。这种做法叫醒酒，所用的宽敞容器叫做醒酒器 |
| 倒酒 | 倒酒时要均匀用力，让酒柔和地倒出，不要摇动瓶底的沉淀，瓶底要留下大概两厘米的酒不喝 |
| 闻酒 | 第一次先闻静止状态的酒，然后晃动酒杯，促使酒与空气接触，以便酒的香气释放出来，将杯子靠近鼻子前，再吸气，闻一闻酒香，与第一次闻的感觉做比较 |
| 品酒 | 让酒在口中打转，或用舌头上、下、前、后、左、右快速搅动，这样舌头才能充分品尝三种主要的味道：舌尖的甜味、两侧的酸味、舌根的苦味；整个口腔上颚、下颚充分与酒液接触，去感觉酒的酸、甜、苦涩、浓淡、厚薄、均衡协调与否 |
| 佐餐 | 葡萄酒历来是作为佐餐饮料而存在的，一般干红葡萄酒配鸡、牛肉等红肉，干白酒或冰酒配海鲜 |
| 上酒 | 宴请客人时，先上白葡萄酒，后上红葡萄酒；先上新酒，后上陈酒；先上淡酒，后上醇酒；先上干酒，后上甜酒；酒龄较短的葡萄酒先于酒龄长的葡萄酒；宴会开始前，主人先给客人斟酒，以示礼貌。斟酒时不宜太满，以3/5为好，给客人斟完酒后，主人才能自己倒 |
| 敬酒 | 宴会进行中，主要做到"献、报、酬"。"献"指主人先敬酒于宾客；客人饮毕后需回敬主人，此为"报"；然后为劝客人多饮，主人必先饮以倡之，此为"酬" |

由此可见，西方人会看酒、闻酒、品酒，并积极调动各种感官去享受美酒的味道，这既反映了西方人对酒的看重，更是人们权力、地位和品位的象征。在西方人心目中，酒不只是一种消疲止渴的饮品，更像是一件具有生命的特殊艺术品，从侧面反映酒受到了西方人的重视。饮酒时，西方人没有划拳和劝酒的助兴之举，他们都是各人自品，随心所欲，如谚语"Wine and youth increase love."（壶中情意长，年少爱意浓。）从某种意义上说，西方饮酒礼仪和饮酒文化都是为了更好地欣赏和品评美酒的味道而衍生的。

（二）喝酒的价值观念

人际关系是人们在社会交往中建立的各种不同关系，朋友关系即为其中一种。众所周知，聚会即认识的人之间的聚集会合。长期处于游牧社会的藏族提倡集体主义，重视人情世故，因此饮酒成为他们维系和巩固关系的媒介，如谚语所言"献哈达和青稞酒，这是最尊贵的礼节"。

酒是藏族人际交往和生活的润滑剂，正印证了藏族的一句谚语"无酒不成礼仪，缺酒不成筵席"。酒在藏族人民现实生活中不可或缺，如婚姻大事中有提亲酒、订婚酒、迎亲酒、辞家酒、庆婚酒。在节日中，藏族会边饮酒边跳锅庄，酒成为喜庆的饮料，是欢乐、幸福、美好生活的象征。藏族更将喝酒定性为"交朋友"，谚语"一块肩胛肉，你我轮着吃；一壶青稞酒，你我轮着喝""有酒大家喝才香，有话当面说才亲"都体现了酒在藏族人与人之间交往中的作用。酒成为藏族人际关系的调节剂，在拜访之礼、敬客之情、消仇之诚、往来之礼中展现出独特魅力，也体现出藏族"人本主义"的价值观。

西方人信仰"个人主义"，人与人之间的依赖度不高。表面看来，西方人在交朋友的过程中，尊重他人隐私，不会投入过多的感情。其次，西方人口中的"朋友"是指许多有联系、有交往的人际关系。与藏族求稳相比，西方人的职业变动性和地域流动性较大，换个地方就需要换一批朋友，因此，西方朋友关系难以持久深入。这种朋友关系决定酒扮演着艺术品的角色，是聚会的附属品，用酒镇定情绪，激发想象力，给人精神上的享受，保持绅士风度，不凭饮酒量看朋友间的感情。

西方人饮酒时讲究随意，注重酒本身。在酒桌上互不劝酒、敬酒，体现了西方人"以物为本"的价值观念。西方人饮酒一是观色，二是闻香，三是品味，调动各种身体感官享受酒的味道；品饮顺序，酒器的选择，敬酒礼仪等都在无形中体现出西方松散的社会结构。谚语"As you brew, so shall you drink."（自己酿的酒自己喝。）完美地体现了西方人的个人主义价值。谚语"Friendship is like wine-the older the better."（友谊像美酒，越老越醇厚。）体现了在人与人之间交际中酒的媒介作用。

## 五、藏英酒类谚语语言世界图景的功能

### （一）认知功能

从功能认知的角度来研究谚语，目的在于从这个侧面进一步明确熟语在语言符号系统中的特性和地位。[1] 语言作为人类认知客观世界的工具，每一个字每一个词都蕴含了人类文化的积累和沉淀。藏语和英语中都蕴含着丰富的酒类谚语，每一条也都体现了藏英酒文化的积淀和底蕴。在藏英酒类谚语中，涉及酒名、酿造、宴席规范、器具、礼俗的大多为常识谚语，都是在告诉人们关于酒的一些知识或者礼仪，从中折射出丰富的藏英酒文化内涵。这些谚语大多是物质的、有实体的。概括一种器物，或者是一个礼仪的过程，通过人们的口笔相传成为酒类的一个谚语。

---

[1] 武占坤. 汉语熟语通论[M]. 保定：河北大学出版社，2007：333.

藏语和英语中都有一些关于制酒的谚语，例如：

· 要酿美酒先种粮，五宝大地金盆敞。

· 酒虽是粮食的精华，暴饮则会成毒汁。

· 当地泥土打当地猎，当地酒麴发当地酒。

· There are lees to every wine. 凡酒皆有沉淀。

· Of wine the middle, of oil the top, of honey the bottom, is the best. 最好的酒居于中；最好的油浮于面；最好的蜜沉于底。

以上谚语有助于我们认知藏英酿酒的过程。而藏族谚语"精明父亲酒虽醉，大事面前不糊涂"和英语谚语"Wine and wealth change wise men's manners."（酒与财富使聪明人也改变仪态。）都体现出藏英人民对酒文化的礼仪。一些礼节甚至现在也在沿用，这代表了一种文化，一种礼节的文化传承。这些谚语往往反映了自古以来的社会意识，从由古至今这些酒类谚语展现的两面性，即褒与贬，我们也能看出藏族人和西方人对酒文化的态度。因此，酒文化所衍生的酒类谚语带给我们的是藏英酒类文化的发展史。

（二）隐喻功能

酒是人类生活中主要饮料之一，是属于物质的，但又同时融于人们的精神生活之中。因此，酒文化可以概括为以酒为中心而辐射的物质财富和精神财富。酒文化作为一种特殊的文化载体，在藏族传统社会和西方社会中具有其独特的地位。

首先，酒的生产技术发展史就是物质的创造过程，凝聚着藏族和英语民族的集体智慧；其次，经过数千年的发展，酒已经渗透到藏族社会和西方社会中的各个领域，对社会关系、意识形态等产生了极其重要的影响。人们赋予"酒"的文化内涵也越来越丰富。酒的隐喻与酒文化密不可分，酒的隐喻不仅是一种语言现象，更是一种思维现象，概念隐喻根植于酒文化中。

藏族谚语"久盼的贵客已临门，陈年的老酒早酿好"和英语谚语"Old friends and old wine are best."（陈酒味醇，老友情深。）都运用了"友情如陈年老酒"这个概念隐喻，源域是"酒"，随着酝酿时间的累积，愈发醇厚香醇，目标域是"友情"需要随着岁月增加而加深。这组谚语将陈年老酒映射到友情，使友情更加具体化和清晰化。英语中，还有一句类似表达的谚语"Wine and judgement are mature with age."（酒老味醇，人老识深。）

藏族谚语"自己酿就的酒，是酸水也得喝"和英语"As you brew, so shall you drink."（自己酿的苦酒自己喝。）都涉及了酿酒。酿酒是一个复杂的工艺，酿酒过程每个细节都要严格把控，才能酿出好酒。概念隐喻的源域是"酿酒"和"喝酒"，由酿酒的结果联想到责任担当，即"自己做的事情带来的后果，要自己承担"。

藏族谚语"好酒难解真愁"和英语谚语"Wine is old men's milk."（葡萄美酒益老翁，有裨健康如牛奶。）都从不同角度体现了酒的功能，酒可以舒缓疲劳、减轻病痛、消毒杀菌、美容养颜等，适量饮用对人的身体会有益处。

藏族谚语"酒醉口失言，睡熟腔失控"和英语谚语"Wine is a turncoat, first a friend, then an enemy."（美酒是叛徒，先是朋友后成仇。）这是一个以酒品为基本源域，通过酒品形象地描述人品为目标域的酒类谚语。正如英语谚语"Wine makes all sorts of creatures at table."（酒使人丑态百出）所描述的一样。

（三）教化功能

在藏语和英语中除了有表示常识类的酒类谚语，其余的基本都是涉及警示类的酒谚语。而这些谚语往往也是现代社会常用的谚语,通常是以表示喝酒要节制,或者说明饮酒的危害来警醒人们不要沉溺酒色。孔子曰:"唯酒无量,不及乱。""不及乱"即是度,即是饮酒的限。藏族酒文化把"限制"作为饮酒的"度",鼓励人们要摈弃饮酒的物质欲望。藏文史籍《王统世系明鉴》记载,松赞干布制定的吐蕃法律二十部中亦有"饮酒要有节制"的规定。藏族有句谚语"喝酒要喝醉,服毒要毒死",此谚蕴涵着藏族的喝酒传统,即平时很少喝酒,在重点节日庆典时,则强调喝酒要尽兴,但不主张酗酒,醉酒者较少。源远流长的酒文化孕育出许多经典的警示类酒谚语。例如:

· 饮酒要节制,说话要直爽。
· 若要断酒法,醒眼看醉人。
· 要想戒掉酒,请看醉鬼丑。
· 酒醉亦有清醒时,人无返老还童时。
· 酒喝多了心不平,心眼多了事不成。

西方人多为基督教徒,他们视葡萄酒为"圣血"。在西方酒文化中,葡萄酒是西方人生命的一部分,象征着上帝的教义,饮酒则寓意着要接受并吸纳上帝的教诲。因此,英语谚语中的"wine"含有丰富的宗教意义,并告诫人们要适度饮酒,不要贪杯。

英语中,"酒"被赋予了许多消极、负面的意义。例如:罗马神话中的"Bacchus"(酒神),狂欢与放荡之神,如:a son of Bacchus 酒神之子,引申为"酒鬼"。谚语"Bacchush as drowned more than Neptune."意为"酒神淹死的比海神多",形象地说明了饮酒过度的危害。在西方,酗酒者一般会受到社会的谴责,尤其是在英国那种绅士国家。单词"alcoholic"(酒鬼)和吸毒者一样难听,而"drunkard"(醉汉)成为"野蛮"的同义词,如谚语"Drunkards and fools cannot lie."(酒鬼与蠢汉口中无假话。)因此,有大量的谚语表明西方人对酒持有谨慎的态度。例如：

· Drink less, and go home by daylight. 少饮酒，不要晚归家。

· Good liquor will make a cat speak. 美酒能让猫开口。

· Wine is the best of all medicine, and the worst of all poisons. 酒是良药，亦是毒药。

· Wine and wenches empty men's purse. 酒和美色使人倾家荡产。

· When wine sinks, words swim. 酒下肚，话糊涂。

## 六、藏族独特的酒文化

酒歌，藏语称"羌谐"，是喝酒、敬酒时唱的民间歌曲，有时伴随简单的舞蹈动作，是藏族人民非常喜爱的艺术形式。每逢喜庆的场合及欢迎宴会上，人们会载歌载舞。藏族酒歌也不仅为劝酒而唱，而是喝酒就要唱歌，正如谚语"如果酒没有歌，那就像清水般没有味道"。饮酒和唱歌已结成亲密的孪生姐妹，这两者间有紧密的配合和有力的相互推动。

据史料记载，吐蕃时代就有藏族酒歌。敦煌吐蕃历史文书《赞普传记》记载：赞普接见或宴请大臣时，就有一起唱歌或由善歌者单独唱歌的习俗，但是所唱歌曲不是纯粹的酒歌，无劝酒或赞酒的色彩，而是带有强烈的政治性，也具有渲染宴会的气氛、夸威示富、斗智取谐、密切交往等文化内涵。而在藏族史诗《格萨尔王传》里，珠牡送格萨尔出征或迎接将士们凯旋，在敬酒时唱的酒歌可以说是纯粹的酒歌，既表达了人们欢乐喜庆的心情，也在向人们叙述酒的美好与神奇。如在《格萨尔王传·降伏妖魔之部》第三章"大王出征交国事 王妃之间起口角"中写道："姜珠牡王妃左手拿着一个吉祥碗，右手拿着满瓢好酒，走到格萨尔大王马前站住，用九高六变的曲调唱道：

我右手拿的这瓢酒，说起它来有历史。

……

有权的人喝上它，心量广阔如天大。

胆小的人喝上它，走路没伴心不怕。

英雄好汉喝上它，战场上勇猛把敌杀。

这酒向上供天神，能保铁甲金盔像坚城。

这酒向右供宁神，能保右手射箭力无穷。

这酒向左供龙神，能保左手拉硬弓。[①]

歌助着酒，酒乘着歌，唱酒歌逐渐演变成藏族人最有意义的普遍习俗。美酒欢歌早已进入藏族人文环境和生活的方方面面，酒歌文化展现了藏族人民特有的情怀以及饮酒习惯。敬酒者敬酒时，受酒者可要求敬酒者唱酒歌，有时敬酒者端着酒杯走到宾客前，开始即兴唱酒歌，歌唱到一半时，再将酒杯敬上，唱完歌再饮酒。敬酒者借歌来表达宾主之间的相互询问与祝福，人与人的感情交流往往在酒歌中得到升华。热情好客的藏族人敬酒时会唱劝酒歌，以表示自己尽到了主人之谊，客人喝得越多，主人就越高兴，说明客人看得起自己。如果客人不喝酒，主人就会觉得有失面子。因此就有了"生下孩子再取名，劝人喝酒要喝酒"的经典谚语。

藏族酒歌具有丰富的文化内涵，而且具有社会意义，大部分都是祝福、赞美、称颂等健康积极向上的内容。如在康东、康北流传的"祝酒歌"中这样唱道：

和平吉祥幸福的雪山草地，万紫千红彩霞飞，雷声隆隆降春雨，在这美好的时刻，亲朋好友围四周，我高举这吉祥酒碗，它是藏家的青稞酒，此酒祝长辈们长寿，此酒祝年轻人幸福，敬请诸位饮此酒，扎西德勒膨松措。

---

[①] 王沂暖. 格萨尔王传·降伏妖魔之部 [M]. 兰州：甘肃人民出版社，1980：8.

此外，随着社会经济文化的进步，藏族人民会把酒歌与民族特色的现代流行歌曲结合起来，从而形成了新的酒歌文化。例如：

闪亮的酒杯高高举起，

这酒中斟满了情和意，

祝愿朋友一帆风顺，

相聚的时候虽然短暂，

友谊的花却开在心里，

幸福的回忆留在心中。①

酒歌是藏族原生态音乐的荟萃。它汇集了西藏、青海、四川、云南等地区丰富的酒歌文化，保留了不同地域的不同风格。千百年来，能歌善舞纯朴真诚的藏族人民用酒歌欢迎朋友，用酒歌庆祝丰收，用酒歌赞美生活，用酒歌祝福佳节，用酒歌颂扬祖先的业绩，表述民族历史。他们将一首首优美的酒歌，演唱得回肠荡气，让人感到藏民族音乐的多彩与博大。②

## 七、西方独有的酒吧文化

酒吧文化是西方文化表现里的文化标准模式，属于一种新型的娱乐文化。

美国人把"酒吧"称为"bar"。酒吧，源自英语里的"bar"，原意是长条的木头或金属，像门把或栅栏之类的东西。酒吧最初源于欧洲大陆，但bar一词也还是到16世纪才有"卖饮料的柜台"这个义项，后又经美洲进一步变异、拓展。据说，当时美国中西部的牛仔骑马出行时，

---

① 金建国. 康巴藏族的酒歌与酒文化[J]. 中国民族，1997（4）：57.

② 林洁，王平春. 西南地区少数民族酒文化研究[M]. 成都：电子科技大学出版社，2017：100.

路过街边的小店，就把马拴在门口的一根椐木上，进去喝一杯酒，休息一下，然后继续上路，这样的小店就被称之为"Bar"。

在英国，酒吧被称为"pub"。该单词的历史可以追溯到维多利亚时期，当时的小酒吧叫做"public house"，而"pub"即 Public House 的简称。

按照英国的传统习惯把酒吧分成两个部分，"大众酒吧"（Public Bar）和"沙龙酒吧"（Saloon Bar/ Lounge Bar）。"大众酒吧"就是常见的小酒馆，这里是人们喝酒聊天身心放松的所在，除了酒水也会提供一些简单的事物，通常都有台球桌、飞镖、纸牌或者一些小游戏供大家喝酒的时候助兴。这里的酒水相对比较便宜。"沙龙酒吧"则相对更安静，更高雅。在这里喝酒时可以欣赏现场乐队，歌唱演出，戏剧、喜剧表演，或者各种纯音乐演奏。当然这里的酒水收费比普通酒吧贵50%，同时另收管理费，一般是高雅的知识分子聚集地。

酒吧早已成为西方人无法割舍的生活习惯，是社交、娱乐和饮食的主要场所。酒吧是一个自由的地方，人们在酒吧里点一杯酒，和朋友一起高谈阔论，自由平等地交流和沟通。西方人士的许多重要聚会，如生日聚会、结婚纪念聚会等基本上都是在酒吧举行。赛缪尔·约翰逊（Samuel Johnson）曾说过："世间人类所创造的万物，哪一项比得上酒吧更能给人们带来无限的温馨与幸福。"和英语谚语"He goes out of his way that goes to a good inn."（佳酿小吧去喝酒，男人地方选对头。）形象地反映出酒吧在西方人生活中的重要地位。

由此可见，酒吧是英国文化核心，代表着英国的传统，也体现着英国人的特性。在《酒吧护照：旅游者酒吧仪俗指南》这个小册子里有这样一句忠告："If you haven't been to a pub, you haven't been to Britain."（如果你没去过酒吧，你就没去过英国）说的就是英国人独特的酒吧文化。

## 第二节　英语谚语与康巴地方语言中"茶"的文化图景

### 一、藏族茶文化形成轨迹

（一）茶的传播

藏族嗜茶，民间谚语"鱼儿离不开水，藏人离不开茶"和"汉家饭饱腹，藏家茶饱肚"，说明茶在藏族日常生活中的重要性。藏族饮茶习俗与他们所处的独特自然条件和社会环境是息息相关的。藏族主要聚居在平均海拔4000米以上的青藏高原，大部分地区气候高寒、降水量少、空气干燥，不适合茶树生长，所需之茶主要通过内地供给。藏语的三大方言（卫藏、康巴、安多）系统中，许多物品的读音不尽相同，但是茶叶的读音却出奇地一致，全部读为"ja"（槚）。唐代《茶经》："其名一曰茶，二曰槚，三曰蔎，四曰茗，五曰荈。"《尔雅·释木》：槚，苦茶（即原来的"茶"）也。由此可见，茶是外来之物，藏语"茶"的发音来自汉语的文化借词，反映了藏汉民族经济文化交流的悠久历史。

据藏族史籍记载，茶是在松赞干布之曾孙都松莽布支在位时（676—704）传入吐蕃的，当时作为一种保健药物而受到赞普的喜爱。在敦煌千佛洞和新疆地区出土的一批8—9世纪的历史文书、木简中，记载了吐蕃社会的经济生活情况。这些文献中，人们日常生活中常见的物资是青稞、小麦、米、酒、皮张、牲畜等，唯独不见有茶，这说明至少在9世纪初以前，茶还没有进入藏族人民的日常生活，社会上还没有饮茶之习。①

藏族饮茶之风兴起于唐代。《国史补》下卷中记有一则关于吐蕃人饮茶的故事：

常鲁公使西蕃，烹茶帐中。赞普问曰："此为何物？"鲁公曰："涤烦疗渴，所谓茶也。"赞普曰："我此亦有。"遂命出之，以指曰："此寿州者，此舒州者，此顾渚者，此蕲门者，此昌明者，此㳽湖者。"②

由此可见，茶虽已输入吐蕃，但是仅为吐蕃宫廷中常备物品，被当作珍贵之物由王室收藏。当时的吐蕃人也不太懂茶叶的烹饮方法，饮茶之风只是在吐蕃上层社会流行，并未成为藏族人民的普遍习俗。谚语"头人不准待茶凉，长官不给热肉吃""贤父钱袋，浪子装茶"从侧面反映出"茶"属珍稀物品。

唐人封演在《封氏闻见记》记载"按此古人亦饮茶耳，但不如今人溺之甚，穷日穷夜，殆成风俗，始自中地，流于塞外"。唐人陈陶在《陇西行》诗中写道"自从贵主和亲后，一半胡风似汉家"。自从内地的各种茶叶通过贸易输进吐蕃地区后，受到汉语饮茶习俗的影响，饮茶之风开始流行于吐蕃地区，自此饮茶成为藏族人民的普遍习俗。茶文化起源于吐蕃时期，主要经历了三个阶段：

第一阶段：茶文化的兴起。

藏族知茶：中原地区与吐蕃没有茶叶贸易的发生，饮茶未成风气。

第二阶段：茶文化的形成期。

藏族需茶：官方组织了大量的茶叶运销活动，使饮茶的习俗广泛传播，意味着藏族饮茶习俗的形成。

---

① 泽旺夺吉.藏族饮茶历史小考[J].文史杂志，1995（3）：22—23.
② 〔唐〕李肇.唐国史补卷下[DB/OL]. https：//guji.supfree.net/jiaohua.asp？id=86247.

第三阶段：茶文化的成熟期。

藏族嗜茶：藏族社会对茶的需求已达到了"得之则生，不得则死"的程度。

由此可见，吐蕃茶文化发展的三个阶段都与茶马贸易的形成发展有着直接的关系，西藏与内地经济文化交流的发展直接导致了藏族饮茶习俗的形成。

（二）藏族茶文化的形成

茶是藏族人民不可缺少的生活必需品，他们视茶为生命之源，正如古谚所言"茶是血，茶是肉，茶是生命"。"饭可一天不吃，茶却不能一顿不喝""牧人迷恋茶和酒，狼叼羊只势必有"。藏族"嗜茶"习俗的形成与所处的独特自然条件和社会环境是息息相关的。

1. 藏族茶文化形成的自然条件

藏族世代生活在青藏高原，绝大部分地区有着不同类型的草原，为饲养牲畜提供了充裕的草料。因此，畜牧业一直是藏族人民的支柱产业，牲畜主要以耗牛、藏绵羊、藏山羊为主。畜牧业的发展导致牛羊肉、奶制品成为藏族人民的主要食物来源。另一方面，青藏高原的河谷地带地势较低，光照强，昼夜温差大，光照时间比其他地区长，有利于光合作用，适合青稞、小麦、豆类等农作物生长。藏族人民的粮食中青稞、小麦、荞麦及豆类占比非常高。受青藏高原特殊的自然环境形成的经济类型影响，藏族主要食用高脂肪、高蛋白质的肉类、奶类和青稞、荞麦等粗粮，缺少富含矿物质及维生素的蔬菜水果。由于食物油腻粗糙，难以消化，而茶中含有丰富的茶碱、单宁酸、维生素等，具有清热、润燥、解毒、利尿等功能，正好弥补藏族饮食中的缺陷，防治消化不良等病症，热饮茶还有抗寒、防止高原缺氧等健身防病的作用[①]。正如《滴露漫录》中所说"茶之为物，西戎吐蕃，古今皆仰给之。以其腥肉之食，非茶不消；青稞之热，非茶不解"。谚语"一日无茶则滞，三日无茶则病"和"喝茶吃糌粑，性命保平安"，说明茶是藏族人民日常生活中具有保健功能的食物。

2. 藏族茶文化形成的物质条件

汉族和藏族双方政治、经济、文化的交流促进了藏族茶文化的形成。

藏族民间饮茶之俗大概始于9世纪初以后。这是因为从初唐到中唐长达150年的时期，尽管因文成公主和金城公主入藏，汉族和藏族共同开辟了经济文化交流的渠道。但是，唐蕃之间的战乱频发导致双方无法正常开展贸易，严重制约了茶叶输入吐蕃。尽管吐蕃很早就输入了内地的茶，但是茶叶的数量很少，这也就导致茶叶没有在社会各阶层中传播，更没有形成全社会共同饮茶的生活习惯。

晚唐以后，唐蕃双方关系进入一个较稳定的和睦相处时期，官方和民间的贸易渠道都畅通无阻，汉族和藏族的经济、文化交流迅速发展，大量的茶叶输入吐蕃为藏族饮茶之习的形成提供了物质基础。

五代到宋代初年，由于内地战乱不断，对战马的需求量很大。同时，为了加强与涉藏地区各部落的联系，中央政府正式建立起了"以茶易马"的互市制度，使茶叶输藏成为朝廷专管。茶叶成为汉藏民族之间保持友好关系的物质手段，茶叶输藏也是具有战略意义的治边政策。自此藏族对茶叶的需求得到了长期、稳定的保证，推动了藏族社会饮茶之习的发展。

到了元朝时期，统治中原的蒙古族人并不缺少马匹，官府废止了宋代实行的以茶马互市而治边的政策，边茶主要与银两和土特产交易。元朝曾经在四川设立"西蕃茶提举司"，由官府统一采购茶叶，在碉门（今

---

[①] 骆少君. 饮茶与健康[M]. 北京：中国农业出版社，2003：9.

四川雅安市天全县）等地互市。由于元朝官府加价过高，难以为继，官府不得不放弃经营，改由商人自行购销，按引①纳税，听其销往西藏，并在茶马古道沿线建立了历史上著名的"土官治土民"的土司制度。

在明清时期，中央政府实施"改土归流"政策，茶马互市和茶马古道的管理、经营都发生了重要变化。茶马古道既是经贸之道、文化之道，又是边防之道，即中央政府的治藏、安藏之道。明朝开国后，在"以茶驭蕃"的思想指导下，官营茶马贸易体制得以建立。1371年，朝廷最先在秦（今甘肃天水）、洮（今甘肃临潭）、河（今甘肃临夏）、雅（今四川雅安）设了4个统管茶马交易的茶马司，茶马互市再度恢复。

清朝初期，朝廷先后在西北五地、北胜州（今云南永胜）及打箭炉（今四川康定）开辟茶市，确保了西藏的茶叶供应。民国时期，通过川藏和滇藏贸易，输到西藏的茶叶量更大，据1941年统计，每年从康定输到拉萨一带的茶叶就达20多万包；从云南输到西藏的茶叶约2.6万多包。②这种"茶马互市"和"茶马古道"不但成为中原与西藏及其他涉藏地区经济交流的最重要渠道和最基本的内容，而且成为联系中原与西藏政治经济往来关系中的坚强纽带，进一步推动了青藏高原茶文化的形成，使藏族饮茶日益成风。

如此，茶自传入青藏高原，经由王室到民间、逐渐推广传播、自然而然地形成了全社会、全民族的共同习俗，正如美国著名文化人类学家怀特所说"文化的目的就是满足人的需要"。饮茶的习俗经过不断的借鉴、吸收，被赋予新的内容和形态，作为一种文化就这样在藏族中形成并发展起来。

---

① 引，即盐税。旧时盐以"引"为单位计税，故称。《清会典事例·户部·盐法》："今永顺、永绥增设引目，原议照吉安一例纳课行销吉安口岸，并无引税之例，免其输纳税银。"

② 丁玲辉，平措卓玛. 西藏高原茶文化[J]. 中国西藏，2004：30.

## 二、西方茶文化形成轨迹

### （一）茶的传播

茶树原产于中国西南地区，茶的英文学名最早见于瑞典植物学家林奈的《植物种志》，他在书中把茶的学名定为"Thea Sinensis"。"Sinensis"是拉丁文"中国"的意思。饮茶之风盛行于中国，但在东西方彼此贸易不畅通的漫长时间里，西方世界的人们对茶叶闻所未闻。欧洲人对茶的认识更多是在新航路开辟以后。在此之前，他们只能通过个别到过东方的欧洲旅行家的片言只语和保留下来的旅行日志进行了解。欧洲关于茶的记载的具体时间，学界尚未达成共识。

根据现有文献，1559年以前，威尼斯商人兼学者乔万尼·巴蒂斯塔·拉穆西奥（Giovanni Battista Ramusio）（1485—1557）编写的《航海与旅行》（Voyages and travels）是欧洲最早的有关茶的文献记载。此书提及了马可·波罗（Marco Polo）有关中国的故事，还详细记录了波斯商人哈吉·穆罕默德（Hajji Mahomed）对茶的描述：

一至两杯煎茶，空腹服用，可愈伤寒、头痛、肚痛、关节痛等……亦可缓解其他痛苦……人们非常看重此物，旅途上的每个人都携带茶叶出行，一大包大黄换取一盎司的Chai Catai，算是一桩非常划算的买卖。

书中将茶称之为"Chai Catai"，其中的"Chai"是波斯语对茶的称呼，同汉语的"茶叶"颇近，"Catai"则是西方对中国的称呼，"Chai Catai"即"中国茶"[①]。不过，拉穆西奥并未亲身见闻乃至饮茶，所有关于茶的信息来源均为来访的西亚商人，游学中国的传教士是欧洲人早期亲身见闻乃至饮茶者。

与此同时，西方最早亲身见闻饮茶是到达中国的葡萄牙传教士，他

---

[①] 吴宏岐，赵超. 葡萄牙与茶在欧洲的传播、种植[J]. 农业考古，2012（02）：298—301.

们在搭建中西文化交流的桥梁时，也将中国的茶与茶文化介绍到欧洲。当时，葡萄牙传教士加斯柏尔·达·克鲁兹（Gaspar da Cruz）搭乘商船来到中国，撰有《中国志》一书，书中就有关于茶的记述：

如果有人或有几个人造访某个体面人家，那习惯的作法是向客人献上一种他们称为茶（cha）的热水，装在瓷杯里，放在一个精致的盘上，那是带红色的，药味很重，他们常饮用，是用一种略带苦味的草调制而成。他们通常用它来招待所有受尊敬的人，不管是不是熟人，他们也好多次请我喝它。

这是欧洲人最早亲自见到茶叶，并对之描述的文字一手资料。据推测，直至17世纪，茶叶才被传教士带回欧洲。澳门是我国首个茶叶出口港，中国茶叶出口贸易由此开启。

1607年荷兰东印度公司首次采购中国武夷茶，经爪哇转销欧洲各地，由此拉开了西方国家饮茶的帷幕。此后该公司便一直垄断着中欧间的茶叶贸易，直至17世纪中期。最早，茶被当作东方的新鲜玩意进行售卖，而后，又被放在药房作为药品销售。随着与中国茶叶贸易的不断深入，茶已经成为欧洲贵族日常必需的饮料。

17世纪中期，饮茶之风开始在英国流行。第一个宣传茶饮料的人是托马斯·加拉威（Thomas Garraway）是第一个通过拍卖为茶叶这种新商品作广告的人。他在1658年9月23日至30日的伦敦周报《政治公报》（*Marcurins Politicus*）上称：

中国有一种美味的饮料叫做"Tcha"，而在其他国家这种饮料被称做"Tay"，又名"Tee"。现在，这种饮料在伦敦皇家交易所附近的桑特尼斯·海德咖啡屋有售。

1650年到1659年，英国有关茶叶的文献资料中，英语把茶叶称为"Tee"，但发音是"Tay"，此读法一直沿用到18世纪中叶。在英语中

"茶"的发音和拼写随着茶在英国的传播历经一个百年的发展演变，到18世纪末，英语语言中出现"tea"的发音和拼写，之后便沿用至今。1706年，伦敦的大街小巷出现了提供茶饮料的休闲场所。至此，饮茶之风盛行于整个英国，茶成为英国社会最流行的饮料。

17世纪70年代，英国东印度公司先后在台湾与厦门建立了商馆，后来又在广州建立了商馆，茶叶贸易进入了快速发展时期。英国控制北美后，向美洲大陆销售大量的茶叶，由此引发了波士顿倾茶事件，从而揭开了北美独立战争的序幕。因为这一历史情结，很长时间内，美国人都是将饮茶与不爱国联系起来的，所以美国人变成了比较彻底的饮咖啡的民族。随着时间的推移，美国人的饮茶量正在逐渐增加，很多人在餐馆就餐时都会点茶，还有一些人会专程到茶室饮茶。

由此可见，虽然经历了一些波折，但是中西方的茶叶贸易逐渐繁荣，让更多的西方人民体验到了中国茶叶的特殊魅力。

（二）英国茶文化的形成

茶是英国人普遍喜爱的饮料之一，基本上80%的英国人都有每天饮茶的习惯，茶叶消费在英国饮料总消费量中的占比达70%左右。英国人把喝茶当作每天的必需和不可缺少的享受，正如英国的一首民歌所唱："我最高的愿望，乃是好茶一杯。""Tea time"（饮茶时间）占用了英国人的三分之一时间，任何时候都是"喝茶有理"的时间。无论早、午、晚，还是上、下午的工间休息时间，人们最重要的事就是喝茶，甚至在每餐过程中或深夜里，也总离不开喝茶。如谚语：

· There is no problem on Earth that can't be ameliorated with a steaming hot cup of tea.

喝杯茶就能解决任何难题。

· Better three days without salt than one day without tea.

宁可三日无盐，不可一日无茶。

茶叶进入英国后，从身份转变、消费方式和品饮阶层综合分析，丰富多彩的茶的社会文化史的形成有三个阶段：

第一段：茶是保健药品

1658年9月23日，英国最早刊登售茶广告的伦敦新闻周刊《政治公报》宣称："中国的茶，是一切医士们推崇赞赏的优良饮料，……桑特尼斯·海德咖啡屋有售。"由此可见，英国茶叶早期的售卖地点是咖啡屋。在当时社会，咖啡馆是男性同业间进行社交、分享、互换信息的社交场所，女性被排除在外，茶也就成为男性专属饮品。尽管当时茶叶的销售地点不是药店，但是，英国人认为茶叶是一种医生推荐的具有药物功效的东方饮料。早在1657年，"卡拉威咖啡馆"开始向英国人推销茶时，就大肆宣传东方茶叶的药效作用："茶是一种良药，一种万能药"；"茶对健康是有益的"。1660年，"卡拉威咖啡馆"进一步明确指出：茶是一种兴奋剂，茶能解除头痛和头昏；茶有利尿清肝、解毒化瘀、消食健胃、增进食欲、安神补脑、增强记忆等功效。因此，茶的药用价值是英国人最初了解的茶文化知识，并将饮茶的功效融入英语谚语中，便于传诵。茶叶是保健药品的谚语也较多，例如：

· A cup of tea in hand can relieve illness and sorrow. 清茶一杯在手，能解疾病与忧愁。

· Bitter tea is good for you to drink for a long time. 苦茶久饮，可以益思。

· The new tea was on the market, and the doctor had nothing to do with it. 新茶上市，医生无医事。

第二阶段：茶是奢侈品

在17世纪的英国，茶被视为一种与金银同等价值的奢侈商品。因此英语有句谚语"Living in fear of three pots, wine pot, teapot, tobacco pot."（过日子怕三壶，酒壶、茶壶、烟壶。）说明茶的珍贵。17世纪初，饮茶之风始于英国皇室，英国茶文化从一开始就有着浓厚的宫廷贵族气息，茶是皇室贵族的专享饮品，是尊贵身份的象征。

1662年，茶叶的身价随着"饮茶皇后"凯瑟琳嫁到英国后得到了进一步提高。凯瑟琳出嫁时，她的嫁妆中包括221磅红茶及各种精美的中国茶具，而在那个时代，红茶之贵重堪比银子。凯瑟琳是第一位推动英国饮茶发展史的女性人物，凯瑟琳和查理二世的婚姻使英国女性与茶结下不解之缘。从此之后，在英国茶文化中，茶叶的作用发生了根本性变化。

据说在凯瑟琳和查理二世的婚礼上，由于凯瑟琳爱好饮茶，所以她以茶代酒回敬那些王公贵族。到英国后，凯瑟琳仍没有放弃喝茶的喜好，还在宫廷中举行茶会，大力吹捧红茶的瘦身功效。凯瑟琳皇后引领了英国皇室的饮茶之风，宫廷中专门为皇后开设了气派豪华的茶室，以满足其饮茶嗜好。当皇后雅兴所致时，她会邀请一些公爵夫人到宫中品茶，饮茶成为英国上层女性独具特色的消遣社交形式。由于皇后的推崇，饮茶风尚受到了贵族妇女的追捧。中国茶叶由此成为英国豪门贵族修身养性的灵丹妙药。随着饮茶风尚在英国宫廷迅速盛行，茶的身影逐渐出现在英国的各个社交场所，并取代酒和咖啡，成为英国人民热爱的杯中物。

此外，当年的东印度公司，因为贩卖中国的茶叶，也为英国赚取了不菲的利润，茶叶的风靡，让英国有了制定"茶叶税"的底气，当时的茶叶税，税率一度达到了120%，高昂的价格一度让茶叶成为平民百姓眼中的奢侈品，时有所谓"掷三银块，饮茶一盅"之谚语。

第三阶段：茶成为大众饮品

随着英国社会的不断进步和英国进口茶叶数量的增加，饮茶不断走向平民化。1833年至1834年，由于东印度公司垄断茶叶贸易，任意抬高茶叶价格，导致英国国内市场茶叶价格居高不下，英国形成了一个有关茶叶的黑市，商人从荷兰走私茶叶到英国贩卖，参与走私的人包括社会各个阶层。当时英国社会近一半的茶叶都来自走私，茶叶的价格从7便士到11便士不等。茶的价格相对低廉，越来越多的英国人开始接触到茶。

由于无法禁止茶叶走私，1784年，英国政府通过《茶与窗户法案》，茶叶税率从119%骤降至12.5%，降税后，茶叶走私现象随之消失，茶叶的价格也更加低廉。法案通过后，英国的茶叶进口量迅速增长，从1784年的500万磅猛增至1875年的1300万磅，茶叶供给量的增加满足了英国人的饮茶需求。到了80年代，英国皇家园艺协会曾四次派遣植物学家——罗伯特·福琼（Robert Fortune）到中国调查及引种茶叶，在1851年2月他通过海运，运走2000株茶树小苗，1.7万粒茶树发芽种子，同时带走6名中国制茶专家到印度的加尔各答，导致目前印度及斯里兰卡茶叶生产兴旺发达。[①]由此英国人在印度开启了种植茶树的历史，而且这一时期交通便利与技术的长足进步保证了茶叶的供应量，茶叶价格的下跌，使茶成为英国普通人家消费得起的大众饮品。

据史料记载，18世纪末到19世纪初，在英国一年之内各个阶层，每人的茶叶消费超过一磅，茶叶基本普及工人、农民、佣人等社会各个阶层。据统计，在此期间，英国仅伦敦一地就开设了2000个左右的茶馆，大街小巷都弥漫着茶之芬芳，"茶"成为风靡英国的国饮，英国的茶文化旅程也由此形成。谚语"Tea to reach out, rice to mouth."（茶来伸手，饭来张口。）和"Diligent people talk about hard work, lazy people talk about tea."（勤快人讲实干，懒惰人讲茶饭。）都说明茶是大众饮品。

---

① 苏雪痕. 植物造景[M]. 北京：中国林业出版社，1994：10.

## 三、英语谚语与康巴地方语言世界图景中"茶"的物质文化

（一）茶的种类

藏族与茶具有不可分离的历史渊源，茶叶深受藏族人民的喜爱，有"酷爱饮茶的民族"一说。藏族同胞离不开茶，犹如鱼儿离不开水一样，茶在藏族人民眼中是民生之茶、生命之茶。藏族饮茶的方式多种多样，细分之下，藏族饮茶的方法主要是清茶、酥油茶、奶茶等。

第一种茶：清茶

清茶汤色清明、芳香四溢、清醇，具有生津止渴、清热解毒的功效，是藏族农牧区家庭常饮的方便茶。清茶是所有饮茶方式中最基本的，其煮茶步骤如下：

1. 食材准备：茶叶、盐巴。
2. 选择茶叶：大茶、黑茶、粗茶、砖茶、条茶、紧压茶、团茶等。
3. 锅内倒入适量的冷水后放入茶叶，开锅后掺入少量冷水继续熬煮，待茶汤颜色变深，茶香溢出即可，熬好的茶里适量加一点盐。
4. 熬过的茶叶可以反复熬煮三次左右，直到茶色清淡为止，再多了就失去清茶的芬芳甘醇。

藏族熬茶必加盐，因为藏族主要用茶补充维生素和消脂去油，而盐可以帮助他们补充体能，盐是清茶不可或缺的伴侣。关于茶与盐的关系在藏族谚语中得到了淋漓尽致的表现，如："茶无盐，水一样""茶中无盐，言不及义""相亲相爱，犹如茶与盐巴"。此外，藏族男性始终认为藏茶加盐就是补肾的最好圣汤。

由于古代藏族社会发展缓慢，生产力水平较为低下，人们生活普遍贫困，加之本地茶叶全凭内地供应，而且交通不便，茶叶来之不易，所

以藏族人民非常爱茶惜茶，放一次茶叶，要反复熬煮多次才弃用，从不浪费。因此，藏族民间有句谚语："茶渣如油，让孩子们吃。"由此可见，茶叶（包括茶渣）在藏族人民生活中具有极高的食用价值。另外，由于受自然环境的限制，高原海拔高，气压低，水的沸点低，茶叶必须经过长时间熬煮才能出色出味。于是，睿智的藏族人民把饮茶的第一道工序（"熬茶"或"烧茶"）总结成谚语，告诫人们慢工出细活的道理，如"茶越熬越涩，书愈读愈精""慢慢熬出来的茶味道好，慢慢讲出来的话意思明"都是比喻做事不能急于求成。

第二种茶：酥油茶

藏族流传一句谚语"茶味好，是酥油的功劳"。酥油茶是藏族饮食文化中最具代表性的饮品。酥油茶营养丰富，香醇可口，而且具有提神、滋补功效，成为藏族群众所喜爱的"宝茶"。酥油茶制作步骤如下：

1. 食材：砖茶、牛奶、酥油和盐。

2. 先把茶叶或砖茶用水久熬成浓汁，即清茶。

3. 把煮好的浓茶滤去茶叶，倒入专门打酥油茶用的酥油茶桶。

4. 接着放入酥油、牛奶和食盐，用木制带柄的活塞上下反复用力提按，待酥油、盐、茶交融，酥油茶便制作完成。

随着现代科技的发展，许多藏族家庭开始使用电动搅拌机打酥油茶，使这一传统的饮食习俗被赋予现代生活气息，用搅拌机制作酥油茶，由于搅拌速度快和次数多，使酥油茶的风味更佳。在高寒缺氧环境下喝酥油茶能增强体质，滋润肠胃，和脾温中，精力充沛。酥油茶能产生很高的热量，喝后能御寒和充饥，很适合生活在高寒地区的藏族人民。酥油茶是藏族最喜爱的传统饮品，也是高原独有的地方风味美食之一。许多藏族谚语都蕴涵着丰富的酥油茶文化，例如："汉家饭饱腹，藏家茶饱肚"和"以茶饱肚子，以知识饱脑子"都形象地说明酥油茶在藏族人民生活中的主导作用。

第三种茶：奶茶

奶茶是生活在半农半牧区和纯牧区藏族喜爱的饮品之一，在藏族有句谚语"不放牛奶的熬茶是黑的，不透光线的毡包是黑的，昧良心的人的心是黑的"。奶茶所用的原材料有牛奶、砖茶和盐，其制作方法如下：

方法一：

1. 先将茶叶捣成细末，放入锅中与水同熬煮，熬出茶色、茶味。

2. 放入适量鲜奶和盐，用茶瓢搅匀后即成。

方法二：

1. 将熬好的清茶倒入茶罐或茶壶。

2. 放入适量鲜奶和盐，摇动茶罐或茶壶，摇均匀后即可饮用。

除了上述几种主要茶饮方式外，藏族人民还创造了其他一些茶的做法，具体做法见表4.2.1：

表4.2.1 藏族其他茶饮的制作方法

| 茶饮 | 原材料 | 制作方法 |
| --- | --- | --- |
| 糌粑茶 | 砖茶、糌粑、盐 | 将茶叶烘干，舂为细末，用时将茶末投入水中熬煮，待茶汁渐浓时，再加入少量的糌粑和少量盐，使茶汤成为稀糊状 |
| 油茶 | 牛油或猪油、面粉或糌粑、砖茶、盐 | 将牛油或猪油用刀切成小丁，然后放入锅中炸炒，待油熟后，放入少许面粉或糌粑，再掺入清茶并加盐，边掺茶边用锅铲搅拌，待搅拌均匀后即成 |
| 甜茶 | 红茶、牛奶、糖 | 茶叶是较为高级的红茶，加奶和糖熬制，在西藏拉萨一带比较流行 |

无论是哪种茶品，藏族都喜欢热饮，特别是高油脂的酥油茶和面茶。藏族经常在家中火塘内备一些灰火，然后将茶罐或茶壶置于灰火上，以

保持茶的温度，随时方便饮用。

茶被英国人视为国饮，但是红茶（black tea）是英国人的最爱，例如：

· A cup of black tea is nothing but a cup of tea. 清茶一杯，无是无非。

· A cup of black tea is intimate. 清茶一杯，亲密无间。

上面两则谚语中都出现了"black tea"（红茶），由此可见英国人对红茶的嗜爱。红茶在英国盛行的原因有三个：

首先，中国绿茶的价格一直居高不下，加上中国茶叶的进口专属权被东印度公司垄断，导致绿茶始终作为奢侈品而一直无法打开其在英国的销售市场。后来英国人在印度种植红茶取得成功，在印度、斯里兰卡、印尼及中国都有红茶的供给区，来源的便捷加快英国最终建立起自己的红茶消费市场。

其次，英国地处大西洋，特殊的地理位置带来潮湿和多雾的天气。由于受生活环境的影响，英国人喜欢选择全发酵的红茶，因为绿茶存放时间过长会失去原有的清香，而红茶的味道却不会因长时间的存放而流失。这种特性既适合长途运输，也适宜储存。

第三个原因就是红茶可以帮助胃肠消化、促进食欲，可利尿、消除水肿，并强壮心脏，红茶中富含的黄酮类化合物能消除自由基，具有抗酸化作用，降低心肌梗塞的发病率。下列谚语中的"茶"均为红茶，例如：

· Drinking tea is good for digesting food and relieving fatigue. 饮茶有益，消食解腻。

· Bitter tea drinks for a long time, with clear eyes and clear hearts. 苦茶久饮，明目清心。

茶也分寒热，例如绿茶属苦寒，适合夏天喝，用于消暑；红茶偏温，较适合冬天饮用，如谚语"Winter drinks can keep out the cold, summer drinks away the summer boredom."（冬天饮用可御寒，夏天饮用可去暑烦。）而且红茶具有绿茶没有的兼容性，可以根据不同口味的需要在红茶里加牛奶、果汁、酒等辅料。红茶的这些特质自然让好食奶制品的英国人更加乐于接受。

（二）茶具的不同

茶具又称茶器具或茶器，有广义和狭义之分。广义的茶具是泛指完成泡饮全过程所需设备，器具用品及茶室用品亦统称为茶道具。狭义的茶具一般是指泡茶和饮茶的用具，即主茶具。

1. 藏式茶具

藏族茶品的种类繁多和藏族人对于饮茶的讲究，使得藏族茶具种类也变得丰富多彩，与藏族人民日常生活中制茶和喝茶相关的传统茶具大致可以分为以下几类：

茶汤锅：熬制茶汤的锅就成为藏族茶文化中重要的茶具之一。常见的茶汤锅有铜制的和陶制的，过去主要使用本地陶罐。后来随着手工工艺的发展，各类金属制品，如铁锅、铝锅也出现在人们的生活中，现在也用各式金属水壶烧茶。茶汤锅质地取决于人们的财力，没有阶级属性。藏族人偏爱铜制茶汤锅，如谚语"熬茶各有各的铜锅，烧火各有各的炉灶""别看锅黑，煮出茶香"。

酥油茶桶：茶桶是藏族打酥油茶的必备工具，是由一个木制圆柱形小桶和一柄顶端有圆饼状木拖的搅拌棒构成。茶桶身高一般约为1米左右，直径15到20厘米左右。茶桶的外围上下以铜铁皮包箍，刻有吉祥花纹的图案，既可以作为酥油桶的装饰，又可以固定木桶。谚语"茶桶里的茶难倒，人群中的话难讲"中的"茶桶"即"酥油茶桶"。

茶碗：藏族人每天都要喝茶，茶碗也是必备的茶具，所以对茶碗颇为讲究。

（1）根据材质分类：陶碗、木碗、瓷碗、银碗等

在西藏民间，陶碗是最早使用的茶具，在昌都卡若遗址的出土文物中五件陶碗就说明此问题。后来人们逐渐用木碗代替陶碗，一般家庭的所有成员都拥有各自的木碗。木碗的造型都是敞口，短座。木碗的使用也具有悠久的历史，早在敦煌文献《吐蕃羊骨卜辞》就记载了木碗的使用情况。木碗的分等级是按照制作的木质材料、产地和工艺等进行划分的。虽然木碗有优劣之分，可是一旦使用，藏族人必十分珍视。上等质料的木碗，碗的内壁和底座通常用银皮镶嵌，有的还配有银质宝盖。富裕人家的木碗甚至是通体镶银雕花，碗腰处保留一指宽的部分，其碗盖、碗托均为银质，有的木碗上面还镶有各种珠宝。木碗不仅精致美观，而且经久耐用，具有盛茶味不变，散热慢，饮用时不会烫嘴，便于携带等诸多优点，因此木碗是藏族最喜爱的茶具，如谚语"刀和木碗随身带，闲言碎语家中留"。而谚语"喝酥油茶，被古铜戳了嘴"说的则是铜碗，铜碗散热快，容易烫伤嘴。

瓷碗也是藏族常用的茶碗之一。在《汉藏史集》中有吐蕃烧制瓷碗的最早记载："由技艺高超的工匠在索那唐波且①地方以珍宝为原料，按听说的式样烧制了上、中、下三等32只大小不同的碗。上等和中等的碗为白色，下等的碗多数为青色。"谚语"雪山是白的，瓷碗是白的，骨头也是白的"就是描写白色瓷碗为上等茶具。由于西藏本地制瓷工艺不发达，后来随着茶叶的输入，内地的瓷碗也输入西藏，由于内地瓷碗色彩靓丽、纹饰丰富多彩和易于清洗的特点深受藏族人民的青睐。过去内地与西藏的交通极为不便，大量的瓷器在运输过程中破损，故瓷碗是非常珍贵的物品，只有达官显贵才有财力使用瓷碗，甚至许多人家都将其辈辈相传。但现在瓷碗已经成为藏族普通人家中饮茶的常用器具，特别

---

① 索那唐波且，意为大坝头烧制木炭之地。

是绘有飞龙和八宝吉祥图案的细瓷碗最受欢迎。

（2）根据造型分类：高足碗、平足碗

在旧西藏，高足碗仅限于在宗教仪式上使用，作为饮茶的器具也只能是活佛、喇嘛及寺院堪布等德高望重者使用。平足碗是普通百姓所使用的碗的造型。

藏式茶具除了熬茶锅、酥油茶桶、茶碗以外，还有茶壶、茶罐、茶瓢、火盆等。藏式茶具是茶文化中的一个重要组成部分，蕴涵着丰富的藏族茶文化。

2. 欧式茶具

欧洲的饮茶具有300多年的历史，茶不仅是一种饮料，更是一种顶级奢华的象征。只有上流社会的人才喝得起茶，因而自然也要有相应的物件来搭配这种昂贵的饮品，于是茶具便应运而生，甚至成为身份地位的一种象征。17世纪开始，中国通过"海上丝绸之路"将瓷器、茶叶、丝绸等商品远销到欧洲，随着茶叶和瓷器的大量输出与欧洲饮茶风尚的兴起，茶具逐渐成为外销的商品。伴随着西方茶的历史，欧式茶具的历史也在演变，具体情况详见表4.2.2：

表4.2.2 茶具在欧洲的发展历程

| 时间 | 茶具 | 材质 | 历史演变 |
| --- | --- | --- | --- |
| 17世纪初 | 奶壶 | 白铁 | 荷兰是第一个在公共餐厅和小酒馆供应茶叶的国家，并在茶中加入牛奶创造了一种名为"Melkthee"的饮品。同时期的法国，塞维涅夫人（Marquise de Sévigné）提出要在喝茶时加入奶精（creamer），由此奶壶被发明 |
| 17世纪初 | 茶杯、茶碟 | 白铁 | 受到中国茶文化的影响，当时的茶杯没有把手，称为茶碗（tea bowl）。但茶碗经常因为过于烫手不易使用，所以发明了茶碟。其功能是放置茶碗，也便于将热茶倒入茶碟冷却后饮用 |

续表

| 时间 | 茶具 | 材质 | 历史演变 |
|---|---|---|---|
| 1627 年 | 茶壶 | 银 | 欧洲最早的茶具 |
| 17 世纪末 | 糖盒、茶壶 | 瓷 | 随着茶叶消费的逐渐增加，越来越多的家庭记账簿上记录着购买中国陶瓷茶具的开销。陶瓷糖盒（后称糖罐）也被加入到整套的茶具当中 |
| 1708 年 | 茶具 | 瓷 | 德国梅森攻破了中国瓷器的制造秘诀生产出第一批瓷质茶具，并依照中国瓷器的样式来装饰，这种"中国风"在当时极其流行 |
| 18 世纪中期 | 茶杯 | 银 | 为了适应欧式饮茶的习惯，罗伯特·亚当斯（Robert Adams）发明了带把手的茶杯，并一直延用至今 |
| 18 世纪后期 | 全套茶具 | 银、瓷 | 乔治二世（George II）统治期间，一套完整的茶具包括茶叶罐、茶壶、奶壶、糖碗、糖钳、茶渣碗、放茶匙的盘子、热水壶和加热器 |
| 18 世纪末 | 全套茶具 | 银、瓷 | 一套茶具的件数可达 43 件（12 个茶杯、12 个碟子、6 个或 12 个配套杯、茶壶、热水壶、糖碗、茶渣碗、茶匙、茶叶罐、奶壶） |
| 19 世纪中期 | 茶具 | 瓷 | 饮茶习俗在欧洲更加完善，同时茶具也变得更加精致繁琐 |
| 19 世纪 70 年代 | 茶具 | 合金 | 欧洲的顶级工匠们也在 19 世纪达到了新的创作高度，创新地使用了一种新的技术，即"合金"，包含了多种颜色的金属（比如铜和金），银器表面也镶嵌了许多硬质宝石 |
| 19 世纪末期 | 茶具 | 合金 | 茶具非常接近于我们 21 世纪的茶具 |

茶具成为一种可以展示身份地位、财富的工具，同时在某种程度上也展示了欧洲工匠的茶具制作技艺的精湛。位于大西洋的欧洲，由于

气候总是阴雨湿冷，离不开茶的英国人喜欢选择有金属光泽的银质茶具。在潮湿阴冷、缺乏阳光的欧洲，金光闪闪的银质茶壶、过滤网、茶盘、茶匙能给人们带来阳光的感觉。饮茶已成为欧洲一种流行的餐饮文化，而茶具则集中浓缩了欧洲人的审美意识和生活方式。谚语"An unfortunate man would be drowned in a teacup."（人一倒霉，一杯茶也能淹死。）和"Living in fear of three pots, wine pot, teapot, tobacco pot."（过日子怕三壶，酒壶茶壶烟壶。）中"teacup"（茶杯）和"teapot"（茶壶）反映出欧洲独具特色的茶具文化。

## 四、英语谚语与康巴地方语言世界图景中"茶"的精神文化

藏族人和西方人都喜欢喝茶，可以说是不分阶层。常言道："开门七件事，柴米油盐酱醋茶。"由此可见，茶与人们日常生活有着须臾不离的关系。茶文化内涵的精神方面指的是茶叶在应用和发展的历程中所产生的价值观念、审美情趣以及思维方式等主观因素，也是茶文化内涵的核心内容。

### （一）茶的礼仪

#### 1. 藏族饮茶礼仪

藏族茶文化源远流长，茶礼是茶文化的核心内容。茶礼是藏族重情好客的传统美德与礼节，饮茶、倒茶都是有礼可循的。藏族人民日常饮茶时，讲究长幼有序和主客有序：在家中饮茶时，煮好茶必先斟献于父母、长辈；"客来敬茶，以茶示礼"则是藏族最基本的待客礼节，不仅是对客人的尊重，也体现主人的修养。庄晚芳教授指出："客来敬茶虽然只有一句话，但包括了很广泛的知识。"它在包含物质和文化的同时，更汇聚着内心的情感，通过以茶为媒，体现出主人的修养、素质和举止，而达到重情好客、亲近有加的目的。以茶待客的真谛并不是繁文缛节的

仪式感，重要的是一颗真诚之心和通过茶缔造的人情味儿。

藏族给客人敬茶时，要先敬老者、尊者，双手将茶奉上，表示对客人的尊重。客人也要用双手接杯，以示对主人盛情款待的谢意。为了表示对客人的尊敬，茶碗一定要洁净，不能有破损。客人接茶后不能着急地张口就饮，而是饮茶数次后碗内留下约一半的茶，然后将茶碗置于桌上，女主人会继续把茶碗续满，客人不能马上端碗就饮，而是在主人敦请下边与主人聊天边慢慢啜饮。主人会在客人每次饮茶后快速添满茶碗，使茶碗保持盈满状态。客人一般需饮茶三碗，若只喝一碗就不吉利，所以藏族有句谚语"一碗成仇人"。喝茶时，客人不能发出声音，更不能喝光碗里的茶，否则会被视为没有教养。

此外，藏族还有句谚语"想要败坏家名，就会淡化茶酒"，茶的浓淡可以判定主人的家境好坏与待客的大方程度。因此，如果有客人来家中，好客的主人总会用浓香醇厚的茶接待客人，以示待客之礼。

2.英国人的饮茶礼仪

西方人饮茶讲究许多规矩。由于英国气候偏湿润，多雨，寒冷季节很长，所以养成了沏茶前烫壶的习惯，而且沏茶所用之水一定要煮沸，沸水要马上冲进茶壶中，否则就泡不出茶的醇香味，如谚语所说"New brewed tea is fragrant and fragrant, overnight tea hurts the spleen and stomach."（新沏茶清香有味，隔夜之茶伤脾胃。）在沏茶的过程中，西方人认为泡好一壶茶，首先要掌握茶叶用量，因此发明了一种叫"茶匙"的小匙。每次茶叶用量通常按每位饮者一匙茶叶，另外再加一匙作为"壶底消耗"。冲泡出的茶水名称也繁多，因地域文化的差异，饮品的地方俗语有茶汤、茶汁、茶液、茶浆等。此外，用茶量的多少还与饮茶者的饮用习惯有密切关系。英国人普遍喜饮淡茶，一般会在茶汤中加糖、牛奶，茶具多使用瓷杯。而在欧洲大陆国家的人民习惯饮用清茶，有时会放一片柠檬，茶具也多使用玻璃杯而不是瓷杯。

　　下午茶是英国茶文化的精华所在，也是英国最为典型的传统习俗之一。推动下午茶"社会史"的是英国第七代贝德福德公爵夫人安娜·玛丽亚（Anna Maria）。1840年前后，安娜卸掉伦敦白金汉宫内女官职务，进入公爵宅邸生活后，下午茶起始于她在午后享用红茶的习惯。据说，当时贵族社会的饮食习惯是早餐（或早午餐）吃得非常丰盛，中午则外出野餐，只食用少量面包、肉干、奶酪、水果等。与此同时，兼作社交场合的晚餐安排在欣赏音乐会或戏剧之后，进入19世纪后时间越来越晚，晚餐要到夜里8点钟后才开始，而此前的饥饿感令人难以忍受。为了消除午餐和晚餐之间的饥饿，安娜就要求仆人在下午4点把一些茶和一些面包、黄油和蛋糕一起装在托盘里，送进她的房间。于是安娜很快就养成了喝茶吃茶点心的习惯。她还将前来拜访的贵族夫人们招待至府邸内被称作是"蓝色会客厅"（Blue Drawing Room）的客厅里，用红茶和茶点招待她们，这种待客形式受到大家的欢迎，"下午茶"便作为女性的午后社交方式而推广并固定下来。如谚语所言"The afternoon tea helps the spirit, while the evening tea leads to insomnia."（下午茶助精神，晚茶导不眠。）下午茶通常在下午4点到5点之间在客厅里供应。"下午茶"成为当时英国最时髦的社交活动，受到英国上流社会推崇。后来，下午茶逐渐地从上流社会的小众消遣娱乐演变为普通民众的生活内容，而从这一天开始，它也从最初满足"小需要"的有节制的一口食物，变成了今天我们看到的独特饮食文化和社交礼仪。如：

　　·Tea is pleasant and liquor is disorderly. 茶怡情，酒乱性。

　　·Good tea is not afraid of fine products, good things are not afraid of human theory. 好茶不怕细品，好事不怕人论。

　　英国人在喝下午茶的过程中流露出严谨的态度和礼仪的规范，彰显着英国人对茶品有着无与伦比的热爱与尊重。下午茶礼仪如下：

1. 喝下午茶的最正统时间是下午四点钟。

2. 在维多利亚时代，在白金汉宫的正式下午茶会上，男士身着燕尾服，戴高帽及手持雨伞；女士身着长裙，戴帽子和手套。

3. 通常女主人身着正式服装亲自为客人服务，以表示对来宾的尊重。

4. 下午茶的专用茶：祁门红茶，大吉岭与伯爵茶、锡兰红茶等。

5. 正统英式下午茶的点心是用三层点心瓷盘装盛，第一层放三明治、第二层放传统英式点心、第三层放蛋糕及水果塔。

6. 精致的茶器是饮茶的标配。

7. 严谨的态度。饮茶是一种绅士淑女风范的礼仪，英国人对茶品有着无与伦比的热爱与尊重，会秉持严谨的态度喝下午茶。甚至，过去为了预防茶叶被偷，还有一种上了锁的茶柜，每当下午茶时间到了，才委派女佣取钥匙开柜取茶。

英国人除了有喝"下午茶"（afternoon tea）传统习惯外，还有喝"高茶"（high tea）的习惯。与下午茶不同，"高茶"是19世纪工薪阶层的专属习惯。对于英国这个新兴工业化国家的广大劳动者来说，下班以后才是喝茶的时间。人们辛苦劳作一天，急需食物补充体能，高茶的配餐非常丰盛，完全可以取代晚餐。时至今日，英国工薪阶层的晚餐仍常被称为"茶"。"高茶"和下午茶虽然只有一字之差，但是蕴涵的茶文化却截然不同。顾名思义，"高茶"是劳动人民下班后坐在饭厅高桌前的高背餐椅上吃的晚餐，而"下午茶"则是贵族们在客厅低矮的沙发上或是在花园里放松享用的茶点，故下午茶又叫"low tea"。

英国人还有饮用"早茶"（early morning tea）的传统习惯，特别是对于成年人来说，这种早茶习惯被视为一种生活享受。晨起之时，英国人要喝"早茶"，以红茶为饮料。"早茶"是家中唤醒人的最好方法，可以顺便询问就寝情况，以表示关心。例如：

- A cup of morning tea is a powerful day. 早茶一盅，一天威风。
- Hospitality of tea comes first. 待客茶为先。

(二) 茶文化体现的价值观念

藏族自古以来就是中华民族大家庭中的重要成员，藏族和汉族一直保持着密切联系。在藏汉民族的长期交往交流交融中，藏族已经融入了以汉族为凝聚核心的大一统国家之中，儒家的"大一统"思想不仅深深植根于的藏族人民心灵深处，更成为一种根深蒂固的文化和无形而强大的向心力。在藏汉民族文化交流过程中，藏族把儒家的一系列思想理念纳入了自己的思想体系中，从而形成藏族自身的道德准则和价值观。

1. 尚"和"

集体主义是社会主义道德的核心，和谐的人际关系是和谐社会的重要基础，因此藏族人民非常重视集体的利益或价值。藏族茶文化从萌芽到形成，虽然融合了儒、道、佛三家的精神，但其主导思想还是儒家思想。茶道中"和"的基本涵义包括和谐、和敬、和美、平和等，其中和谐是中国传统文化的基本价值。藏族人民的茶事活动传递了"以和为贵"的茶学精神，创造了人与自然的和谐以及人与人之间的和谐，茶文化中的"和"与儒家提倡的中庸之道契合。在儒家学说中，因为茶是生于天地之间的洁净之物，所以被赋予了清廉、高洁的品性。藏族茶文化中融入儒家的"中庸"与"和"思想，通过饮茶沟通思想，促进和谐，增加感情。许多藏族谚语都蕴涵着"和"的价值观，例如：

- 喝了内地茶，不忘驮茶骡。
- 茶叶离不开盐巴，汉藏两族是一家。
- 汉藏团结，犹如茶与盐巴。

·肉和糌粑同吃，有茶有酒同喝。

·内地的香茶，藏地的水，在一锅里相聚。

·好马相随千里，好茶相伴终身。

由此可见，在与人相处时，藏族处处都是以集体的利益为首，力求达到人与人交往的平衡与和谐之道。

2. 重"德"

重德，是藏族茶文化精神中最基本的内容。藏族人民讲究茶德，塑造高尚人格，实现自身的人生价值，是历代饮茶人崇尚和追求的目标，也是茶文化的核心内涵。在悠长的饮茶历史中，藏族形成本民族的茶德，并且成为人们应当遵守的道德标准和行为规范。关于"茶德"的藏族谚语有：

·宁喝朋友的清茶，不喝敌人的奶茶。

·慢慢熬茶味道好，慢慢说话意思明。

·茶的味道在盐巴，人的身份听说话。

·按老人的话办事，用自己的嘴巴尝茶。

与藏族的谦和相比，英国就多出了几分霸气。英国一度是海上的王者，国力的强盛为其博得"日不落帝国"的美名。在维多利亚女王统治时期达到工业革命的顶点，是大英帝国的全盛时期，称为"维多利亚时代"，其间经济、科学、文化各方面都得到很大发展。这些辉煌的历史早已融入每个英国人的血液里，让英国人总是带着一种高人一等的派头。他们在任何时间、场合始终坚持着自己的准则和生活品味，也引以为傲。例如：

·Tea is not an instrument. 无茶不成仪。

·Guests come to offer tea and etiquette to others. 客来敬茶，礼仪人家。

·Good tea honors guests, secondary tea and other frequent guests. 好茶敬上宾，次茶等常客。

此外，西方文明的发源地是古希腊，其地形多山，土地贫瘠，不适于农业发展，主要以手工业为主。各个行业之间的独立性较强，人与人之间相互交换物资，讲究公平合理，实现各自利益。人际关系比较疏远，逐渐形成个人主义的价值观，强调独立、自由、个性。[1]在西方茶文化中，茶会上女主人不会为客人配备统一茶叶，而是提供繁多的茶品，客人可根据自己的喜好来选茶，用小茶杯自行配饮。饮茶活动结束之后，还有喝白兰地酒，吃葡萄干、点心、糖等习惯。他们的饮茶习惯充分体现了西方人追求自由个性的个人主义思想。而饮茶大国——英国，受西方"天人相分"的哲学观影响，英国"下午茶"的社交礼仪不仅仅是上层社会高雅生活方式的体现，而且代表了个人的修养与涵养。"下午茶"习俗反映了英国人保守、内敛和追求体面的个性特征，这种性格特点更加巩固了英国人的个人主义价值观念，如谚语所言"A gentleman's acquaintance is as light as water, and a tea man's acquaintance is as mellow as tea."（君子之交淡如水，茶人之交醇如茶。）

## 第三节 英语谚语与康巴地方语言中的乳食文化图景

### 一、藏英乳食文化概述

"乳文化"是指与乳业与乳制品相关的文化习俗。聂迎利和冯艳秋曾在文章中定义：乳文化是指乳制品从生产到食用的过程中，所产生的一系列物质财富和精神文化。[2]由此可以推定，乳文化的狭义为：人们在生产、

---

[1] 杜学鑫. 饮茶习俗与中西文化差异[J]. 福建茶叶，2018（08）：367—368.
[2] 聂迎利，冯艳秋. 中国奶文化的形成与特点[J]. 中国食物与营养，2014（11）：22—23.

消费乳制品的过程中,超出充饥为目的,所发展出来的一切风俗习惯、生活方式等行为内涵,所赋予乳制品的民族、道德等精神内涵的统称。

乳文化发展几乎伴随着人类社会发展的全过程,奶及各种乳制品都是藏族和西方日常饮食结构的重要组成部分。藏族和西方都具有饲养奶畜、食用乳和乳制品的悠久历史,养成了挤奶食用的饮食习惯。

生活在青藏高原的藏族在历史上以畜牧经济为主,因此在饮食上也以"食肉饮(乳)酪"为主。营养丰富的乳制品在藏族人民食谱中的重要性不亚于肉食。牧民们用不同的制作流程和工艺,将乳白色的牛奶做成自己喜爱的奶制品食物,最普遍的是酸奶和奶渣两种。乳制品是藏族的重要食品,家居或外出,人们都带着它。

西方人酷爱奶酪,奶酪是欧美国家饮食文化里极具代表性的食物。奶酪也称乳酪、芝士或起司。它的英语是"cheese"。就做法而言,奶酪是发酵的牛(羊)奶,与藏族酸奶相似,但浓度更高,营养价值更丰富;就营养而言,奶酪是浓缩的牛(羊)奶,每千克奶酪制品都是由10千克以上的牛(羊)奶浓缩而成的。法语中有谚语云"一个村庄,一种奶酪",从中不难感受到法国人对奶酪的钟爱。在西方人的日常饮食中,奶酪有一个重要的功能,就是与葡萄酒搭配。

随着工艺的不断改进和技术革新,奶业不断发展,牛奶及乳制品在藏族和西方人民饮食中都占有越来越重要的地位。

## 二、藏英乳食谚语中"牛奶"的文化图景

牛奶(milk)是从雌性奶牛身上所挤出来的乳汁,是最古老的天然饮料之一。牛奶有着其他食品无法比拟和替代的营养成分,被公认为最近乎完美的天然营养食品,对于人体健康来说是非常有帮助的,喝牛奶有助于增强人的身体抵抗力、免疫力。牛奶易吸收和消化,适合于男女老少食用。

(一) 藏族谚语中"牛奶"的文化内涵

自古以来，牛奶是藏族人民日常生活中不可或缺的食物，藏族人民的一天就是从挤牛奶开始。对于藏族人民来说，牦牛是上天赐给他们的最好礼物，为人们的日常生活提供了基本保障。牦牛奶是藏族人民最喜欢的奶品，其营养价值比普通牛奶更丰富。牦牛奶中免疫球蛋白含量高，能够帮助人体调节免疫力；牦牛奶中富含天然乳钙，是补钙的佳品；含有人体所必需的18种氨基酸、维生素H等多种稀有营养成分，牦牛奶也因此被誉为"奶中极品"。牦牛奶的食用方法：直接饮用鲜奶；熬煮后饮用；把牛奶、酥油加入茶中，做成酥油茶；把牛奶制成酸奶、奶渣等乳制品。作为藏族人民日常生活中一个最普遍的奶制饮品，在谚语中，白色如丝绸般的"牛奶"具有不同的文化隐喻。

1. 食物

· 肉的精华是汤汁，奶的精华是酥油。

· 搭帐篷人越多越好，喝牛奶人越少越好。

2. 象征纯洁、善良、光明磊落

· 心善如纯奶，嘴严如铁锁。

· 心善如奶汁，良言似钥匙。

· 牦牛虽然毛黑，奶子却是白的。

· 人头落地血似奶，剖开胸腔红彤彤。

3. 反映奶制品加工方法

· 水和奶在一起，金勺子也分不开。

· 话说百遍为事理透，奶搅千遍为提酥油。

· 不要像小马参赛一样急，不要像牛奶开锅一样快。

## （二）英语谚语中"牛奶"的文化内涵

德国和英国科学家经过遗传学研究发现，欧洲人是在最近7000年间才适应了喝牛奶。牛奶是西方餐桌上的重要食物，也是他们的重要营养来源。因牛奶具有良好的营养价值，被西方人称为"人类的保姆"。古罗马人和古希腊人不常喝牛奶，他们更倾向于谷物、葡萄酒和植物油，他们认为"牛奶"是野蛮人的饮料。从中世纪直至17世纪，居住在靠近农场和牧场的法国农民已经将牛奶作为日常饮食和烹调的主要原材料。但大城市的一些富裕家庭和贵族还将其视为贫民的饮食习惯。[1]到了19—20世纪，随着科学技术的进步，欧洲发明了牛奶的保鲜技术，从过去的高温消毒法、微过滤法到现代的巴氏菌消毒法，这些新科技使牛奶的保鲜期更长，奶制品行业成为西方成长最快的一个行业。西方牛奶的食用方法有：直接饮用；搭配面包食用，把牛奶制成酸奶、奶酪等乳制品。牛奶已成为西方很多家庭的必需品，因此西方人隐喻思维时往往使用牛奶作为源域。在英语谚语中，"牛奶"被赋予了不同的文化意象。例如：

1. 象征品质优良的食物

· When fern begins to look red, then milk is good with brown bread. 蕨菜开始发红时，牛奶配黑面包最好。

2. 象征希望

· God gives the milk, but not the pail. 上帝赐牛奶，桶要自己买。

· There is no use crying over milk. 牛奶泼了，哭也没用。

3. 象征财富

· If you sell the cow, you sell her milk too. 你不可能出售奶牛，同时又要喝牛奶。

---

[1] 高银砚. 法国牛奶和酸奶[J]. 中国食品，2004（06）：44.

4. 保健品

· Wine is old men's milk. 葡萄美酒益老翁，有裨健康如牛奶。

5. 象征纯洁

· Black cows give white milk. 黑牛下白奶。

6. 在英语中还有许多关于"牛奶"的表达，如：

· bring sb. to his milk. 喻指某人头脑清醒过来，迫使某人屈服。

· milk for babies. 比喻"适合儿童的简易读物；儿童容易接受的理论；粗浅的东西"。

· Come home with the milk. 比喻某人在外"彻夜不归"，玩了通宵后，天亮才同清晨送来的牛奶一起回家。

## 三、藏英乳食谚语中"奶酪"的文化图景

（一）藏族谚语中"奶酪"的文化内涵

酸奶，藏语称为"雪"，汉语又称"奶酪"，是藏族饮食文化中的"三白"[①]之一。藏族酸奶有着1000多年的历史，体现了丰富的游牧文化，凝聚着高原群族历史。在古代藏族社会百科全书的史诗《格萨尔》中，就有关于酸奶的记载。酸奶是一种发酵的牦牛奶制品，藏族先民将鲜牛奶存放在牛皮囊中，经过几天的发酵，牦牛鲜奶会变酸，变酸后的牦牛奶继续发酵就会有乳清水析出结成块状，即成酸奶。酸奶是牛奶经过糖化作用以后的食品，营养更为丰富，也较易消化，适合老人和小孩吃，是藏族人民生活中的重要食品。[②]酸奶是藏族夏秋两季的主要饮料之一，食用时可加白糖，口感酸甜适中，清爽可口，有健脾和胃的

---

[①] 三白，即牛奶、酥油、酸奶。
[②] 李烨. 阅读西藏 注释神奇的土地[M]. 兰州：甘肃人民出版社，2008：345.

功效，人们称其为"长寿食品"。藏族人民创造了许多借"酸奶"隐喻的谚语。例如：

1. 食物的美味
· 未喝酸奶者，岂知酸奶味。
· 盛满酸奶的木碗，胜过空的金碗。

2. 象征富足的生活
· 一个家庭奶牛多，酸奶乳汁像湖泊。
· 喝了酸奶饮清茶，好像乞袋被狗扒。

3. "酸奶发酵"比喻事物变化的过程
· 教诲像做酸奶慢慢凝结，坏事如酿藏酒忽然发酵。

奶酪被誉为乳品中的"黄金"。从营养角度来说，奶酪是浓缩的牛奶；从制作工艺来说，奶酪是发酵的牛奶。奶酪，藏语称为"曲拉"，意思是"奶渣"，是藏族奶制食品之一，备受西藏、青海、四川、甘肃等省的藏族人民喜爱。藏式奶酪制作方法有两种：

方法1：用提炼过酥油后剩下的汁水熬制而成，待锅中水分全部蒸发后出现白色块状物，即奶渣，倒入布袋中控尽水分后晾晒干即可，或者将奶渣直接压成饼状或切成块状晾干食用。

方法2：用牛奶（未提炼过酥油的牛奶）熬制加工而成。

藏式奶酪的种类繁多。根据颜色划分：白奶酪、黄奶酪、绿奶酪三种，其中绿奶酪为上品；根据奶渣的口味分酸奶渣、甜奶渣；根据奶渣湿度分干奶渣、湿奶渣。藏式奶酪的食用方法有多种：当成零食直接食用；掺入糌粑中食用；可以搭配酥油茶食用；可以作为调料加入其他菜中。奶渣是藏族人民日常饮食和外出劳作的常备食品，在生产生活中，人们总结出了许多"奶酪"的饮食谚语。例如：

1. 食物
- 糌粑面食，酪浆来拌。
- 奶酪之乡，酸水待客。
- 奶酪当礼品，送给酪乡。
- 指头大的奶渣，说成日月丸。
- 好吃是酥油的功劳，没有酥油只剩下糌粑奶渣。

2. 象征高贵品质
- 白酪赤血。
- 凝结了的是奶酪，不凝结的是酸奶。
- 奶酪有了微尘就需要清除，青稞酒却要特别投以酵母。

3. "奶酪发酵"喻指事物变化的过程
- 苦口婆心如奶酪发酵，惹事生非似酒液滴沥。

（二）英语谚语中"奶酪"的文化内涵

奶酪起源于拉丁语"fromaticus"，即"使成形状"的意思，英译"cheese"。"cheese"又名奶酪或干酪，直译为"起司""芝士"。奶酪是人类发明的一种古老食物，通常是以牛奶为原料在发酵剂和凝乳酶作用下发生凝固并经成熟而制成的固态乳制品，但是也有用山羊、绵羊奶或水牛奶做的奶酪。英文以谚语"Age is of no matter unless you are a cheese."来赞赏陈年奶酪的香浓美味。奶酪是人类最高级的蛋白质来源，具有营养高、奶香浓、吸收率高，不易致肥、食用方便等特点，而被喻为"奶品之王"。

奶酪的起源可以追溯到西亚，是一种自古流传下来的特殊美食，但是，奶酪的发扬光大却是在欧洲开始的。公元前3世纪，奶酪的制作工艺就已经非常成熟。据历史文献记载，在古希腊时期，人们就开始奉上奶酪敬拜诸神,芝士蛋糕就起源于古希腊;古罗马时期,奶酪更成为一种表达赞美及爱意的礼物,古罗马《农学宪章》(公元60年)是世界上最早记载奶酪具体制作过程的文字。源自西亚的乳酪制造技术,经由土尔其、希腊传至北意大利的伦巴底地区,进而让欧洲人发扬光大,如今已经在世界各地风靡,开始进入人们的日常生活中。

奶酪是欧洲国家最受欢迎的,也是消费量最大的食物之一。当前欧美发达国家主导着全球奶酪行业的生产格局和消费市场,奶酪的加工水平和产量都处于世界领先地位。根据美国农业部披露的数据,2018年,全球67.54%的奶酪产量来自欧盟和美国;欧盟和美国的奶酪消费量占全球消费量的比重高达64.00%;2014—2018年全球16个主要奶酪生产国家和地区的奶酪产量呈现不断增长的趋势。

欧洲的奶酪种类繁多,具体分类见表4.3.1:

表4.3.1 欧洲奶酪分类表

| 分类方法 | 名称 | 特点 |
| --- | --- | --- |
| 按含水量 | 软奶酪<br>(Soft cheese) | 含水量高,可配上红酒直接食用 |
| | 中软奶酪<br>(Semi-soft cheese) | 水分较多,口感温和 |
| | 半硬质奶酪<br>(Medium-hard cheese) | 比硬质奶酪质感柔软,奶香浓郁。常作为三明治切料或切成小块与海鲜一起熏酿。可配红酒或白葡萄酒 |
| | 硬质奶酪<br>(Hard cheese) | 含水量低,质感较硬,口感略咸,有些带气孔。可作小食,也可磨成粉末,拌沙拉,或放入汤或意粉中食用。适合配淡红酒 |

续表

| 分类方法 | 名称 | 特点 |
|---|---|---|
| 按原料 | 牛奶奶酪 | 由牛奶制成，质地柔软，味道温和清淡，脂肪含量高 |
| | 山羊奶酪 | 由山羊奶制成，质地较为温和细腻，味道略带酸味，价格较昂贵，形状多样化。可作餐后的甜品，可切薄片涂面包或拌入沙拉食用 |
| 按工艺 | 新鲜奶酪（Fresh cheese） | 不经过熟化处理，直接将牛乳发酵而成。其质地柔软，风味清淡爽口，但储存期限很短。通常加入沙拉内食用，也可作甜品的材料 |
| | 乳清干酪（Whey cheese） | 奶在油水分离后乳清的产物。其成分是水溶性白蛋白，质地较柔软，口感甚佳 |
| | 拉伸型奶酪（Stretched curd cheese） | 奶酪制作的第二步会有一个揉拉过程，揉拉后的奶酪质地坚韧而细腻，口味平和 |
| 其他分类 | 软质成熟奶酪（Soft-ripened cheese） | 陈化时间较长，质地比较柔软，带有一种特殊的胺味。其形如圆盘，外表通常覆盖一层白色的菌丝，也被称为白菌奶酪 |
| | 洗浸奶酪（Washed-rind cheese） | 表面经盐水或酒精清洗，洗浸奶酪带有独特香气，其表面轻微坚硬，内部柔软，黏稠醇厚。可配红酒或干邑食用 |
| | 蓝纹奶酪（Blue cheese） | 经青微菌发酵而成，通常带有蓝绿色条纹或斑点，气味浓郁。搭配面包最为经典，亦可拌入沙拉。可配红酒、甜白葡萄酒、威士忌等 |
| | 再制奶酪（Processed cheese） | 采用天然奶酪制成，会加入适量添加剂、水和其他奶类原料，储存期限较长，其质地较软。吃法多样，可夹三明治或薄切于面包上加以烘烤。可配淡红酒或淡白葡萄酒 |

通过对欧洲奶酪的产量、消费量和种类的分析，奶酪在欧洲历史长河中历经蜕变，酝酿享誉世界的绝佳风味，也成为英语饮食谚语中的一个组成部分。例如：

·as different as chalk from cheese. 像白垩和奶酪那样不同。

·Who moved my cheese？ 谁动了我的奶酪？

·Bread with eyes, cheese without eyes, and wine that leaps up to the eyes. 好面包有孔，好奶酪无孔，好酒冲鼻孔。

·Eat bread that's light and cheese by weight. 面包要吃轻的，奶酪要吃重的。

## 四、藏英乳食谚语中的酥油和黄油文化

（一）藏族谚语中"酥油"的文化内涵

酥油，藏语称为"玛"（mar），英语翻译为"butter"，是类似黄油的一种乳制品，是从牦牛奶中提炼出的脂肪。因为酥油具有可塑性、酪化性、酥性等功能特性，所以藏族人民通常会用酥油作为加工食品的原料油脂。透过谚语"酥油里的牛毛，黄金中的沙粒""要想吃酥油，就得喂奶牛"可知，藏族在制作酥油时，通常采用牦牛奶作为原料。

藏族"酥油"文化中有一个不可或缺的内容，即酥油的制作工艺——打酥油。藏族人民制作酥油时，有两种不同的制作方法：一是使用一种皮袋，这种打法都把奶子装进皮袋后，不停地摇动而获得酥油；二是把牛奶倒入茶筒打出酥油。谚语"搅奶出酥油，搅水起泡沫"和"话出口要有依据，奶摇动要出酥油"形象地描写了藏族人民提炼酥油的文化图景，凝聚着劳动人民的智慧。在西藏，提炼酥油的传统方法目前仍然随处可见，但随着奶油分离器等电动或机械器具的推广和使用，人们正逐渐从繁重的劳作中解放出来。

藏族人民还自创了许多打酥油的歌曲，便于大家更熟练地掌握各种生产酥油的知识。如有这样一首传统与现代相结合的打酥油歌：

基呷，基呷①，那边来了一个人，

尼呀，尼呀，牵着两匹马。

久尼，久尼，夜里来了狼呀，

久松，久松，大家打狼至天亮。

尼休，尼休，收音机里说卫星上了天，

匝基，匝基，卫星是个什么样。

洗阿，洗阿，那晚星星闪闪亮亮，

洗除，洗除，叫我如何去会情郎。

瑞松，瑞松，刚才孩子跌了跤，

瑞洗，瑞洗，两岁的孩子就想跑，

瑞阿，瑞阿，哪比小牛小羊羔，

瑞除，瑞除，才三天就围着妈妈跳。

敦杰，敦杰，恳求菩萨保佑我，

敦轱，敦轱，保佑我打出的酥油，

姐究，姐究，黄澄澄、香喷喷的像小山高。②

酥油富含脂肪、蛋白质和钙、磷、铁等多种微量元素及维生素等成分，具有调理肠胃的功效。酥油是藏族食品中的精华，俗称"奶黄金"，

---

① "基呷"意为"一"，指提炼酥油时用"甲洛"搅棍搅拌的次数。以下所有开头的两个音节都是计算搅拌次数的藏语发音："尼"为"二"；"久尼"为"十二"，"久松"为"十三"；"尼休"为"二十"，"匝基"为"二十二"；"洗阿"为"四十五"，"洗除"为"四十六"；"瑞松"为"六十三"，"瑞洗"为"六十四"，"瑞阿"为"六十五"，"瑞除"为"六十六"；"敦杰"为"七十"，"敦轱"为"七十九"；"姐究"为"八十"。

② 吴祎. 酥油，金子般的酥油[J]. 中国西藏，1992（03）.

藏族人民一日三餐都离不开它。藏族酥油有多种吃法：可生吃，也可熟吃，最常用的吃法就是"酥油茶"或者用酥油炸制或调制的各种面食，如糌粑油糕，耳朵状的"古过"、长形的"那夏"，青海藏语称"特"的水油饼，四川、西藏东南部的藏族常吃"巴差玛尔库"（酥油浇面疙瘩）、玛尔森（酥油面糕）等。因此，在藏族饮食谚语中，既有关于"酥油"食用方法的谚语，也有关于"酥油"隐喻概念表达的谚语。例如：

1.酥油的食用方法

·乞丐也有吃到糌粑油糕时。（糌粑油糕）

·糌粑团打狗，酥油饼赶猫。（酥油饼）

·酥油渗不透酥油包，唾液湿不透两片嘴。（酥油包子）

·爬雪山的人不喝酥油茶，就像雄鹰断了一只翅膀。（酥油茶）

2.比喻纯洁、美好

·恩人像酥油，太阳别溶化。

·吃的香甜的酥油，莫忘洁白的哈达。

·假如鱼头烧得好，顶得上一碗酥油。

·没有音乐的舞蹈怎么跳，没有酥油的糌粑怎么吃。

（二）英语谚语中"黄油"的文化内涵

黄油，英语"butter"，一种由新鲜或者发酵的鲜奶油或牛奶通过搅乳提制的奶制品。一般为淡黄色固体，营养丰富，脂肪含量很高。黄油原料是牛奶，某些黄油也采用其他哺乳动物的奶，包括绵羊、山羊、水牛等，因此黄油也是属于乳制品。黄油的制作工艺和酥油的制作方法有异曲同工之妙，通过离心作用把油脂从牛奶中分离出来。欧洲的黄油在加工工艺中会加入发酵菌种、盐等调味剂，赋予动物黄油浓郁的口感。

　　黄油有着悠久的历史，在遥远的古代，它除了护肤之外，还被用来当作药品和祭祀用品。早在3000年前，黄油就已经被欧洲人引到了餐桌上，后来被当作贵族食品。受宗教的影响，18世纪大部分人认为黄油是洁净的食物，会食用黄油，并把这当作自己经济实力的象征。19世纪工业革命带来的技术革新将黄油引入了千家万户。离心分离技术的出现，使得黄油的生产效率大大提高，它的价格也不再那样昂贵，这种食物也逐渐从贵族商贾的餐桌流入了普通百姓的餐盘，并成为烹调菜肴和佐餐的原料。由此，在英语谚语中，有许多关于"butter"（黄油）特性的隐喻内涵。例如：

　　1. 比喻花言巧语、逢迎、谄媚

　　· Spread the butter too thick. 奉承、吹捧。

　　· Fair words butter no parsnips. 花言巧语不济事。

　　· Be not a baker, if your head be of butter. 假如你的脑袋是黄油做的，那就别当面包师。

　　2. 象征爱情

　　·Love is like butter, it's good with bread. 爱如奶油,有面包才好。

　　3. 比喻精华、好的事物

　　· Butter is made from milk. 黄油是奶油提炼成的。

　　· All that comes from the cow is not butter. 从奶牛身上挤出来的不全是黄油。

## 第四节　英语谚语与康巴地方语言中蕴含的饮食观

### 一、藏族谚语中蕴含的饮食观

藏族有句谚语："走遍天下，吃食为大。"它的意思也就是"民以食为天"。"吃"对于藏族人民而言并非仅指填饱肚子的进食，而是一种心态，一种占有，一种荣誉，一种认知，一种取向，一种生活方式和对外部世界的基本态度。藏族医学古典名著《四部医典》及其注释认为：人体健康之道，首先是讲究饮食原料和方法；其次是德性修养和体育锻炼；第三是药物治疗。由此可见，藏族人民认为饮食是一种极其高深的学问，富有极其深奥的哲理和艺术。

#### （一）体现简单、朴实的客观哲理

谚语具有含义简明、形象生动、通俗易懂的特点，是劳动人民在现实生活和劳作中丰富智慧和普遍经验的规律性总结。在藏族饮食类谚语中就有不少谚语借食讲义，借食传道。它们虽看似简单，却饱含哲理。例如，糌粑是藏族人民最具有特色的主食之一，许多谚语借用糌粑的朴实无华描述简单、朴实的客观哲理。这些谚语没有乏味冗长的说教，而是用诙谐生动的方式讲述人生哲理，让大家深受启发。比如：

·糌粑越吃越香，日子越过越长。
·蜜糖虽然甜美，还是糌粑经吃。

- 红糖好吃不耐久，糌粑不甜能充饥。
- 父母的忠告，不遇挫折不明白；糌粑的香味，不到嘴里不知道。

（二）体现健康、科学饮食理念

随着现代社会经济文化的发展，藏族人民的健康意识和观念也在发生深刻的变化。随着藏族人民生活水平的日益提高，对食品的需求也趋于多样化，烹饪方法也多种多样。受现代医学的影响，藏族人民非常重视饮食与身体健康，并逐渐形成了比较成熟科学的饮食理念和养生意识。因此，许多藏语谚语都是人们维护身体健康的经验，蕴涵一定的科学道理，告诫人们注意吃饭的量，把握好饮食的"度"。例如：

- 肚子是自己的，糌粑是别人的。
- 糌粑吃多了自己伤胃，父母说多了儿女伤心。
- 幻想中的酥油人参果，不如眼前的清水糌粑。
- 挨饿的时候糌粑是宝贝，发愁的时候歌声是宝贝。

从以上谚语中不难发现，随着时代的变迁和社会发展，藏族糌粑食俗文化也表现出不断适应和改造自己所处生存环境的趋向，藏族的饮食结构和膳食观念也在发生改变。藏族人民在对食物的需求程度上已从最初的只求饱腹发展到现在要求菜品多样、营养丰富，以及注重健康，合理饮食，甚至节制饮食。

（三）体现谦逊务实的处世准则

不同语言中的谚语都蕴涵着正确的、积极的为人处世原则，帮助人们树立积极正确的价值观。谦逊务实是藏族人民形成的一种民族精神，许多含"糌粑"的饮食谚语都反映了藏族人民谦虚、自力更生、感恩的美德，这些美德也是藏族的道德准则及善恶标准的重要内容。例如：

- 拣来青稞粒，丢了糌粑团。
- 话想好了再说，糌粑嚼好了再咽。
- 牛肉要分成坨坨，酪糕要分成块块。
- 看山路长短赶路，看糌粑多少吃粮。
- 主意在自己心里，糌粑在皮口袋里。
- 依江河走向赶路，看糌粑袋高矮吃粮。
- 糌粑团子本可径直吃，偏偏要绕道后劲窝。

## 二、英语谚语中的饮食观

（一）饮食态度

一个民族对饮食的态度取决于所在社会的物产种类，面包食俗谚语中蕴含着英国人独有的饮食态度。

1. "欢乐饮食"的饮食态度

英语谚语"Eat to please thyself."（饮食是为了取悦自己）表达了西方人追求饮食愉悦的心情。不管是在饮食发达的今天还是物质匮乏的过去，追求愉悦的饮食享受一直都是西方人的精神需求。在英语中，表现"欢乐饮食"的饮食态度的谚语有：

- The greatest thing since sliced bread. 最受欢迎的人或事。
- For the dedication and live happier than for bread.

为美而献身比为面包而活着要幸福得多。

- Marriage is the most difficult love, because we must talk about it while eating bread.

婚姻是难度最高的爱情,因为必须边啃面包边谈它。

2."仓廪实而知礼节"的饮食态度

人类作为一种高级动物,在和其他动物的比较中,人类不仅仅懂得追求味道,而且能在追求饱腹之后,进一步寻求精神上的修养,人类文明也是如此一步一步发展起来的。关于"仓廪实而知礼节"的饮食态度,英语有相关的饮食习语,如:

· Everyone who is not with tears just eaten bread is not a man who knows the taste of life.

凡不是就着眼泪吃过面包的人是不懂得人生之味的。

· The best smell is bread, the best savor salt, the best love that of children.

气味再好不过面包,滋味再好不过食盐,爱心再大不过对孩子之爱。

· People cannot live without bread; people cannot live without the motherland.

人民不能没有面包而生活,人民也不能没有祖国而生活。

· Understanding is bread, which satisfies; wit is spice that makes it appetizing.

理解是面包,能满足人的需要;机智是调味,它使面包更可口。

3."重营养轻味道"的饮食态度

许多学者论述西方人对待食物的态度是随意,其中最著名的论述是至今广被引用的林语堂先生在《生活的艺术》一书中关于西方人对饮食的态度,"英美人仅以'吃'对一个生物的机器注入燃料,只要他们吃了以后能保持身体的健康"①。林语堂先生是经过非常严格英式教育的前辈,这番论述当然也是出于他的长期观察实践,正如,英国谚语所言"Bread nourish the body, and books enrich the mind."(面包营养身体,书却丰富头

---

① 林语堂. 生活的艺术[M]. 西安:陕西师范大学出版社,2006:324.

脑。）面包对于人来说的首要目的是营养而非味道是否到位，这也体现了英国人对饮食营养的选择。

（二）饮食传统

西方拥有悠久的历史和璀璨的文化，在社会的不断发展中，饮食习语也承载了彼此之间的饮食传统。

1. 追求朴素的饮食传统。在饮食谚语中，西方人对饮食的追求都是朴素的，他们不追求餐餐大鱼大肉，但求生活温饱，如：

· A crust is better than no bread. 一点面包皮胜似没面包。

· Bannock is better than no bread. 有玉米饼总比没有面包强。

· Dry bread at home is better than roast meat abroad. 在家吃干面包比在外吃烤肉好。

· Half a loaf is better than no bread. 半块面包亦胜无。

· Kail spares bread. 喝汤省面包。

2. 崇尚勤劳的饮食传统。没有一个民族是崇尚懒汉文化的，也没有一个民族不知道勤劳创造财富的真理。在以饱腹为目的的社会环境中，西方人形成了必须通过辛勤的劳作才能获取饮食资源的饮食传统。在英语中，通过"bread"反映勤劳的谚语有：

· Heroes often eat bread of suffering and trial. 英雄常食苦难与试验的面包。

· It's better to give him a fowling piece rather than bread. 给人面包不如给他猎枪。

· Play without work is like bread without salt. 不劳动的玩乐，就像没有放盐的面包。

· The bread of charity is bitter. 施舍的面包是苦涩的。

### 3."感谢食物"的饮食传统

西方人感谢食物,是感谢赐予食物的上帝。他们认为食物是上帝赐予的,正如英美电影里经常出现的镜头,有些英美家庭在就餐前会十指相扣,低头默语,感谢天主赐予的食物。其中关于西方人认为食物是天赐的另一依据就是大部分西方国民所信仰的基督教的《主祷文》中的"Give us this day our daily bread."(我们日用的饮食,今日赐给我们。)因此,在西方饮食传统中,有这样一个环节,就是"感谢食物",例如:

· God gave teeth, he will give bread. 上帝赐你牙齿,就会给你面包。

· Meat and Masse, never hindered man. 吃饭做弥撒,对人无妨碍。

### 4.预防饥荒的饮食传统

在任何国家,人们都会遇到难以预测的风险,未来的发展是不确定的,含糊不清的,人们在面对未来这个问题的时候总是抱有一种不安全感,甚至威胁感。西方人面对未来风险的方式是及时享乐,分散风险。与中国人节俭食物以预防饥馑发生的饮食传统相比,西方人更倾向于将未知的风险分散,即使遭受风险,也只是其中的一部分受损,正如"Do not put all your eggs in one basket."(不要把所有的鸡蛋放在一个篮子里。)西方人认为食物是上天赐予的,人只需要现在努力工作,所以从精神方面而言,西方人对未来是持有一种听天由命的态度,这种态度也影响到了英国人在饮食储备的问题上具有"防患于未然"的忧患意识,例如谚语:"He that keeps nor crust nor crum, weary of all, shall want some.(你不知道积谷防饥,活该啃不到面包皮。)

# 第五章
## 英语谚语与康巴地方语言中颜色词的语言世界图景

DI WU ZHANG
YING YU YAN YU YU KANG BA DI FANG YU YAN ZHONG
YAN SE CI DI YU YAN SHI JIE TU JING

## 第一节　英语谚语与康巴地方语言中颜色词的语用特点和语用功能

### 一、藏英语言世界图景中颜色词的基本特点

人类生活在五彩缤纷的世界里，随着对色彩的充分认识，表达颜色的词语也应运而生。颜色词，是语言中事物色彩描写的符号，最初是人类感官感受的记录，与人们的生活息息相关，是语言的重要组成部分。在人类认知系统中，颜色是人们对客观世界的一种感知，是人类与外部世界相互作用的感知表象，大千世界因绚烂的色彩而变得丰富有趣。Berlin 和 Kay 在对世界上 98 种颜色词进行研究之后，发现人类语言中共有 11 种基本颜色词范畴：white、black、red、green、yellow、blue、brown、purple、pink、orange 和 gray，即白、黑、红、绿、黄、蓝、褐、紫、粉、橙和灰色。[1]Kay 和 Mc Daniel 从人的生理结构和模糊学理论角度对基本颜色词的发生顺序作了调整，认为人类语言系统中主要包含 6 种颜色范畴，即红、黄、蓝、绿、黑和白。[2]我们在对颜色词进行语义分析时，不仅要考虑其物理属性，还应该考虑隐喻认知的内容。颜色词必定是通过隐喻来概念化抽象的感觉和体验。由于人类具有相同的认知机制，藏英人民对颜色词具有相似的隐喻认知。但由于藏英人民对颜色词的认知视角、源域的凸显程度不同，故颜色词隐喻文化中表现出独具魅力的民族性。

---

[1] Berlin Brent & Kay Paul. Basic Color Terms : Their University and Evolution[M]. Berkeley : University of California Press, 1969.

[2] Kay Paul & Mc Daniel, C. The linguistic significance of the meaning of basic color terms[J]. Language, 1978, 54（3）：610—646.

不论在藏语还是英语中，颜色词都有很强的内聚力，作为一类特殊的词群，是词汇系统当中的一个子系统，具有事物性、模糊性和隐喻性的特点。

事物性即指颜色词和具有颜色属性的客观事物之间的密切联系。在漫长的社会历史进程中，藏族和英语民族都已经形成了自己独特的色彩观，对不同颜色均赋予了某种不同的寓意、次重和等级，其中最常用和尊崇的主要有白、蓝、红、黄、绿等。自有文字记录开始，藏语就有颜色词的记录，这类颜色词往往是人们对某一具体事物的表达，如五种本源的象征色：白色代表云，蓝色代表天，红色代表火，黄色代表土地，绿色代表水。英语的 snow white（雪白）、sky blue（天蓝）、rose red（玫红）、yolk yellow（蛋黄）、grass green（草绿）。在藏语和英语中"白、蓝、红、黄、绿"五个颜色词，都是表示自然界事物色彩的词，这个阶段颜色词的颜色属性是与具体事物联系而存在的。而之后，颜色词从一些有颜色属性的名称转类聚合成一类词。

颜色的辨别有模糊性，具体表现在相邻的颜色辨识不明，要不就是互相借指，要不就是采用一个颜色词宽泛指代，如黄色和红色混淆，绿色和蓝色混淆，藏语中的"青"表示的颜色范围就很广，从绿、蓝到黑都包含。颜色是个很复杂抽象的概念，物理义上的颜色具有三个特性，即色相、明度和饱和度。色相即各种色彩的相貌称谓；明度则表示颜色的明暗，如黄色就比蓝色的明度高；饱和度则表示颜色鲜艳程度，也称色彩的纯度，如鲜红、鲜绿。这三种特性决定了颜色其实是个复杂的物理概念，人眼不易准确区分。在色相上，绿色和蓝色相邻，因此绿、蓝辨认模糊；黄色、绿色相邻，导致对新生的嫩叶颜色指代模糊；红色、紫色相邻，导致辨认模糊；红、黄相邻，导致橙黄划分界限困难。其次颜色包含浓淡明暗，常用表示饱和度和程度的词汇连用。对于黑、白两种颜色，表示饱和度和明度的"暗"和"明"两词则在人类认知中直接被划入颜色词的范畴。

  颜色词还具有隐喻性，每一个颜色词不仅仅有基本意义，而且还有着丰富的隐喻文化内涵。认知语言学家兰盖克认为，同时间域、空间域、情感域一样，颜色域是语言中最基本的认知域之一。以基本颜色"红色"为例，"红色"是色彩图谱中最基本的颜色之一，是视觉效果最强烈的色彩，也是藏语和英语中使用频率非常高的词汇之一。但是，由于隐喻的民族性，藏英人民对红色的隐喻认知表现出鲜明的文化差异性。例如：在藏族文化中，"红色"（dmar）是人们忌讳和厌恶的颜色。西藏高原常年冰雪覆盖，冰雪、蓝天、白云、草原是藏族人民接触较多的自然事物，在日常生活中"红色"不多见，只有每年宰杀牲畜时牲畜流出的血液才是鲜红的，因此人们常常把红色与杀戮、血腥的场面联想起来，进而"红色"成为藏族忌讳的颜色。"红色"在藏族文化里也意味着战争和厮杀，远古时期吐蕃的战士们出征时身穿红色长袍，他们也会在脸上涂上红色以示残酷。而在英语中，"red"带有贬义的文化意义，含有潜在的危险，极端的热情的贬多褒少的情况。美国学者阿思海姆在他的《色彩论》中说："色彩能有力地表达情感。红色被认为令人激动的，因为我们想到火、血和革命的含义。"如"the red rules of tooth and claw"意味着残杀和暴力统治。红色还象征激进、暴力革命，如"red hot political campaign"指的是激进的政治运动，"a red revolution"代表赤色革命。它还可以象征危险、紧张，如"red alert"是空袭报警、紧急报警。

  由此可见，人类对颜色的认知是逐步发展起来的，既与人的生理机制有关，又与语言文化的演变密切相关。颜色词包含丰富的隐喻语义，它们将随着时间、地点、通信对象和语言使用对象的变化而变化。因此，我们可以从颜色的具体性、情感因素等方面分析颜色词的隐喻性。

事实上，颜色词具有的事物性和多义性是所有语言中的颜色词共有的，这种共通性为我们进行颜色词的对比研究奠定了基础。然而，藏英语言中的颜色词表达方式多种多样，受生活环境、风俗习惯等的影响，颜色词的词汇成员、结构形态以及文化象征意义都存在着差别。

## 二、英语谚语与康巴地方语言中颜色词的语用功能

颜色是人类对客观世界的看法，人们生活在一个多彩的世界里，现实生活与颜色密切相关。在人类语言中，有很多符号记录颜色，即颜色词。因为所指对象的特性与颜色词本身有着各种特点，颜色词在语用中具有特别的功能，例如：衬托、夸大、比喻、象征等。

从语言实际出发，藏英颜色词的语言功能主要体现在以下三个方面：

一是"敷彩功能"，对客观事物固有色的描绘。

二是"指代功能"，确定颜色和它所指对象的各种关系。

三是"联想功能"，具有传达认识主体主观感受的功能。

（一）敷彩功能

《文心雕龙·情采》中说："故立文之道，其理有三：一曰行文，五色是也；二曰声文，五音是也；三曰情文，五性是也。"[1]《情采》本是论及文学的内容与形式的，而将"五色（青、黄、赤、白、黑）"列为"立文"之首，则足以说明色彩词的首要功能便是为其"敷彩"，就是用颜色词来修饰限定表示不同客观事物的名词，揭示不同事物的色彩特征。颜色词的这种"敷彩"功能充分体现了藏英人民对色彩美的认识，并使所描述的对象更为真实、生动和形象。根据颜色词在藏语和英语语言中的具体运用，人们常把颜色词的敷彩功能分为自然色敷彩和对比色敷彩。

---

[1] 韩泉欣. 文心雕龙直解[M]. 杭州：浙江文艺出版社，1997：181—182.

1. 自然色敷彩

对自然景物的敷彩，也是对客观事物固有色的描绘。在藏族谚语中，色彩词的这一功能最为多见，如：

· 黑鸟的影子投到白鸟身上。

· 绿叶是树木的装饰，彩虹是天空的装饰。

· 碧绿夏日有杜鹃，灰白冬日有大风。

上面几则藏族谚语使用现实的颜色词"黑""白""绿""红"等，具体、形象、生动地描绘了鸟儿、树木、夏日和冬日的特点。这些颜色词不仅有助于描写清楚不同的事物或人物，也可以表达特殊的心理感受。

在英语中，描述是指通过揭示其主要特征的任何现象的现实、对象、人的形象。英语颜色词的敷彩功能也有这样的作用，因此颜色词的敷彩性功能是其基本功能，如：

· Red clouds in the east, rain the next day. 东有火烧云，次日雨来临。

· White moon does neither rain nor snow. 月光银白，无雨无雪。

· White walls are fool's writing paper. 梅子越黑，梅汁越甜。

以上的英语谚语都是对物体自然颜色的描述，它们表达了物体的内在颜色。在含有颜色词"red""white"和"black"的英语谚语例子中，根据谚语所描述的情况，描述了物品的颜色，这充分反映了人们对颜色的认知。通过对颜色词的描述，可以使物体更具体、形象、生动。

2. 对比色敷彩

颜色的对比是凸显视觉形象美的基因，颜色词的对比最容易造成审美者心理上的视觉梯度，最能显示视觉的动态美。在藏语和英语中，有些谚语准确地运用颜色词进行对比描述，使颜色词的运用达到最强烈的效果，给读者以强烈的视觉冲击和艺术感染力，从而增强语言的生动性和形象性。如：

- 种上白的出白的，种上黑的出黑的。（白—黑）
- 白马鸡变成黑马鸡不难，黑马鸡却难变成白马鸡。（白—黑）
- 比红火还烫，比绿水还要凉。（红—绿）
- Pepper is black and snow is white.（black—white）
- A black hen may bring forth white eggs.（black—white）
- Old men were like looks gray headed and green tailed.（grey—green）

以上的英语谚语与康巴地方语言通过颜色词的对比运用，增强了颜色情趣的多样性，使我们认识到对比色敷彩在语言学习中强大的生命力。

（二）指代功能

从客观世界和精神观点上来看，语言是意义与形式的结合，表示自然、事物、现象，社会学认定语言中凡是词语都有指代功能，因此从社会角度上看，颜色词也有着重要作用。对"颜色"一词的标记其实是象征性的，由于颜色是象征性的，因此对"颜色"一词的标记功能是以颜色编码为基础的。在语言中，颜色词的指代功能很重要，因为颜色词可以简化一些经济、社会和政治现象，使形象更加生动。在藏语谚语中，单色词有这种参考功能，大部分是指本文列举的单色词，如黑色、白色、红色、黄色、绿色、蓝色等。有的谚语常常用简单的颜色词来表示复杂的意义，如：

- 白发老子红髓儿。（"白发"指代年老，"红髓"指代未成年）
- 晚霞是火，早霞是水。（"晚霞"为傍晚的红霞，指代晴天；"早霞"为早晨的红霞，指代雨天）

在颜色词语用功能的分析过程中，将一些藏语有关颜色词的短语翻译成英语，从中可以发现在这两种语言里短语基本是逐字逐句翻译的。例如：

· Care brings grey hair.("grey hair"指代年老，与藏语中的白发是异曲同工。)

·Red sky at night, sailor's delight. Red sky in the morning, sailor's warning.("red sky"红色的天空，"red sky at night"的意思是晚上天色红,指代晴天，"red sky in the morning"的意思是早上天色红,指代雨天。)

（三）联想功能

颜色词的联想功能是指使用颜色词时能与人们的感情产生联想。颜色由于渗入了人类复杂的思想感情和生活经验，就变得富有人性化和文化色彩，成为一种独特的思想表达。每种语言的颜色词在民族文化的特点与心理特征方面都有差别。在藏族谚语和英语谚语中，颜色词既有字面意义，又有联想意义，但通常字面意义已失去，理解的重点是联想意义，而且对于深层意义的理解，不能简单地将各个构成要素的语义相加，往往需要跨越字面意义，实现语义的转变，而这种语义转变需要依靠引申和比喻来实现。例如：在藏语和英语中，黑色一般被赋予贬义。藏族谚语"嘴比牛奶还白，心比木炭更黑"，比喻意义是"嘴上说的很甜美，心里却怀着害人的主意"，形容两面派的狡猾阴险。英语谚语"There is a black sheep in every flock."字面意思是"每个羊群里都会有一只黑羊"，其引申义是"害群之马到处有"。由此可见，黑色在藏语和英语中都有罪恶、黑暗腐败、险恶的意思。英语谚语与康巴地方语言中颜色词联想功能的一个明显特征，即一种事物或现象涵盖这一类的事物或现象，从中映射出具有这种特性的抽象意义。藏英人民看到某一种颜色，自然就会根据"颜色文化"而产生相应的色彩感情和联想。具体见表5.1.1：

# 第五章 英语谚语与康巴地方语言中颜色词的语言世界图景 | 227

**表5.1.1 藏英颜色词的联想意义**

| 颜色词 | 藏语中的联想意义 | 英语中的联想意义 |
|---|---|---|
| 白色<br>（藏语：dkar）<br>（英语：white） | 纯洁、善良、诚实、公正、正直 | 纯洁、正直、诚实、幸运、合法、懦弱 |
| 黑色<br>（藏语：nag）<br>（英语：black） | 肮脏、阴险、邪恶、罪恶、非法、不幸 | 死亡、凶兆、灾难、邪恶、犯罪、非法、耻辱、愤怒、不幸 |
| 红色<br>（藏语：dmar）<br>（英语：red） | 吉祥、喜庆、残暴、流血、繁华、革命、美丽 | 残暴、流血、激进、暴力、危险、紧张、放荡、淫秽 |
| 绿色<br>（藏语：ljang）<br>（英语：green） | 生机、活力、宁静、和谐、繁荣 | 青春、活力、新鲜、幼稚、没有经验、妒忌 |
| 蓝色<br>（藏语：sngon）<br>（英语：blue） | 智慧、冷静 | 高贵、忠诚、严厉、忧郁、色情 |
| 黄色<br>（藏语：ser）<br>（英语：yellow） | 权力、财富、神圣、威严、疾病 | 背叛、疾病、死亡、危险、卑鄙、胆怯、忧郁 |

颜色是一种自然现象，它通过人的感觉器官作用于人脑中的视觉细胞，使人获得一种生理上的反应。这种刺激反应由于所指对象的特殊性，在语言的使用中表现出不同的语言功能。藏语和英语谚语中颜色词的语用功能蕴含着一个民族丰富的文化积淀，反映出该民族的文化特点。色彩观是人类在观察世界、解释世界中形成的，是人类文化的重要内容。虽然颜色词在浩瀚语言词汇的汪洋大海里也就那么寥寥数个，但它们却构成了各式各样的谚语，为语言的表达增添了美丽的色彩。颜色词在藏

族和英语民族中的色彩运用，充分地表达了藏族文化和西方文化的鲜明特征，所体现的思想和文化内涵与自然环境和历史背景等元素密不可分。

## 第二节　英语谚语与康巴地方语言中"白色"的文化图景

### 一、藏英语言中白色原型范畴认知

"白"是出现得比较早的色彩词。在藏语和英语中，"白"本来指的是日光的白色。古人认为日光最耀眼时为白色，称日为"白日"。冬天下雪是自然现象，藏英人民都会看到雪花纷飞、冰雪覆盖大地的冬日景象。藏语谚语"如果三春阳光照，雪山就会真融化"和"雪狮不要离开雪山，国王不要离开宝座"都提到了雪山，可见白雪在藏族人民的心中扎下了根。英语中的"as white as snow"表达如雪一样洁白之义，"a white Christmas"白色的圣诞节，描写的是一个覆盖着雪的冬天的景色，用以表达人们对美好圣诞节的愿望。生存于这种自然环境中的人们一定会对白雪有直接的感性认知，强化人们对白色的认识。虽然藏英人民用不同的语言形式表达同样的自然景象，但他们对白色的认知是相同。这是因为人类具有系统的身体构造的感知器官，面对相同的物质世界，具备相同的感知、认知能力，一定能够获得相似的概念结构。

在"白"的义项范畴中，人们在看到"白"这个颜色词出现时，最先联想出来的一定是"白色"这个义项，所以"白色"可以看作是"白"这个颜色词的中心意义，同时也是使用频率最高的意义，如"白米""白鸟""白雪""白马""白板"等词汇都是具有"白色"属性的事物。通过对这样具有"白色"属性事物的认知，人们发现在共同具有"白色"这一属性的事物范畴内还具有一些其他的属性存在，比如"洁净""明亮"这些属性的发现促进了"白"这个颜色词下义范畴的发展。人们通过类比创造出了"白心""白天"这样的词汇，它们本身并不是白色的，但是在人们的认知中，一想起这些词，总是会联想到具有"白色"这个中心意义的事物具有"洁净""明亮"这样的属性，人们将具有这样属性的词用相同的方法创造出来，于是一遇到这样的词汇内心中就联想出白色事物特有的"洁净"和"光明"，又进一步引申出了"白"是"洁净""光明"的义项。

通过"白色"这个中心意义，"白"还引申出了"空白、无所有"这样的义项，这样的义项又被进一步地细化分为"空白""没有效果"等义项，这样义项的增加足以看出人们在"白"这个范畴内对下义范畴使用的增加，下义范畴词数量的增加与频繁的使用，促进了下义范畴重新作为范畴进一步出现下一个范畴。人们对这个世界认知范畴的不断扩大，对"白"这个颜色词其他义项的衍生也产生了重要的影响。

## 二、"白"（dkar）在藏语谚语中的语义和文化内涵

藏族是崇尚白色的民族，其俗以白为善，以黑为恶。藏族人民世代生活在青藏高原上，青藏高原是世界上最高的高原，有"世界屋脊"和"第三极"之称。高原上还有很多冰川和雪山，雪山是藏民的终年伴侣。雪以其独特魅力召唤着人们的心灵，赋予藏族做人的道理、信念、人格和情操，铸建了藏族的性格，藏族逐渐崇尚白色，认为白色代表美好、纯洁、吉祥等。

在纺织品还未出现时，藏族先民则以羊毛、糌粑或白石等白色物品来表达洁白无瑕之意；藏族姑娘出嫁喜乘白马；藏族喜在房屋墙壁上用

白色粉涂成一行行的圆点庆贺藏历新年。在日常生活中，藏族人们喜欢借用白色的哈达来表示祝福，这表明白色在藏语中深含"吉祥、如意"之意。藏族在婚丧嫁娶、各种礼仪庆典等活动中都惯用白色，以示"真诚、纯洁"的意思。在藏语中秉性善良，待人真诚的人，被称为有着洁白心灵的人；劝诫世人，弃恶扬善，称之为"造就白业"。藏语中的白色同样含有善良、正义、忠诚、清白、无罪等内涵。如：

ngo（头）dkar（白色）：笑脸。

dkar（白色）las（行为）：善业、善事。

blo（心）dkar（白色）：忠诚。

dkar（白色）gsal（气体）：明亮、皎洁。

dkar（白色）chos（方法、法令）：善法。

mi dkar（白色）zhwa nag（话）：栽赃诬陷。

dkar vdon，dkar po byin：平反、昭雪、清白。

在藏族谚语中，"白色"具有如下语义：

（一）白色事物及其引申义

· 苍天常在，白云不留。

· 神殿无人管，岩石涂白灰。

· 白石头滚下坡，黑石片不会碎。

· 木炭虽在水中洗，颜色仍然变不白。

· 石砌房墙根基稳，三块白石头立房顶。

（二）表示明亮、光明

· 白天是神，夜间是鬼。

· 有知识好比白天，无知识如同黑夜。

## （三）表示干净、纯洁、清楚

- 容颜好似白莲花，心中却是黑如炭。
- 皮肤生来不白皙，水加"苏巴"①洗不白。
- 用洁白的哈达表敬意，用甜美酒浆待客人。
- 洁白的瓷碗装着洁白的牛奶，洁白的心胸装着洁白的情意。

## （四）表示宁静、和平

- 地方白如酪，搅得血般红。
- 安宁如洁白的奶酪，争斗似卷血的浪波。
- 残暴者的心目中，阎罗关隘是白的。

## （五）表示善良、忠诚、正义、好人

- 话比乳酪白，心比刺儿尖。
- 心如海螺白，意似箭杆直。
- 死前心地洁白，死后骨头洁白。
- 好人如果遭诬陷，割掉脖子流白血。
- 父辈正直如阳光，母辈洁白如海螺。

## （六）表示清白、无罪

- 心中洁白如牛奶，立身谨严似锁簧。
- 宁要清清白白的声誉，不要富丽堂皇的外衣。
- 黑帽子加在清白人的头上，黑笼头套在白马的嘴上。
- 清白好人受惩罚，无辜河水桥隔断，笔直的树遭砍伐。

---

① 苏巴：植物名，可做洗涤液。

## （七）表示年迈、苍老

- 只要活到老，头发总会发白。
- 人到白头权力小，鸟到老时羽毛少。
- 从小想见格萨尔，头发等白也不来。
- 顶上的头发已花白，口中的牙齿已脱落。

## （八）表示徒劳、没有效果

- 官司靠钱打，有理也白搭。
- 长线用在路途上，长长生命白白度。
- 劝诫恶人白费力，阻拦恶狗不顶事。
- 遥拜嘉绒墨尔多神山，白白浪费了母亲的盘川[①]。

## 三、"白"（white）在英语谚语中的语义和文化内涵

英语中白色这种颜色属于纯色系，根据《牛津英语辞典》记载：White: resembling a surface reflecting sunlight without absorbing any of the visible ray; of the color of milk or fresh snow.[②] 白色物质给人以干净、洁白的感觉，可以使人产生如下一些联想。在英语文化中，白色是一种崇尚色，白色常代表"好的"和"正面"意义。在艺术中，白色表示忠诚；在丧礼中白色表示希望；西方新娘的白色婚纱代表纯洁和幸福。

从"白色"语义的来源特点看，可分为三类，即："源于颜色表达的白色词""源于明暗表达的白色词""借物呈色的白色词"。"白"与"黑"相对，除了表颜色，同时也和光线有关，有光照的地方，呈现出

---

[①] 盘川：路资。旅途用费及干粮等必需品。

[②] Illustrated Oxford Dictionary[M]. Oxford University Press，1998：952.

明亮的色彩，没有光线的地方，则一切都是黑的。白色的语义场还有"空白""空无"等空间域语义，该引申义来源于"白纸，没有字的纸张"的语义拓展，进一步引申出"没有效果的、单调的、消失、删除"等系列语义。根据英语白色语义场的词义及词源，英语"白色"有三个核心语义空间，即"白色""明亮""空"，其它语义基本围绕这三者展开，具体如下：

（一）"白色"类语义

1. 白色本义：白色的，像雪一样的颜色

· Every white has its black, and every sweet its sour. 有白必有黑，有甜必有苦。

· A white frost never lasts more than three days. 白霜不会持续三天。

· All are not cooks sport white caps and carry long knives. 戴白帽操菜刀的人，并非都是厨师。

2. 表颜色浅

· white meat. 色浅的嫩牛肉、猪肉或煮熟的鸡鸭肉。

· white coffee. 加入牛奶（奶精）的咖啡。

· white wine. 白葡萄酒。

3. 银色的，可指代白银或银色金属

· white money. 银币。

· white smith. 银匠、锡匠、镀银匠。

4. 由白色引申出干净、纯洁，并进一步引申人的道德高尚等相关语义

（1）干净、纯洁

· A crow is never the whiter for washing herself often. 乌鸦不管怎样经常洗澡，也不会变白。

· A crow is never the whiter for washing herself often. 江山易改，本性难移。

（2）心地善良的、无恶意的

· a white lie. 善意的谎言。

· a white sheep. 好人、善人。

· a white witch. 做善事的女巫。

（3）清白的；坦诚的，诚实

· white-handed. 正直的、廉洁的、清白的。

· White hands are no offence. 清正廉洁无罪。

· a white man. 忠实可靠的人。

· This is very white of you！ 你真诚实！

（4）表示优良的品质、优秀

· A black hen lays a white egg. 黑鸡下的是白蛋。

· He who has a white horse and a fair wife is seldom without trouble. 倘若妻俊马俊，一世难得安静。

· I had rather ask of my fire brown bread than borrow of my neighbor white. 我宁愿要我的黑面包，也不愿向邻居借白面包。

5. 白色事物及其引申义

（1）白旗

· a white flag. 白旗（表示投降）。

（2）眼白

· turn up the whites of one' s eyes. 翻白眼(表示为难、失望、愤恨或不满)。

（3）白领

· white collar. 白领，非体力劳动者。

（4）白发，年纪大的

· A fool' s head never whitens. 傻子没心事,到老不白头。

· Age makes many a man whiter, but not better. 年龄不能使人更好，却能使人更老。

（5）比喻昂贵而无用的东西，累赘，包袱

· a white elephant 白象（白象在东南亚一带被视为神圣而不能役用的动物，被英语借用来比喻既费钱又费事的累赘东西。）

（6）不流血的

· a white war of propaganda. 一场不流血的宣传战。

（7）比喻胆小懦弱

· to show the white feather. 表现胆怯。

· white-livered. 怯懦的、胆小的。

6. 表示"是"，"对"

· Say black is white. 颠倒是非。

· Think only in terms of black or white. 认为凡事非绝对好便是绝对坏。

· To think black for white, and wrong for right, and knows not cheese from chalk. 对与错，天壤之别。

7. 变白与发白所产生的引申义

· His face was white with fury. 他气得脸色发白。

· She went white with fear. 她因恐怖而面无血色。

· Her dress paled before that of her hostess. 她的衣裙和女主人相比显得黯然失色。

8. 表示程度较深的相关引申义

· a white hope. (团队、组织等) 被寄予厚望的人。

· white son. 亲爱的儿子。

· white moments of life. 人生得意之时。

9. 白色在人类认知中的心理效应及引申义

（1）幸运的，吉利的

· a white day. 吉日。

· white wedding. 吉祥的婚礼。

（2）虚伪、不真诚

· The white devil is worse than the black. 伪装的坏人更厉害。

(二)"明亮"类语义

1. 光明的，光亮的

· the white way. 白光大街（指城里灯光灿烂的商业区）。

· a white night. 不眠之夜。

· to stand in a white sheet . 当众忏悔。

2. 光明正大的，合法的，经认可和批准的

· white market. 白市（合法交易，和黑市相对）。

· white list. 白名单（经认可和批准的一览表，和黑名单相对）。

(三)"空"类语义

1. 空的，空白的

· a white space. 空白处。

· white sale. 大减价，亏本甩卖。

2. 使变空

· white alert. 解除警报。

# 第三节 英语谚语与康巴地方语言中"黑色"的文化图景

## 一、藏英语言中黑色原型范畴认知

"黑"也是出现得比较早的色彩词。黑色是夜的颜色。在漆黑的夜里，人们伸手不见五指，看不到周围的一切，这种"未知"状态，不管你是何方人士，都会感到害怕和恐惧。从物理学上看，黑色的视觉感知是由其他的可见光被完全吸收而引起的。在不同民族文化的影响之下，"黑色"在各民族语言中会生成内涵不同的认知。

在"黑"的义项中，"黑色"这个义项作为具有"黑颜色"属性物体的基本范畴，是人们在接触到"黑"时首先被联想到的义项。人们发现了"黑烟""黑炭""黑羊""黑猪"具有"黑色"属性的事物，在归纳这些事物共同具有的属性之后得出了"黑色"的基本层次范畴，也就是"黑"的中心意义。而"黑色"这一基本层次范畴的确定也促进了具有另一种相同属性的"黑"的下义范畴出现和发展：人们发现"黑夜"时的"昏暗无光"，在这些下义范畴中依然可以看到"黑"这一整体范畴中的"黑色"这一中心意义。但由于人们认知心理的影响，人们在认知到"黑色"这一基本范畴时，更多的感受是"光线昏暗"，于是人们在对"黑"这一颜色词的使用中衍生出了具有另一种共同属性的义项。人们在"光线昏暗"的情况下，感受到了环境带来的恐惧，出于对这种未知表现出的恐惧，创造"黑暗""黑褐""黑气"这些下义范畴，在这样的词语里人们体会到的更多是恐惧带来的"不祥的"心理感受，于是在词汇的使用中人们赋予了"黑"这个颜色词"不祥、邪恶"的含义。

相同的,在农耕文明发达的古代,农业生产占据了人们认知中的很大部分,所以在提起"黑"这一颜色词时,人们还会联想到"黑色的黍米""黑色的牲口"这样的义项,但如今这两种义项已经随着文明的发展和变化而不再使用。现在的"黑"又出现了"私下的,秘密的,非法的"这样的意义,这个意义的出现与人脑中对社会的认知是分不开的。"黑帮""黑箱操作""黑车""黑户""黑金""黑货"等词语表面看上去可能已经与"黑色"这个中心意义没有什么直接的关联,但是究其本质,这些词语都是不符合政治、法律需要,而是在暗地里运作的事物,那么人们认知中黑夜与黑暗恰好创造了这样的环境,人们在看到这些词语时,总会联想到"黑夜"与"黑暗"的环境,人们利用这样的环境认知创造了这一系列的词语象征具有这一属性的事物,于是在"黑"的范畴中衍生出了新的意义,形成新的义项。

从"黑色"语义的来源特点看,可分为三类,即:"源于颜色表达的黑色词""源于明暗表达的黑色词""借物呈色的黑色词"。

## 二、"黑"(nag)在藏语谚语中的语义和文化内涵

在藏族文化中,黑色象征威猛、狰狞、恐怖以及脱离光明之黑暗,常见"其身黝黑宛若乌云""肤色黢黑,令人生畏""敌头将被黑色牛毛织品所蒙蔽"等用于比喻方法。黑为"恶"和"不吉祥"的象征,可以避邪、驱魔、消灾。黑色作为暗色系,在藏语中多为"非正义、恶、不道德、黑暗、不光明"等反面的含义。例如:

nag(黑色)yes(事情):犯罪。

nag(黑色)khrom(市场):黑市。

nag(黑色)sems(心肠):黑心。

nag(黑色)las(行为):恶业。

rngul（汗水）nag（黑色）：大汗。

nag（黑色）nyes（人）：要犯、大罪人。

nagtsong Ma：给人带来不吉的女人。

（一）黑颜色

· 黑云带来冰雹，打坏庄稼的穗头。
· 虎皮虽被熏黑，仍列九品首位。
· 金子越磨越亮，木炭越洗越黑。
· 花喜鹊的鸟窝里，怎会出现黑色的雏鸟。

（二）表示污秽

· 一块黑牛粪，一朵金蘑菇。
· 不摸锅底手不黑，不拿油瓶手不腻。
· 纯洁绸缎幔帷，缝上了黑色粗毛镶边。
· 牛粪虽黄变不了金子，污水虽黑成不了菜油。

（三）表示坏的、邪恶、阴险狠毒

· 嘴甜如蜜饯，心黑似墨汁。
· 自己无罪孽，哪怕黑地狱。
· 天下乌鸦一般黑，坏人心肠一样黑。
· 穷人的心比海螺白，富人的心比黑炭还黑。
· 跟上坏人会染上恶习，靠上饭锅会染上黑灰。

（四）表示阴暗、轻视、受冤枉

· 白马不怕挂黑缨，白人不怕戴黑帽。

·是白马不挂黑缨，是好人不受污蔑。

·给白人戴黑帽，给白马配黑鞍。

（五）表示"非""错"

·是非黑白要分清，忌恨疙瘩要解开。

·乌云遮不住太阳的光辉，木碗盛不下大海的水，白的不能说成黑的。

（六）表示缺点、弱点

·乌鸦说猪黑，自己不觉得。

·每粒豆都有黑嘴，每个人都有弱点。

·白毡不洗会变成黑毡，好人不改正缺点会变成坏蛋。

（七）表示丑、品质不好

·白吃包子嫌面黑。

·即使穿上绸缎，影子也是黑的。

·容颜虽黑心地白，容颜虽白心地黑。

（八）指代黑色的人或物以及它们的引申义

·富不富，看黑（牦牛）白（羊）。

·不论怎样辛苦，只得黑水[①]一瓢。

·制人要有小黑字，制畜要有小花绳。

---

①黑水：此处指清茶。藏族清茶，又称"盐茶"，是取适量敲碎的砖茶放入锅中，加食盐和水同煮。沸滚后几分钟，滤出茶水置于其他容器中，将茶渣再加水煮，重复几道之后，视茶汁转为清淡，则可以将几次滤出的茶汁混合盛在容器中。就餐时，盐茶与糌粑同食，香浓可口。

- 面对阳光和死神，黑头人类都平等。
- 不会听话的黑头是疯子，不肯吃草的黑毛是病畜。

（九）表示黑暗、黑夜、不光亮

- 要走天昏黑，欲哭难出声。
- 肉房虽然漆黑，肉条却有数。
- 消除黑暗靠明灯，扫除文盲靠老师。
- 挨过黑夜的人，才知道白天的可爱。

### 三、"黑"（black）在英语谚语中的语义和文化内涵

在英语中，黑色既有字面含义，也有一定的象征意义。它的字面含义在《牛津英语辞典中》载：Black : very dark, having no color from the absorption of all or nearly all incident light ( like coal or soot )。自古以来，黑与白便是黑暗与光明的象征。人类之初，追求光明，厌恶黑暗，这是人类生存的一个普遍规律。黑色在西方文化中是基本禁忌色，体现了西方人精神上的摈弃和厌恶。它象征死亡、凶兆、灾难，还象征邪恶、犯罪。如："Black Friday"指"不幸的星期五"，星期五是耶稣受难日，即有任何灾难发生的星期五，所以主凶。在西方的原始社会中，丧礼上一定少不了黑色，人们把它当作躲避死神的"伪装色"。如果家里有人去世了，死者的亲人就会迅速地寻找黑色的布匹、干草甚至泥巴，要么用黑泥涂满全身、裹上干草，要么就用黑色的布料把自己打裹得严严实实。之所以这样，是为了躲避来家中收割灵魂的死神，不让死神认出来。久而久之，在葬礼中采用黑色就成了西方人的习惯。美国的丧葬礼仪中，所有的灵车一律为黑色，车窗遮有黑纱。送葬人一律身着黑色系的衣服，男子打黑色领带。参加者身着黑色的衣服或佩戴黑纱，表示对逝者的哀悼。人们需

要黑色文化来摆脱恐惧（死亡的恐惧）并将它形象化和实在化，这是人们潜在的需要。

根据物理光学原理，人类对不反射任何光线的物体颜色定义为黑色，对较少或几乎没有光线进入眼睛的感知称为黑暗。因此，黑色语义场围绕"黑色"和"黑暗"两个核心语义展开，所有语言的黑色语义场都有这两个语义概念。英语黑色语义场中两大核心语义具体如下：

（一）"黑色"类语义

1. 黑色的

·as black as pitch. 像沥青一般黑，深黑色。

·Black will take no other hue. 黑不上色。

·A black plum is as sweet as a white. 黑梅白梅一样甜。

·Every white has its black, and every sweet its sour. 有白必有黑，有甜必有苦。

2. 表颜色深，逐步演变为污点，进一步隐喻为名誉污点等，并由此通过因果关系演变出下列相关语义：

（1）表颜色深

·black tea. 红茶（中文翻译成红茶而不是黑茶）。

·black coffee. 不加牛奶的咖啡。

（2）污点、肮脏，名声不好的，过错

·The richer the cobbler, the blacker his thumb. 鞋匠越富，指头越黑。

·Mock not a cobbler for his black thumbs. 不要嘲笑皮匠的黑拇指。

·A black shoe makes a merry heart. 干活辛苦能赚钱，虽累犹喜。

（3）抹黑、诽谤、污蔑、讹诈

·black mail. 讹诈、勒索。

·blacken one's betters. 诽谤自己的上司。

·darken one's reputation with lies. 用谎言毁损某人的名誉。

（4）缺点、缺陷、丑

·Every bean has its black. 每颗豆子都有黑点。（喻：人人都有缺点。）

·The kettle calls the pot black. 锅嫌壶黑。

·Black cows give white milk. 黑牛挤白奶。

·A black man is a jewel in a fair woman's eye. 美人如有情，黑男成俊郎。

3. 颜色变黑，用于指皮肤、脸色或植物的外表等，由此引申出下列相关语义：

（1）发怒，由生气而进一步引申为发怒，不仅用于脸色，也可用于眼色

·black in the face. 满脸怒气。

·as black as thunder. 勃然大怒。

·black eyes. 丢人现眼。

（2）受到打击，挫折

·give one's pride a black eye. 给某人的自尊心以沉重的打击。

（3）皮肤青肿，遍体鳞伤

·black and blue. 青一块紫一块，遍体鳞伤。

4. 黑色的人或物以及它们的引申义

（1）黑字，引申为书面的或财务显示盈余的记录

·be in black and white. 白纸黑字；立据为凭。

·in the black. 处于黑字状态，有盈余或结余。

（2）黑人，黑人的

·the black vote. 黑人选票。

·He works like a black. 他像黑人一样地劳作。/他拼命工作。

（3）指代黑衣或丧服

·She looks good in black. 她穿黑衣服好看。

·wear black for one's father. 因父亲逝世而穿丧服。

由于黑色给人以朴素、庄重的印象，因此在世界多数国家黑色都作为丧服和丧礼的颜色。而且为了体现威严，各国政要、商界名流在重要的场合均身穿黑色服装，如：

·black suit. 黑色西装。

·black dress. 黑色礼服。

5. 表示"非"，"错"

·Say black is white. 颠倒是非。

·Two blacks do not make a white. 两个错误不等于一个正确。

（二）"黑暗"类语义

1. 因光线不足导致的黑暗，由看不清楚而引申出下列相关语义

（1）黑暗，黑夜

·A good name keeps lustre in the dark. 好的名声在黑暗中也会光芒四射。

·Every dark cloud has its silver lining. 朵朵乌云衬白底，黑暗尽处是光明。

·Lack of knowledge is darker than night. 没有知识比黑夜还要黑。

（2）不清楚、模糊、隐晦难懂

·a dark saying. 意义晦涩的谚语。

·the memory of it darkened. 对这件事的记忆逐渐模糊了。

·The meaning is still dark. 意思仍然模糊。

（3）不为人知的，出人意料的

·dark horse. 黑马。

·dark hole. 黑洞。

（4）秘密的、非法的

·black radio. 秘密电台。

- keep dark. 对……保密，隐瞒，隐藏。
- black market. 黑市；非法的市场。
- a black economy. 为逃税进行的非法经济。

2. 黑暗的认知心理效应及其引申义

（1）阴森可怖的，魔鬼的

- a black man. 魔鬼。

（2）阴险卑鄙的，邪恶的，坏的

- A half truth is the blackest of lies. 真假参半的谎言最险恶。
- The devil is not so black as he is painted. 魔鬼并非如描绘的那样坏。
- It is a small flock that has not a black sheep. 有羊群就有黑羊。
- There is a black sheep in every flock. 害群之马处处有。

（3）阴郁的，郁闷的

- be in a black mood. 情绪低落。
- darkness of mood. 郁闷。
- have the black dog on one's back. 心情抑郁。

（4）悲观的，前景暗淡的

- black thoughts. 悲观的思想。
- a black outlook. 暗淡的前景。
- Things look black. 看来情况不妙。

（5）灾难不祥的

- a black letter day. 倒霉的一天。
- the black news. 噩耗。
- black words. 不吉利的话。
- The black ox never trod (or trampled) on his foo. 灾祸已降到某人头上。

（6）以夸张反讽手法揭露社会阴暗面的戏剧、电影、笑话

· a black joke. 黑色笑话。

· black comedy. 黑色戏剧。

## 第四节 英语谚语与康巴地方语言中"红色"的文化图景

### 一、藏英语言中红色原型范畴认知

红色在可见光谱中波长最长、振动频率最慢，是人类视觉最先、最易感受的色彩之一，也是人类最早认识和使用的色彩之一，在柏林凯的颜色排序中位于第三位。在各原始民族的生活中，红色的自然事物占有极为重要的地位，如太阳、火和血。红色总是让人们联想到太阳和火，这两者使人类生活在一个充满光明和温暖的世界中。因此，藏英人民崇尚和偏爱红色，是原始和早期文化的一种普遍现象。

由于古代的人们对大自然缺乏科学的认识，往往对自然界的事物有一种本能的崇拜。在"红"的义项中，"红色"这个义项作为太阳、火和血的共同表征，是人们在接触到"红"时首先联想到的义项。人们发现了"红太阳""红火""红血"，具有"红色"属性的事物，同时也是使用频率最高的意义。在归纳这些事物共同具有的属性之后得出了"红色"的基本层次范畴，也就是"红"的中心意义。随着社会的发展，人们的思维方式也发生了很大变化，从语言的经济性和实用性原则出发，最终将"红"作为泛指所有"红色"语义的基本色彩词。

藏英人民在认知到"红色"这一基本范畴时，由"红"联想到"火"，

并引申出"炽热",由此进一步引申出"热情或热切"的情感;由于红色是光的三原色和心理四色之一,红色醒目,红光波长最长,振动频率最低,散射弱,穿透力强,最容易被眼睛感知的颜色,"红"的醒目和"火"的危险性,"红"色几乎成了所有语言的"警示提醒"色;由"红"色还联想到"血",在藏语和英语中引申出"血腥暴力"的语义,并由"染血的红旗"引申出"革命"之义。在英语中,"red"定义为像血一样的颜色,故常让人联想到车祸、死亡、暴力或战争等血腥场面,所以"red"的概念域便映射到危险场所,英语中"see the red light"表示察觉到危险;"red in tooth and claw"表示残酷无情、血淋淋;"red alert"指空袭时的紧急警报等。随人们认知范畴的不断扩大,"红"这个范畴内对下义范畴的使用也在增加,下义范畴词数量的增加与频繁的使用,促进了"红"这个颜色词的其他义项的衍生。

## 二、"红"(dmar)在藏语谚语中的语义和文化内涵

藏族人们的审美观念中偏爱黑、红等深色。在古代,藏族先民最初的色彩概念"红"是指肉类,"白"是指乳品。时至今日,藏族宴席有荤席,藏语称"玛尔段",直译为"红筵";在祝寿、善行庆典则设素席,藏语称"杂尔段",直译为"白筵"。所以,在藏族的色彩崇拜中,"红"具有杀戮的象征意义。古时吐蕃出征将士身着红色战袍,有时还把面部涂红以显残暴。在藏语中,"红"的转义是以其色与血肉相联系,可以引出"荤腥""血腥"和"凶兆"的含义。谚语"在作恶者的眼中,后世的道路都是红的"中的"红"指不吉利、坏的。谚语"属于红色系的狗,除了贼狗以外没有其他本事",体现藏族在心理上赋予"红色"一词的是厌恶嫌弃的感情。

红色作为藏族民俗中常见的颜色之一,具有吉祥、喜庆之意,因而常把它与求子、贺生、订亲、结婚等美好的事物联系在一起。

藏语的"红"是血液的颜色,为生命的象征,从而引申出直接、赤

裸、杀生、血色等义。如：

dmar（红色）ngo（头）：血光、凶兆。

dmar（红色）khrid byed（教）：直接传授。

dmar（红色）hrang ba（身体）：裸体。

klad（全部）dmar（红色）：秃顶。

受其他语言的影响，红色也有进步的、革命的意义，如：dar dmar 即红旗。藏语红系颜色词语义共归纳分为五类，具体如下：

（一）红色的本义

· 红花不香，香花不红。

· 红花虽美，须有绿叶陪衬。

· 真正的珊瑚，用不着上红油漆。

· 花不是朵朵红，人不是个个忠诚。

· 鲜花虽小是贡品，红花虽小是药品。

（二）红色的（人）物语义及其引申义

1. 鲜血、流血的

· 地方白如酪，搅得血般红。

· 白要白得像奶酪，红要红得像鲜血。

· 翻炒青稞的黑火棍，搅弄鲜血的红筷头。

· 红黄是颜色之花朵，红黑是颜色之刽子手。

2. 红色服饰象征身份、地位

· 佯装富有，裤穿洋红色；不穷装穷，补丁斜着打。

· 三座高山属党项，党项后裔应戴红尖帽（帽垂红穗）。

3. 带红色的事物，如珊瑚、宝石、玫瑰、红糖、葡萄酒等

- 红珊瑚肚子里，填满了黑丝线。
- 红糖好吃不耐久，糌粑不甜能充饥。
- 红蓝宝石价连城，珍馐美酒人人爱。
- 涂金粉的佛像，满身却是红柳架。

4. 象征革命、共产主义

- 得心应手的红缨枪，枪口指谁自知晓。
- 跟着红军打天下，报仇雪恨享太平。

第一次国共内战的时候，尤其是红军长征期间，藏族用"红汉人"来称呼红军，用"白汉人"来称呼国民党军。

5. 天气：雷、云彩

- 电光闪闪红光耀，丝丝细雨甘露流。
- 夏天晨雨红电光，会引霹雳震世界。
- 黑云夹着红云跑，时刻警惕降冰雹。
- 白岩似乎很坚固，红雷可以将它毁；檀林似乎很茂密，红火可以将它毁。

（三）表示权威

- 黑色文字未褪色，红色印章未遗失。

（四）吉祥的，幸运的，兴旺的

- 甘蔗老来甜，辣椒老来红。
- 恶人临入地狱，红运大走一阵。

（五）比喻花的盛开

- 花无百日红，信义朋友少。

・人无百日好，花无千日红。

（六）变红与发红所产生的引申义

1. 嫉妒、羡慕

・别人吃蒜眼红，自己吃蒜嘴辣。

・假如手掌长有毛，长官便会眼红。

・别人发财你眼红，自己发财却炫耀。

2. 因害羞、尴尬、生气、饮酒等脸红的（由于血液涌上而使皮下发红）

・青酒红人面，白银黑人心。

・乌云密集，暴雨就要来临；脸红筋胀，盛怒即将发作。

3. 燃烧的；炽热的，烧红的

・比红火还烫，比绿色还要凉。

・是白银还是铅锌，放进红炉能分清。

・红火燃烧如过度，沸水也可熄灭你。

・不能动的是烧红的铁，不能吃的是孔雀胆。

・熊熊燃烧的红烈火，绝不让茂林树木长得旺。

4. 红舌头，指嘴巴

・冬天注意瓦器，四季注意红舌头。

・如果不管红舌头，圆圆脑袋会遭殃。

・夏天护铁冬天看好陶，不分冬夏管好红舌头。

5. 严厉、正直

・一会唱红脸，一会唱白脸。

此谚比喻在解决矛盾冲突的过程中，一个充当友善讨人喜爱的角色，另一个充当严厉惹人厌的角色。在藏戏中，红色面具象征权力、正义，表示足智多谋、智勇双全。凡扮演国王、大臣者均戴红色面具。

## 三、"红"(red)在英语谚语中的语义和文化内涵

从词源角度看,"red"即"of the colour of fresh blood, rubies, human lips, the tongue, maple leaves in autumn, post-office pillar boxes in GB; of shades varying from crimson to bright brown (as of iron rust)"(《牛津现代高级英汉双解词典》)。可见,"红"的原型义属于颜色域范畴,比如:red rose(红玫瑰),red wine(红酒),red brick(红砖)。在人类认知域中,"火"是一种能给人带来温暖的意象,"red"象征着庆祝、快乐和幸福,例如:"a red letter day"表示喜庆的日子、纪念日,此说源于日历中的圣诞节或是一年中的其它纪念日都是用红色标出的习惯;"to paint the town red"字面意思是"把整个城市都涂成了红色",习语中红色代表成功、喜悦和欢庆,所以人们用这个习语来表达"狂欢作乐";"red carpet"是迎接贵宾所铺的红毯,"roll out the red carpet"即指"隆重欢迎"。以上这些习语都使用了"red"一词。除此之外,国外的重大节日圣诞节也经常出现红色,圣诞老人的衣服是红色的,用来收礼物的袜子也是红色的。在西方文化中,红色用来象征生命、火焰和血液。英语红色的语义基本围绕上述朴素认知展开。根据语义成分中凸显的要素,英语"红"具有如下语义:

(一)红色的本义

· A red jacket doesn't match green trousers. 红上衣与绿裤子不相配。

· My love is like a red rose. 我的爱人像朵红玫瑰。

· The ruby shall be redder than a red rose and the sapphire shall be as blue as the great sea. 红宝石将比红玫瑰还要红,蓝宝石像大海一样蓝。

## （二）变红与发红所产生的引申义

· A man heats his iron until it be red hot. 把烙铁烧红。
· When fern grow red then milk is good with bread. 当蕨菜变红时，牛奶配面包最佳。

## （三）表示事物的优良品质

· A red cow's milk is restorative. 优良牛奶能恢复体力。
· A red cow gives good milk. 优良的奶牛产好奶。
· Red wood makes good spindles. 好木可制成好纺锤。

## （四）指面色透红，有光泽

· Cheese and bread make the cheeks red. 乳酪加面包能使你满面红光。
· A red-nosed man may be a teetotaler but no one will believe it. 人们往往以貌取人。

## （五）与天气有关，喻指朝阳、夕阳、红霞

· A red sky at night is the shepherds' delight. 夜空红彤彤，牧人兴冲冲。
· Evening red and morning grey are the signs of a fine day. 晚霞红，晨雾蒙，天会晴。
· An evening red and morning grey will set the traveler on his way. 天空晚上红，早上灰，打发旅者去上路。

## （六）表示警示、提醒的语义及引申义

· a red balance sheet. 有赤字的资产负债表。

- red tape. 官样文章。
- the red cap. 车站上的搬运工。

（七）代表鲜血、暴力、罪恶、放荡、仇恨和危险等

- wave a red flag. 做惹别人生气的事情。
- be red with anger. 愤怒。
- a red battle. 血战。
- the red rules of tooth and claw. 残杀和暴力统治。
- sell one's birth right for some red bean stew. 见利忘义。
- red-light zone. 红灯区（妓女出没的场所）。
- have red hands. 杀人犯。
- red political campaign. 激进政治运动。

## 第五节　英语谚语与康巴地方语言中"黄色"的文化图景

### 一、藏英语言中黄色原型范畴认知

"黄色"这一义项作为颜色词中具有"黄色"属性事物的基本范畴词，由于人类认知水平的发展限度，出现得要比"白色"和"黑色"晚很多。Berlin和Kay认为在颜色的连续体上有11个心理定位的焦点或地区。藏语和英语对于它们划分的意义连续体的边界有不同，但对于大体意义相等的颜色词中心或焦点却完全一致。当一种语言中只有2个颜色词时，常会是黑与白；有3个颜色词时，第3个词会是红；如果有4个颜色词，第4个词会

是黄、绿、蓝当中的一个；最后是粉红、紫、橙和灰。基本颜色词具有普遍的认知意义，它们是其他颜色概念的语义原型。任何一种可识辨的颜色，在人类视觉辨认力的范围内，逐渐地不为人类所知觉地变化为毗邻的颜色。蓝色在人类未能知觉的范围内逐渐地变为绿色，绿色又逐渐地变为黄色。这很显然地说明"黄色"这一中心意义是在"颜色词"这一上义范畴词出现之后，随着"蓝色""绿色"这样的基本层次范畴词而衍生出现的。

黄色是电磁波的可见光部分中的中频部分，类似于熟柠檬或向日葵花色，光谱位于橙色和绿色之间的颜色。在"黄"的义项中，"黄色"代表着太阳、土地、黄金，太阳是永恒升起，黄金是永不褪色。在藏语和英语中，"黄色"语义场的词汇指示对象非常丰富。"黄色"是颜色语义场中最古老的颜色词，可以追溯到原始印欧语时期，与"金黄色"同源，原本指"黄色金属"。这两个词搭配对象的范围十分广阔，位于语义场的中心。"金黄色"作为颜色词的例句十分丰富，非常接近基本颜色词的地位，原因可能是和黄色有互补功能。"黄色"已经演变为一个纯颜色词，而"金黄色"保留了原有"闪光"的意义。这说明藏语和英语对颜色"亮度"的强调是与"色度"共存发展。词源学资料表明，这些"黄色"语义场的词普遍来源于植物、矿物质和颜料。这暗示着藏语和英语很早就创造性地对这些外来的"黄颜色事物"的词汇进行了改造，创造了新的表颜色的含义。

藏语和英语黄色语义场中黄色承载着正、负两类引申义。"金黄色"常和"黄金""财富""繁荣""宝贵"等语义有关联。而"黄色"则和"疾病（皮肤发黄）""枯萎（秋天）"等有天然的联系，同时黄色是所有颜色中最能发光的颜色，给人以透明、辉煌、富有、充满活力的心理印象。

## 二、"黄"（ser）在藏语谚语中的语义和文化内涵

藏族崇尚黄色，黄颜色代表着兴旺，象征着土地。《集宝王》中有：

"黄色能增福寿,长富禄"之说。正因为如此,藏画中夜叉王多闻天王、瞻巴拉、增禄天母等菩萨均身色金黄。《神像装藏方法》一书中记载:"为使神像之主轴和佛骨舍利之装藏合符标准后用五种彩色绫绸包裹,或者为象征增业可用黄色绫绸捆扎。"藏语"黄色"语义场的语义图围绕"黄色(金色)"展开,分为"黄色(人)物"、"发黄(变黄)"和"警示(提醒)"三个一级语义节点呈树状展开。

(一)黄色本义

1. 黄色的
· 藏汉一条心,黄土变成金。
· 不见黄河不解渴,不拜如来不甘心。
· 看见黄河就口渴,看见心上人就快活。

2. 金黄色的
· 好人的心眼似黄金,纯真的黄金色不变。
· 老天若能持续晴朗,大地便会一片金黄。
· 夏秋打制的酥油色黄如金,冬春打制的酥油色白如雪。
· 黄黄的黄金与黄铜,心想同样是黄色到末了不同才分明。

(二)黄色的(人)物语义及其引申义

1. 指代人或物
· 射鹿的箭射中了黄羊。
· 邻居死了黄奶牛,也该忧伤三天。
· 老子坏儿子不一定坏,牦牛的阿爸是老黄牛。

2. 蛋黄,喻指精英、精华
· 现有中的精英,鸡蛋里的蛋黄。

·鸡蛋里的蛋黄,眼睛里的眼珠,胸腔里的心脏。

3. 黄金,财富的象征

·老农嘴里有黄金。

·交税要黄金,吃的是茅草。

·休道黄金贵,安乐最值钱。

4. 吉祥的,像黄金一样贵重的,好的

·黄道吉日。(结婚时选的好日子)

·想吃金黄的酥油,就先得喂上乳牛。

(三)变黄与发黄所产生的引申义

1. 象征枯萎、衰败、死亡

·草有青有黄的时候,人有悲欢离合的时候。

·宁愿美名留世上,不愿身背恶名活人间。

2. 指代黄疸病,一种疾病

·黄疸的眼睛看世界,一切都是黄的。

·疸病患者把海螺看成黄的,官能把雪山看成蓝的。

3. 营养不良或有病的样子

·面黄肌瘦

·人瘦脸黄,马瘦毛长。

·春耕不肯忙,秋后脸饿黄。

·人黄有病,天黄有雨;月亮打伞,晒得鬼喊。

4. 指农作物成熟

·青黄不接,死了牛又遇天黑。

·等了一粒青,损了十粒黄。

·一青一黄是一年,一黑一白是一天。

5. 日落

· 说起来旭日东升，干起来黄昏朦胧。

6. 形容年幼、青春

· 黄口小儿

· 与其去挖黄毛的人参果，不如去当盖黄头巾的新娘。

### 三、"黄"（yellow）在英语谚语中的语义和文化内涵

在英语里根据 *Longman Dictionary of Contemporary English* 中对"yellow"的注释为：having the color of butter, gold or the middle of an egg. 因此，英语黄色语义场的语义主要围绕"yellow"和"golden"两个词的语义联想展开，尽管这两个词的词源相同，但它们的引申义却截然相反，金色吸纳了黄色的正面意义，常和太阳、光芒、热量、丰收等联系在一起，是让人振作的颜色，是光明、能量、喜悦和繁荣的象征；而黄色则承载了较多的负面意义。在中世纪文艺复兴之前，和东方文化、南美洲文化一样，黄色一直是很受西方欢迎的颜色，黄色出现在中世纪很多国家王室的旗帜上，可见那时西方文化对黄色并不排斥。但从十字军东征开始，赞美基督的文学作品和绘画作品不断涌现出来，12世纪开始犹大渐渐被描绘成穿黄袍的人，文艺复兴时期一些名画中出卖耶稣的犹大就以身着黄色衣服出现在绘画中，因为黄色最能发光，在画中对比最强，最能突出叛徒犹大的形象，从此黄色在西方世界里就被宗教热潮赋予了"败坏、背叛、怯懦、卑贱"的象征意义，并影响至今，然而没有一部圣经描述犹大头发和袍子的颜色，这纯属中世纪的文化虚构。并且犹大（犹太人）的虚构形象导致犹太民族成了受害者，自中世纪末期开始，一些欧洲的城市就强迫犹太人团体佩戴黄星符号，这是一种耻辱之符。在英语文化中，"yellow"成了唯一一个几乎只有负面寓意的颜色词，成了暗淡、无光泽、

沮丧的颜色，让人联想到萧瑟的秋天、失落和病痛。更为不幸的是，自中世纪以来，由于掺入了宗教因素，它被演绎成背叛的象征、谎言的标志、骗子的符号和疯子的颜色。英语"黄"系语义可分为四大类，具体如下：

（一）黄色的本义

1. 黄色的
- a yellow kerchief. 黄色头巾。

2. 金黄色的
- golden hair. 金发。
- the golden sun. 金灿灿的阳光。
- All is not gold that glitters. 闪光的东西并不都是黄金。

（二）黄色的（人）物语义及其引申义

1. 胆小的，卑怯的，卑鄙的
- a yellow dog. 卑劣的人。
- a yellow livered. 胆小鬼。
- yellow belly. 懦夫；胆小鬼。

2. 背叛
- Yellow Union. 黄色工会，指待命出动破坏罢工的组织。

3. 嫉妒的，猜疑的
- yellow looks. 阴沉多疑的神色。

4. 无用的，毫无价值的，廉价，便宜
- yellow-covered. 廉价的，无用的。
- yellow back. 通俗法国廉价小说。

5. 低级趣味的，夸张失实的，耸人听闻的

Yellow Press 黄色报刊，指刊载低级趣味的文章或耸人听闻的报道以吸引读者的刊物，"黄色报刊"来源于美国赫斯特的《纽约新闻报》和普利策的《纽约世界报》在1895—1898年间的PK，那时报纸竞争激烈，为吸引读者，《纽约世界报》连载连环漫画《黄孩儿》，漫画采用黄色印刷，报纸内容比较煽情，最初的黄色新闻并没有色情的成分，主要以耸人听闻而著称。

· yellow journalism. 黄色新闻、耸人听闻的报道。

6. 象征金钱、财富

· yellow boy. 金币（俚语）。

· Gold will not buy anything. 黄金并非万能。

7. 像黄金一样贵重的，出色的，好的

· a golden opportunity. 良机。

· a golden remedy. 灵药。

· He has a heart of gold. 他有一颗金子般的心。

8. 繁荣的，兴盛的

· the golden days of river steamboats. 内河轮船的黄金时代。

9. 黄页，指电话簿

· yellow pages 黄页（"黄页"概念来自1880年初的美国。1876年发明的电话，使用人数不断增长，怀俄明州电话公司请当地印刷工厂做出了第一本标注电话号码的书册，不过，工厂当时没有白纸了，只有一些库存的黄色纸张，并将电话印制了出来，从此使用者给电话簿取了"黄页"的名字，并沿用至今。）

（三）变黄与发黄所产生的引申义

1. 枯萎

· The leaves yellow in the fall. 秋季叶子变黄。

2. 疾病

·yellow fever. 黄热病。

·yellow top. 黄叶病。

·yellow blight. 枯黄病。

3. 表示警示、提醒的语义及引申义

·yellow alert. 空袭预备警报。

·yellow band . 黄色带（路灯柱上指示附近不准停车的交通标志）。

·yellow light. 黄灯（提醒警告人们注意的意思）。

·yellow line. 黄线（用于路边限制停车）。

·yellow cross. 毒气的标志。

·yellow sheet. 有前科的犯罪记录。

·yellow warning card. 黄牌（特指体育比赛中裁判对犯规队员及教练的警告）。

·a yellow flag 黄旗.（指隔离检疫的轮船所挂的黄色旗子，一般人不得靠近）。

# 第六节  英语谚语与康巴地方语言中"绿色"的文化图景

## 一、藏英语言中绿色原型范畴认知

"绿"也是Berlin和Kay在1969年进行的Munsell色卡实验中收集的近20种语言的基本颜色词之一。[1]在《现代汉语词典》中，"绿"被解释

---

[1] Berlin Brent & Kay Paul. Basic Color Terms：Their Universality and Evolution[M]. Berkeley：University of California Press，1969.

为："像草和树叶茂盛时的颜色，蓝颜料和黄颜料混合即成为这种颜色。"例如：绿叶、绿地、绿茸茸……这是一种"借物呈色"的描述方式。而 *Longman Dictionary of Contemporary English*（1978：497）中为"green"的释义是"of a color between yellow and blue, which is that of leaves and grass."可见，汉语"绿"和英语"green"的原型意义是完全对应的。

从词源学上讲，"绿"在藏英两种语言中都是指某种物体的颜色，这是"绿"的原意，属于颜色域。

根据张旺熹的研究，颜色词一般以一定的客体为依托。[①]而"绿"最多的依托为植物，如橄榄绿、苹果绿、茶绿、苔藓绿、豆绿等；还依托于玉石，如松石绿、石绿、水晶绿、墨绿等。还有一些非典型的表示层次性的依托，如深绿、灰绿、暗绿、青绿、淡绿、碧绿等。

随着社会的发展以及人类认知能力的变化，藏英人民对"绿"的认知经过了一个以物代色、以物比色的过程。"绿"的原型义项为"青黄色"，"绿"原型语义的认知当初也是借助于"草、树、菜"等原色。所以在人类最初的认知模型中，"绿"的原型义项所对应的外延范畴很多，我们称之为"绿"的范畴家族。

在日常生活中，"绿"色经常让人联想到春回大地、生机盎然的景象，故此"绿"常用于表达"自然的、农业的"之意，这时词义由颜色域转喻到了相近的认知域，如青山绿水，桃红柳绿，green belt, green fingers。在"自然的、农业的"转喻义的基础上，词义又引申为"环保的"，其认知过程是通过隐喻由"自然的"这一转喻义到环境域的映射，如绿色食品，绿色消费，green vegetable, green tourism。

绿是生命之色，在藏语和英语中，绿都表示"生机""活力"之意，这是在"绿"的原型意义基础上从颜色域通过隐喻到生命域的映射，如绿

---

[①] 张旺熹. 色彩词语联想意义初论[J]. 语言教学与研究，1988（3）：112—122.

色生命，绿洲，in the green, the green years。在此喻义基础上，绿色又进一步引申而得到绿色颜色词的象征意义"希望、和平"。颜色词象征意义在一定历史文化的催生下产生，成为一种普遍的观念，是隐喻义进一步抽象的结果。人们从"衔着绿色橄榄枝的鸽子"这个特定事物中，将绿色从这一意象中游离出来，与鸽子作为和平使者这一概念相结合，使绿色代表了和平而固化在人们的意识中，形成一种新的认知图式：绿色象征和平；并进而通过隐喻认知方式从颜色域影射到交通域和法律域，表达"安全""可以通行"之意，如绿灯，绿色通道，green light, green channel, green card。

近年来，随着生活水平的提高，人们更加注重生活的质量，西方人首先建立的表示"环保""健康"的绿色概念也引起了国人的关注，"绿色蔬菜""绿色食品""绿色能源""绿色家具""绿色奥运"以及英语中"green peace"等说法应运而生。

由此可见，基于人类共同的认知机制，藏英颜色词"绿"的原型意义是基本相同的；因不同民族社会文化因素的影响，"绿"的语义由原来的颜色域经隐喻或转喻等认知方式被投射到不同的认知域，从而产生词义变化。

## 二、"绿"在藏语谚语中的语义和文化内涵

在藏文化中，绿色是山川、河流的颜色，象征着生机与活力，是藏文化中"五彩色"之一，是人们喜爱的色彩，绿色与大自然相联系，具有宁静和谐之意。

绿色在藏族文化中具有一种"平民颜色"的特征，它更接近于大众，更接近于生活和广大的农牧区。在藏族女子身上常常看到绿头巾、绿松石装饰、绿色衬衣、绿色长袍边条和绿色邦典等。《格萨尔风旗金刚战胜》一书中称："促使息业、增业、怀业和诛业四业均获成功的祈请文各

印在白、黄、红、绿四种颜色之旗绦飘带上……绿色象征功业。"

藏语"绿"系语义具有如下文化内涵:

(一)绿色的物语义及其引申义

1. 绿叶,象征宁静、和平
·绿叶是树木的装饰,彩虹是天空的装饰。
·大树穿上绿袍,打猎定要起早。
·上不安宁绿叶在摇曳,下不宁静海水在激荡。

2. 比喻流动的河流
·蓝天不会飘走,绿水不得停留。
·绿水着火,好铁生虫。

3. 青草
·青草能用手攥,荨麻不可触摸。
·碧草点缀牧场,学识装饰个人。

4. 指代夏天
·夏日不算太翠绿,是那神香柏树。

(二)变绿与发绿所产生的引申义

1. 使变绿,大地回春,草木变绿
·鬓边染霜时刻老人疯癫,青草萌芽时节老马疯癫。

2. 绿色植物,未成熟的庄稼
·等了一粒青,损了十粒黄。

3. 脸色发青的,有病容的
·做什么有什么果,吃荨麻身子发青。

（三）茂密的、生机勃勃的，生命的象征

·叔叔老当益壮，松柏冬夏常青。
·只要青山在，不怕没柴烧。
·雪山狮子耀绿鬘，到了平地像只狗。
·山林常青獐鹿多，江河长流鱼儿多。

### 三、"绿"（green）在英语谚语中的语义和文化内涵

"Green"从古英语的"grene"演变而来，原意指"活着的植物的颜色"。"green"的引申义最为丰富，其引申义有"借色呈物"的转喻语义，如"绿色的织物""青菜""海洋"等；也有由动植物的"颜色变化"扩展而来的语义，如"化脓""脸色发青""腐烂变质"等；英语中的绿色和其他语言一样，都含有"青涩未熟"的语义，这是人类文明早期采集食物中所积累的原始经验，后引申到人类社会，比喻"没准备好""人未成熟，年轻"，再进一步引申为"没有经验""易受骗"等语义；植物从绿色到黄色，经历的是生长到枯萎的过程，黄色的枯叶意味着"衰败，衰老"，与之相对，绿色则有"嫩，新鲜"的寓意，这是人类社会在发展过程中的自然认知；"green"从词源来看，是从"生长"演化而来，因而演化出"蓬勃繁茂""有生命力，活力""性关系"等引申语义；英语还从"青涩未熟"联系到人类的产品领域，有"未完工的，半成品的"引申义。"绿灯""环保""绿眼（嫉妒）"等语义及相关引申义均属于英美原创文化，后逐步传入其他语种，尤其前两者更是风行全球，成为绿色的标志色。

英语"绿"语义可分为五大类，具体如下：

## （一）绿色本义

· The grass is always greener on the other side of the fence. 篱笆另一边的草更绿。

· Grey and green make the worst medley. 灰与绿是最差的混合。

## （二）绿色的物语义及其引申义

1. 绿地、草地、绿化带、绿色植物

· Green Christmas brings white Easter. 圣诞节的温暖带来复活节的白雪。

· A head of us the green seemed like an ocean. 我们前方的草地宛如一片海洋。

2. 青菜

· a dish of greens. 一盘蔬菜。

3. 指农产品、农业

· green box. 绿箱补贴（欧盟内部的一套农业补贴）。

4. 苦艾酒

the green peril. 喻指绿色灾祸（苦艾酒是用苦艾药草、茴香酿造的高度酒，酒液呈绿色，苦艾酒具有麻醉作用，一些人沉溺于这种绿色的液体，故而有了"绿色灾祸"的别名）。

5. 绿色的钞票、美元，象征金钱

· folding green. 纸币。　　　　　· green mail. 绿票、溢价回购。

· green power. 金钱的力量，金钱。 · a green power hunger. 发财的热望。

## （三）变绿与发绿所产生的引申义

1. 使变绿，大地回春，草木变绿，绿化

· make green by planting. 绿化。

· Spring green mantled the hills. 春天的翠绿覆盖了山峦。

· He never lies but when the holly is green. 要他不撒谎，除非冬青黄。

2. 绿手指，比喻具有高超种植花木、蔬菜等农艺技能的

· have green fingers. 有高超的种植技能。

3. 眼发绿的，比喻嫉妒的，妒忌的

· green-eyed monster. 绿眼怪，嫉妒（出自莎士比亚戏剧《奥赛罗》，莎士比亚之所以把妒忌叫做 green-eyed monster，是因为绿色在哥特时期曾是魔鬼的颜色，妒忌就是心魔）。

· green- eyed. 眼红、红眼病；嫉妒的。

· green with envy. 羡慕的；妒忌的。

4. 因病或发绿、脸色发青的

· He was green after his boat trip. 他乘船旅行后，脸色发青。

· In a green rage, Boris stamped out of the room. 鲍里斯怒气冲天，跺着脚从房里走出去。

5. 腐败变质，发霉

· Any one who thinks the moon is made of green cheese is as mad as a hatter. 如果有人认为月亮是绿奶酪做的，那么他就是疯了。

（四）表示青涩未熟的语义及引申义

1. 水果、植物未成熟

· These bananas are too green to eat. 这香蕉还没成熟，不能吃。

· green tomatoes. 未熟的西红柿。

· green shoots. 茁壮的幼苗。

2. 嫩的，新鲜的，鲜活的

· green meat. 鲜肉。

· A green wound is soon healed. 新伤口易治；初犯错易改。

### 3. 没经验的，不熟练的

· a green hand. 新手。

· green ass. 没有经验的，乳臭未干的。

· as green as grass. 少不更事、无生活经验。

· Take no counsel of green hands. 不要听没有经验的人的主意。

### 4. 傻，易受骗的

· not as green as his cabbage-looking. 不像看上去那么傻。

· Green girls can be always taken in. 年轻姑娘容易上当受骗。

### 5. 青春、希望和生命的象征

· be ripe in years but green in heart. 人老心不老；老当益壮。

· be in the green. 血气方刚。

· green years. 青春年华。

· keep one's memory green. 长记不忘。

· still green in the mind. 记忆犹新。

· A hedge between keeps friendship green. 保持距离，友谊常青。

### 6. 未加工完的，半成品

· green bacon. 半成品烟熏肉。

· a green lumber. 生材（或湿板）。

· a green brick. 未烧的砖。

· green liquor. 未酿好的酒。

（五）交通信号、环保等绿色标志物的语义及引申义

### 1. 绿色信号灯，表示通行

· The car in front of me stalled and I missed the green. 我前面的车抛锚，我错过了绿灯。

19世纪初的英国，红、绿装分别代表女性的不同身份，其中穿红装表示已婚女性，而穿绿装的则是未婚女性，后来由于英国伦敦议会大厦前经常发生马车轧人的事故，受到红绿装启发，红绿信号灯于1868年12月10日在伦敦议会大厦的广场上诞生了，红色表示"停止"，绿色表示"注意"。1914年，电气的红绿灯出现在美国。这种红绿灯安装在灯杆上，红灯亮表示"停止"，绿灯亮表示"通行"，从此交通红绿信号灯被全世界采用，并沿用至今。

2. 表示准许，许可

- get the green light to return. 获准返回。
- green channel. 绿色通道。

3. 表示准备就绪

- All systems are green. 所有系统都准备就绪。

4. 环保

- green food. 绿色食品。
- the Green Revolution. 绿色革命。
- Green party. 绿党（关注环保的政党，20世纪70年代前后，北美反战运动达到高潮，一些反战人士于1969年成立了一个"不要制造海啸委员会"来抵制美国的核试验，并租来一条机帆船，他们后来给这条船改名为"绿色和平号"，其创意来源于圣经中诺亚方舟的故事，一只衔着绿色橄榄枝的鸽子飞回来，寓意着洪水已经消退。绿色和平从成立之初就分为两派，一派以反战为主，另一派则更关注环保和生态，后来逐渐成为绿色和平组织的主流，绿色也逐渐成为环保的标志色。）

# 第六章

## 英语谚语与康巴地方语言中的普遍语言世界图景

DI LIU ZHANG
YING YU YAN YU YU KANG BA DI FANG YU YAN ZHONG DI
PU BIAN YU YAN SHI JIE TU JING

# 第一节　英语谚语与康巴地方语言世界图景中的哲学思想

马克思主义哲学认为，运动着的物质世界具有普遍联系和永恒发展的总体特征。唯物辩证法指出，世界是一个过程，过程是由状态组成的，状态是过程中的状态；世界上没有永恒的事物，有生必有灭，无灭必无生；旧事物灭亡的同时，就意味着新事物的产生。辩证法三大规律，即对立统一规律、量变质变规律、否定之否定规律，是人类从自然、社会和思维三大领域中总结出来的最一般的规律。世界的客观规律与人们对世界的思维方法及认知成果构成了一幅具有普遍意义的哲学辩证图景。

语言是一个大熔炉，承载了人类社会方方面面的文化内容，是人类认识世界的重要方式。包含了对世界科学的认识，也有对世界素朴的反映。哲学是理论化、系统化了的世界观，哲学世界图景是科学的世界图景，科学的世界图景是在素朴的世界图景基础上形成的，所以我们可以从"谚语"这一特殊的语言形式中，发现人类对世界的科学的、理性认知方面的内容。

语言世界图景是人类用语言思维、理解、认识和表达客观世界，是用生动的语言手段记录的关于外部世界和内部世界的一切信息。[1]尽管藏英人民使用不同的语言，但是由于人类的思维具有普遍性，所认识的也是同一个客观世界，而客观世界的一般规律普遍存在。在人类发展的历史进程中，随着认知能力的提高，藏英人民对人类对世界的思维与客观世界的规律渐渐趋于一致。谚语主要来源于广大人民群众的实践活动，

---

[1] 冯未卿.俄语谚语语言世界图景中的辩证思想[J].人才资源开发，2015（7）：249.

是人民丰富的生产和生活经验的概况和总结，是集体智慧的结晶。因此，往往反映了一定程度的普遍真理。英语谚语与康巴地方语言中蕴含的多种富有哲理的辩证思想，向我们展示了藏英人民思想中的辩证图景。

## 一、现象与本质

现象与本质是揭示事物内部联系和外部表现相互关系的一对辩证法的基本范畴。本质是事物的内部联系，是决定事物性质和发展趋向的东西。现象是事物的外部联系，是本质在各方面的外部表现。本质和现象是对立统一关系。本质和现象是统一的，但二者又有差别和矛盾。本质从整体上规定事物的性质及其基本发展方向，现象从各个不同侧面表现本质；本质由事物内部矛盾构成，是比较单一、稳定、深刻的东西，靠思维才能把握；现象是丰富、多变、表面的东西，用感官即能感知。事物的现象有真假之分，只有真的表象才与本质一致。人们认识事物，就是要透过现象认识本质，把握事物的发展规律。这是一个艰苦、反复的过程。只有在实践中通过对多方面现象的分析研究，去粗取精、去伪存真、由此及彼、由表及里，才能实现"从现象到本质、从不甚深刻的本质到更深刻的本质的深化的无限过程"[①]。在藏语和英语中有许多关于透过现象看本质的谚语。

（一）藏族谚语

· 莫听甜言，莫看俊脸。
· 水面平如镜，深处藏巨鲸。
· 虽说亲眼见，未必是真实。

---

[①] 中共中央马克思恩格斯列宁斯大林著作编译局编译. 列宁全集[M]. 北京：人民出版社出版，1988，第38卷：239.

- 口比蜜糖甜，心比毒蛇毒。
- 珷玞不是宝玉，蝙蝠不是鸟类。

（二）英语谚语

- A fox may grow grey, but never good. 狐狸会变，但本性难移。
- A fair face may hide a foul heart. 人不可貌相。
- All are not saints that go to church. 上教堂的未必都是虔诚的教徒。
- Beware of a silent dog and still water. 警惕无声之狗会咬人，平静之水会覆舟。
- Still water runs deep. 流静水深，人静有心。

## 二、对立与统一

对立统一规律即矛盾规律，是唯物辩证法的最根本规律。矛盾就是事物内部对立面既对立又统一的关系。对立统一规律揭示了事物发展的源泉和动力。任何事物都包含着矛盾，矛盾双方既统一又斗争，推动着事物的运动和发展。矛盾双方的对立统一关系有多种表现，如相互包含、相互吸引、相互反对、相互限制、相互排斥、相互分离等，在一定条件下矛盾双方也可能相互转化。辩证法告诉我们，任何事物都是对立统一的，浩如烟海的英语谚语与康巴地方语言当然也不例外。

（一）藏族谚语

- 幸福到来有日，苦难消除有时。
- 乐时同骑骏马，苦来共负重担。
- 谎言是嘴说的，字据是手写的。
- 敌人说得你笑，朋友说得你哭。

- 乐时同饮茶和酒，苦来互为慰藉友。

（二）英语谚语

- All things are difficult before they are easy. 万事开头难。
- Every tide has its ebb. 潮有涨落时，人有盛衰时。
- There is no rose without a thorn. 没有无刺的蔷薇。
- Too many cooks spoil the broth. 厨子多了烧坏汤。

### 三、原因与结果

原因和结果亦称"因果联系"，是揭示客观事物或现象前后相继、相互作用关系的一对哲学范畴。因果联系具有客观性和普遍性。列宁在《唯物主义和经验批判主义》一文中指出："'物本身中'含有'因果依存性'。"客观世界中的一切现象都在受因果关系制约，任何现象都有其产生原因，任何原因都必然要引起一定的结果。因果关系具有如下的特点：（1）因果联系是物质性事物先后两个环节间的联系，没有精神行为作为中间环节，因而唯物辩证法所讲的因果联系不是"因果报应"；（2）原因在前，结果在后，而不能相反；（3）因果联系中有必然联系，也有偶然联系，但二者的作用不同。世间万物万事有因必有果，这是自然生存法则。我们可以在藏语和英语中找到许多关于因果关系的谚语。

（一）藏族谚语

- 父贤子贤，母贤嗣贤。
- 近朱者赤，近墨者黑。
- 曾被蛇咬伤，如今怕花绳。

· 多嘴引官司，多事惹祸根。

· 不经一苦一乐，不知苦乐之别。

（二）英语谚语

· A burnt child dreads the fire. 一朝被蛇咬，十年怕井绳。

· A fall into the pit, a gain in your wit. 吃一堑，长一智。

· Haste trips over its own heels. 仓促行事常摔跤。

· He that lies down with dogs must rise up with fleas. 近朱者赤，近墨者黑。

· Waste not, want not. 不浪费，不会穷。

## 四、量变与质变

质量互变规律是唯物辩证法的基本规律之一。它揭示了事物发展量变和质变的两种状态，以及由于事物内部矛盾所决定的由量变到质变，再到新的量变的发展过程。任何事物都是质和量的统一，量变和质变是事物运动变化的两种最基本状态。量变是事物在度的范围内的连续和渐进，而质变则是对原有度的突破，是事物由一种质态向另一种质态的转变和飞跃。质变和量变是辨证统一的，量变是质变的前提和必要准备，质变是量变的必然结果，质变体现和巩固量变的成果，并为新的量变开拓道路。总之，世界上任何事物的运动、发展都是量变和质变的统一。藏英人民根据自己的生活实践，总结了许多量变引起质变的哲学道理的谚语。

（一）藏族谚语

· 树多能挡风，人多能成事。

· 滴水汇成海，积尘垒成山。

- 口多献计谋，手多出金银。
- 积针打成锥，积锥打成刀。
- 山泉滴滴积满罐，知识点点积满胸。

（二）英语谚语

- Every little makes a mickle. 积少成多。
- It's long lane that has no turning. 路必有弯，事必有变。
- Small gains bring great wealth. 小益聚大财，薄利成巨富。
- So many heads so many wits. 三个臭皮匠，抵过诸葛亮。
- Too much water drowned the miller. 水太多反淹死磨坊主。

总的来说，在藏语和英语语言世界图景中，自然界的辩证法往往也是人生的辩证法。辩证唯物主义认为自然界是处在永恒运动、变化、发展中的物质世界；自然界一切现象都是对立统一的，它们在一定条件下相互转化；自然界的发展是人类社会发展的前提和基础；人对自然界认识的基础是人所引起的自然界的变化。人本来就是自然界的一部分。对自然、对生活的思考是藏英人民一切生活经验、精神财富、哲学探索的来源。英语谚语与康巴地方语言深刻而形象地反映了人类思维的普遍性，对客观规律的掌握是全人类共同的精神财富。古代先哲们基于对自然界群体力量和价值的充分认识，推演出在人类社会具有普遍规律的谚语。作为语言艺术，藏族谚语和英语谚语中的哲学图景也证明了人类思维能力和认知能力所达到的高度，其思想价值和艺术价值至今仍然能够给人们以极大的启迪，值得我们去很好地借鉴和应用。

## 第二节　英语谚语与康巴地方语言世界图景中的伦理道德观念

### 一、藏英伦理道德的界定

伦理道德是意识形态的一部分，又作为哲学的组成部分，是对人们的言论和行为的一种限制和约束，处理和协调个人利益与他人利益、个体利益与群体利益、人与自然、人与社会之间的关系，以及现实的具体问题。

在中国古代汉语中，"伦"和"理"原本是作为两个词语使用的，二者作为一个统一的词最早见于汉初的《礼记·乐记》，其中记载着："乐者，通伦理者也。"[1]许慎在《说文解字》中也对这两个词进行了解释，他说："伦，从人，辈也，明道也；理，从玉也。"[2]在这里，"伦"是指人与人之间的辈分关系。"理"的本意是指按照玉石本身细微精妙的纹理来雕琢玉器，后来引申为协调人际关系的准则。《吕氏春秋》中记载："理也者，是非之宗也。"[3]这里的"理"就是指道德的当然之则。先秦思想家老子说："道生之，德畜之，物形之，势成之。是以万物莫不尊道而贵德。道之尊，德之贵，夫莫之命而常自然。"老子认为道是天地万物的本原，德是天地万物具有的本性。南宋时期的朱熹对"德"的注释为："德者，得也。得其道于心而不失之谓也。"[4]意思是，只要心中得道，并

---

[1] 冯国超.礼记[M].吉林：吉林人民出版社，2006：249.
[2] 〔汉〕许慎.〔清〕段玉裁注.说文解字注[M].郑州：中州古籍出版社，2006.
[3] 吕不韦.吕氏春秋[M].北京：线装书局，2007：422.
[4] 〔宋〕朱熹.四书集注[M].南京：凤凰出版社，2005：99.

在行为中遵循道，就是德。在这里，道是为人处事的原则，德是人们遵循道的原则而形成的思想品德和精神境界。从荀子开始"道德"成为一个统一的概念，《荀子·劝学》中提到："故学至乎礼而止矣。夫是之谓道德之极。"[1] 其意为：如果一切能够按照礼的规则去做，就可以达到道德的最高境界。

哲学意义上的"道"是指天地万物之所以生之总根源；"德"是一物之所以生之道理。伦理学意义上的"道"指处世做人的根本原则，即人之所以为人所应有的根本原则；"德"指修道所得，即人遵循为人之道，坚持行为准则所形成的品质、境界和收获、体验。"道、德"两者合起来使用，指人类的行为合于理，利于人。

藏族伦理道德是指藏族社会人与人相处的各种道德准则。人与人的关系链的形成基因是家庭内部关系、血缘亲属关系和社会组织关系。藏族伦理道德包括敬、孝、帮、让、爱、育。即知恩和感恩为敬仰之本；尊敬顺从为孝之本；利乐有情为帮之本；无私谦逊为忍让之源；慈悲为仁爱之心的基础；育为责任和职责，包括生活技能教育、文化教育。

在西方，伦理与道德两个词也包含着相似的涵义。伦理（ethics）源于古希腊语Ethos，原指住宅、驻地等对人有用的东西，后引申为人的本性、性格、风俗习惯，以及协调人际关系的意思。

道德（Morality）源于拉丁文Mores，是风俗习惯的意思。后引申为道德规范和善恶评价的意思。可见，无论是在中国还是在西方，"伦理"和"道德"两个概念的基本意义相近，都有处理和协调社会生活和人际关系的准则意义。但是"伦理"和"道德"又有所不同，"伦理"更多的是指对客观社会关系的调节，理论意味更强，而"道德"则倾向于个体的道德行为，比较具体。

---

[1] 柴华. 中国文化典籍精华：荀子[M]. 哈尔滨：黑龙江人民出版社，2004：260.

伦理道德也是一个历史范畴。在不同的历史时期，各民族的道德观念也会有所变化。但从总体上说，民族的道德传统总是与民族的文化心理相适应的。作为文化心理的伦理道德观念必然会渗透到人们的认知活动中，体现在民族语言中，构成语言世界图景的一个重要部分。传统伦理道德观念包括善恶观、人生观、财富观、真理观等。

## 二、英语谚语与康巴地方语言世界图景中的善恶观

实践唯物主义是马克思主义哲学最本质、最核心的内容。马克思主义人性观和人性善恶观的理论基础就是唯物史观和实践唯物主义。马克思认为，人性是与社会和历史相关的范畴，在不同的社会和历史中所表现出的形式不同。在善恶问题上，黑格尔指出了善与恶是不可分割的，"唯有人是善的，只因为他也可能是恶的。善与恶是不可分割的"[1]。善与恶是伦理学的基本问题。善是一切符合道德目的、道德终极标准的伦理行为；恶是一切违背道德目的、道德终极标准的伦理行为。道德观，最集中地体现为善恶观；道德生活，是为善去恶的认识和实践的过程；道德评价，也就是善恶评价。在善恶观方面，尽管不同的民族对善与恶的具体理解和评判标准不尽相同，但崇尚善、贬抑恶是世界各族人民共同的道德追求。道德"以善恶基本范畴为主要工具，把世界分成善与恶的、正当与不正当的、应该和不应该的，高扬前者，鞭笞后者，从而推动社会进步和人类自身发展"[2]。善与恶的价值观念是藏英人民意识中普遍存在的重要观念，体现了人类普遍的道德观念，促进了世界各民族统一的精神价值体系的形成。

敦煌本古藏文文书P.T.1283号《礼仪问答写卷》是西藏吐蕃王朝时

---

[1]〔德〕黑格尔.法哲学原理[M].北京：商务印书馆，1996：144.
[2] 苗相甫.伦理学教程[M].南京：南京大学出版社，2005：107.

期的一部未曾受到宗教侵染的重要伦理学文献。《礼仪问答写卷》中说："无论何时，行恶得善者百中得一，行善得善者比比皆然。"又说："俗语云：'因祸得福。'但无论何时不会有因祸得福。"这是说对积德行善的人，降之福祥官爵，对于为恶有罪的人，则降之祸殃刑罚，而不会有相反的结果。藏族人民的善恶观也体现在民间谚语中，如：

· 善有善报，恶有恶报。
· 善与恶并行，身与影同住。
· 施舍是最大的财宝，善心是最大的幸福。
· 勤劳的人家牲畜多，善良的人家客人多。
· 无恶不作的罪人，应投入荆棘般的法网。

在西方，善恶观则完全不同。西方文化占主导地位的人伦思想则是人性恶理论。西方文化最重要的思想源头是古希腊文化和基督教文化。西方文化经历从希腊时期到基督教文化占统治地位的中古世纪，直到近代和现代，其人性观也经历了曲折复杂的发展演变历程，但"人性恶"的基调保持不变，从而反映出西方文化传统的人性观不同于藏族传统文化中的人性观的本质特征。古希腊人确认了许多基本的善恶事实，但是这种善恶观是通过感觉确认的，是直接联系于感官与情绪好恶的。也就是说古希腊人把能够给人的感官带来愉快的、能够给人带来现世幸福的称为善，反之，把那些给人的感官带来不快的、使人遭受肉体和精神痛苦的称为恶。在基督教文化中，"善"和"恶"的原型即上帝和魔鬼。这种善恶观最为特殊的地方就是强调了人类"恶"的本质，即强调人类的"原罪"，帕斯卡尔说："除了我们的宗教而外，没有哪一种宗教教导过人是生于罪恶的，没有哪一派哲学家说过这一点，因而也就没有哪一个说出过真理。"[1]英语谚语中也有许多关

---

[1]《思想录》606节，商务印书馆，西安：陕西人民出版社，1991.

于善恶观的谚语，如：

- A good man is a good man. 善人者，人亦善之。
- A good heart conquers ill fortune. 善心克厄运。
- Kind words are worth much and cost little. 善良是无价之宝。
- One sin opens the door for another. 不以恶小而为之。
- Virtue is its own reward. 美德本身就是报答。

## 三、英语谚语与康巴地方语言世界图景中的国家观

爱国主义是国家观念的突出表现，指个人或集体对祖国的一种积极和支持的态度，揭示了个人对祖国的依存关系，是人们对自己家园以及民族和文化的归属感、认同感、尊严感与荣誉感的统一。爱国主义集中表现为民族自尊心和民族自信心，为保卫祖国和争取祖国的独立富强而献身的奋斗精神，不仅体现在政治、法律、道德、艺术、宗教等各种意识形态和整个上层建筑之中，而且渗透到社会生活的各个方面，成为影响民族和国家命运的重要因素。[①]各国人民都对自己的祖国充满了无限热爱，爱国主义也是全世界人们普遍具有的一种精神情感力量和道德规范。

藏族人民大多世代聚居、生活、生产在一起，建立了牢固的社会联系和藏族共同的感情纽带，也决定了藏族"倾心向内"的自然需求，促成了藏民族内聚力的形成。在藏族文化里"倾心向内"是一种文化暗示，在这样的文化暗示的长期熏陶下，"倾心向内"作为藏族传统社会的道德要求慢慢内化为藏族的思想意识，并逐渐形成一种独特的民族集体无意识"倾心向内"，即爱国爱家、团结一致、共同对敌、互相帮助，是藏族凝

---

① 〔DB/OL〕. https://baike.so.com/doc/23304—24261.html.

聚意识的本质反映。藏族谚语中自我意识的内涵极为丰富，这些谚语的语言世界图景反映了藏族人民把对自然的崇拜转化为对祖国的热爱，例如：

· 羊毛数得清，党的恩情说不完。

· 祖国如母亲，人民乃儿女。

· 花草树木靠根长，人民群众靠的是共产党。

· 藏族人民再苦也有边，共产党来了苦变甜。

· 河水的源头在雪山上，幸福的源头是共产党。

· 要在祖国的土地上做人，决不到异国的佛坛上当神。

以上谚语言简意赅、音律和谐、哲理性强，不仅凝聚着藏族人民对党和祖国的真诚、朴实的情感，同时也以简练、朴实的语言形象地总结了藏族人民的生产斗争、阶级斗争和社会生活的经验，表达了藏族人民对党和祖国的真诚热爱。如谚语"看着北斗星走不迷路，跟着共产党走会幸福"，将共产党比作北斗星指引广大百姓过上幸福安康的生活，充分体现了在经历农奴生活后的藏族人民对共产党的热爱，因为党给予人民群众和谐安定的社会环境，将党比喻成曙光，照耀大地。更深层次折射出维护祖国统一和社会安定，是造就百姓安居乐业的有力保障。由此可见，中华民族在几千年的历史中形成了以爱国主义为核心的团结统一、爱好和平、勤劳勇敢、自强不息的伟大民族精神，坚持以爱国主义为核心的民族精神是社会主义核心价值体系的基本内容之一。

2017年10月18日，习近平总书记在中国共产党第十九次全国代表大会上的报告中指出："广泛开展理想信念教育，深化中国特色社会主义和中国梦宣传教育，弘扬民族精神和时代精神，加强爱国主义、集体主义、社会主义教育，引导人们树立正确的历史观、民族观、国家观、文化观。"树立正确的国家观需要我们高扬爱国主义旗帜，使爱国主义成为全体中国人民的坚定信念、精神力量和自觉行动。

世界上国家众多，经济、文化、风俗等因素不同，但是唯一相同的就是，每个民族每个国家的人，都很热爱自己的祖国。热爱祖国包括热爱国家领土、热爱国家文化等内容。然而东西方文化差异大，所以在爱国主义的体现上也不同。西方的爱国主义情怀也很浓厚。西方社会从上至下、从统治阶级到底层民众爱国主义体现为对国家的崇拜。关于爱国的英语谚语有：

·For our country it is bliss to die. 为祖国而死，无上幸福。

·One must love one's country. 任何人都必须爱国。

·Patriotism is the first virtue of civiled men. 爱国是文明人的首要美德。

·Patriotism is the lifeblood of a country. 爱国之心，实为一国之命脉。

此外，无论自己国家生活多么艰苦，藏族人民都极不愿意离开自己的祖国。即使他们身处异国他乡，但他们内心深处对祖国命运的关注、对祖国人民的关心从未减弱，反而愈发增强。藏族有这样的谚语为证：

·人老思故乡，鸟老思巢穴。

·没有比故乡美，没有比父母亲。

·就算故乡是猪圈，也就像那无量宫。

·他乡虽好只能停留三日，故乡虽坏毕生在此度过。

在英语中，也有表示思乡之情的谚语，例如：

·Better at home than a mile away from it. 在家万般好，出门时时难。

·East or west, home is best. 东好西好，家里最好。

·Every one seeks his own house. 家是自己的好。

·There is no place like home. 没有什么地方能像家里一样。

### 四、英语谚语与康巴地方语言世界图景中的人生观

人生观，是人们在实践中形成的对于人生目的和意义，对人生道路、

生活方式的总的看法和根本观点，它决定着人们实践活动的价值取向及目标、人生道路的选择，也决定着人们的具体行为模式和对待生活的态度。道德以精神活动作用于人类社会，人的活动和人的品质，内化为人的情感、理想、信念等，从而发挥其规范现实的功能。人生观也是道德的一种内化形式，主要是通过人生目的、人生态度和人生价值三个方面体现出来的。各民族历史上形成的人生观往往都体现了一种修身养性、谦虚诚信、珍惜荣誉的人生态度。这样的人生观能够起到塑造人的品德、提高人的修养、调节人际关系、促进社会和谐的作用。藏语和英语有许多相同或相近的关于人生修养、个人素质的谚语，足以说明藏语和英语语言世界图景中的人生观片段。

（一）藏族谚语中蕴含的人生观

1. 培养正直情操

在《礼仪问答写卷中》，反映出藏族家庭的父母对子女的最大希望就是"盼子正直、善良"。

《礼仪问答写卷》中说："将正直无误之正道作为财富教给他们（子女）是最大馈赠"，因为子女们首先是从父母的一言一行中吸取的。因此，在藏族家庭中，父母在子女面前做好表率，以身作则。《萨迦格言》说："儿孙们的行为，往往是学先辈；小杜鹃长大学鹞子，那是少有的事。"比如要教育子女智慧、公正，自己首先要有德才。在正直教育中包括不偷、不贪、不骗等内容。告诫人们要树立正直情操的藏族谚语比比皆是，例如：

· 为人正直，神也欢喜。

· 心口要诚实，身手要干净。

· 人正可为官，木直堪作秤。

·轻易莫承诺，既诺须兑现。

·堂堂正正吃饭，光明正大穿衣。

2. 养成勤俭节约的美德

勤俭节约是藏族家风建设所提倡的又一传统美德，对于节俭的重要意义一直有着深刻的认识，勤俭节约是立身之本和持家之宝，始终贯穿于藏族民间社会生活当中，无形地影响着每一个藏族人。

藏族传统社会历来不主张给子女留下过多的财富。藏族父母一直注重子女的劳动教育，从小培养他们勤劳的品质，让他们掌握生存和取得财富的技能。在牧区，男孩女孩到7—8岁时开始放牧，11—12岁上山放牧牛羊。女孩子12—13岁就要学习挤奶、打酥油茶、捻毛线、糅皮和织氆氇等，即便是富户家庭的孩子也要学习一些劳动技能。因此，藏族人民具有勤劳朴实，鄙视好逸恶劳的美德，反映这方面内容的谚语也不少，例如：

·若怕老来穷，少时莫等闲。

·致富在于勤劳，知识在于积累。

·不付辛勤的劳动，怎得香甜的食物。

·行一步则得一口饭，学一技则有一生饭。

·男到十五不向父母求主意，女到十五不吃母亲端来食。

·懒惰招来恶鬼，勤快引来财神。

谚语是藏族节俭思想的主要文化载体，从谚语的传承和传播来宣扬有关节俭等内容为主的勤俭思想。比如：

·精打细算过半年，遇到荒年不受难。

·大吃大喝眼前香，细水长流度灾荒。

·博学而不忘勤奋，富裕而不忘勤俭。

·劳动是幸福的右手，节约是幸福的左手。

·富裕时要懂得节俭，贫穷时也不要太吝啬。

3. 保持谦虚谨慎的态度

藏族家风建设中不乏宣扬做人需要谦虚谨慎，不要傲慢自大、坚定不移的格言警句，如：《世尊南行》"智者拥有知识库，箴言珠宝能内储；大海深广能蓄水，滚滚江河向内注"。正所谓"满招损，谦受益"。许多藏族谚语告诫人们做人要谦虚谨慎，办事要实事求是。比如：

·高峰不留江河，受益须得谦恭。

·骄傲使人无知，贪婪使人无耻。

·骄傲者的脊背上，学识之水存不住。

·傲慢的人昂头说话，谦虚的人善目看人。

·赶路不要总看天，小心帽子掉下地。

·艰难时需坚强，欢乐时需谨慎。

（二）英语谚语中蕴含的人生观

1. 诚信思想

英语有句谚语"Honesty is the best policy."（诚实为上策。）西方诚信是基于人们对利益的追求而产生的，在人们追求利益的过程中发现，如果求利者之间在合作中能以诚相待，按规则办事，排除主观情感成分的干扰，求利者的利益就尽可能最大化。为了保证利益的最大化，西方人更多的是用理性来处理他们之间的关系，用理性维护自己的权利与义务，而不为血缘、情感所支配、诱导。许多英语谚语表达了西方人对诚实的认知和态度。例如：

·An honest man's word is as good as his bond. 君子一言，驷马难追。

·Be slow to promise and quick to perform. 重诺守信。

·He that promises too much means nothing. 轻诺者寡信。

## 2. 谦虚态度

在英语文化中，谦逊的含义就是"减少对本人的褒扬，而不是基本不要自我褒扬"，西方式的谦逊是把本人放在对等的位置上的。英语文化遭到古希腊哲学思想和基督教的影响，加上西方社会是个重商主义的社会，重商主义是个体本位的温床，人们追求对等、自在、独立，因而英语文化中的价值取向表现为个体主义。西方人追求自在，注重个人的权益和独立，以为尊重个人自在的权益的言行才是礼貌的。其礼貌则强调人与人之间的对等、协同。西方社会历来强调个体与个人价值，因而培育了个人的自信，特别为个人获得的成就骄傲，历来不掩饰本人的自信心、荣誉感及在取得胜利后的喜悦，所以在面对人们的称誉时，他们勇于大方地承受，一句"thank you"既是对别人的尊重，也是对本人面子的维护。有的英语谚语在一定程度上体现了西方人谦逊态度，例如：

· A still tongue makes a wise head. 沉默者有智慧。

· A little knowledge is a dangerous thing. 一知半解，害己误人。

· Humility often gains more than pride. 满招损，谦受益。

· Human pride is human weakness. 骄傲是人类的弱点。

· Pride goes before destruction. 骄兵必败。

## 3. 勤俭品德

受基督教影响，清教徒非常勤奋，视工作为天职，同时崇尚商业和工业活动，具有创业精神；同时他们认为必须节约和禁欲，限制享乐、纵欲和消费主义。西方基督教倡导七德，包括古希腊哲学提出的四种基本美德——审慎、刚毅、节制、公正，神学三美德——信、望、爱，节俭也并不在其列。七德当中，离节俭最近的美德是审慎和节制。从逻辑上看，节俭作为人对物质消费所采取的一种自我克制、自我约束的态度，脱胎于审慎和节制这两个品质母体。只不过节俭的对象总是金钱和物质享受，其伦理意味和价值分量到底与精神上的自律还是有所不同。在西方，节俭成为全社会生活实践的主流价值，社会学家马克斯·韦伯（Max Weber）认为要归因于新教伦理和资本主义精神，因为节制物欲，钱才能转化为资本；反过来，投入可持续，工业生产和销售可扩大发展，才能保障更大利润的回报。在资本主义时代，节俭不仅成就小富，也可使小富成为大富，使创业者成就大业。一句话，勤俭是资本主义国家完成现代工业社会转型所仰赖的品质之一。体现西方人勤俭品德的谚语也比较多，例如：

· Industry is fortune's right hand, and frugality her left. 勤奋为富贵的左右手。

· Labor is often the father of pleasure. 勤劳常常为快乐之父。

· Poverty is stranger to industry. 勤劳之人不受穷。

· Thrift is the philosopher's stone. 节俭是点金石。

· True mastery of any skill takes a lifetime. 对任何技能的掌握都需要一生的刻苦操练。

## 五、英语谚语与康巴地方语言世界图景中的真理观

马克思主义真理观认为事物的本质和规律、主观与客观是相互统一的，这一点与唯物主义真理观和唯心主义真理观有着根本性的区别，马克思认为，人类的思维是否具有客观真理性这一问题是无法运用理论来解答的，而是要通过实践手段来寻找答案。他还认为，实践是人们与生俱来的一种自觉行为，而认知则是后天所得，这一点与马克思主义真理观中，真理源于实践的观点相符合。随着社会时代的进步与发展，人们的认知水平也在不断地提升，为此，马克思主义真理观还强调：真理是

一个相对性与绝对性统一的结合体，在与错误思想作斗争的动态变化过程中逐渐趋于绝对的永恒状态。在马克思主义真理观中，客观性作为真理的本质属性，是不会随个体的意志变化而发生转移的，并且这种客观性某种程度上受实践的主观性制约。毛泽东指出："真理只有一个，而究竟谁发现了真理，不依靠主观的夸张，而依靠客观的实践，只有千百万人民的革命实践，才是检验真理的尺度。"因此，人们在进行实践活动时，一定要准确把握真理的具体性内涵，充分尊重客观事物的本质特征和基本规律。

20世纪英国哲学家罗素曾经说过：人类永远也不要放弃对真理的追求。对真理的探寻是人类永恒的追求，也是藏英人民思想的深层体现。藏族和西方的真理观与伦理道德问题相结合，真理与谬误的对立也会让人联想到善与恶的斗争。英语谚语与康巴地方语言的语言世界图景都体现藏英人民探寻真理的人性普遍特征的同一和思维规律、认知路径的趋同。

（一）体现"真理观"的藏族谚语

· 真理道路通达，恶行寸步难迈。
· 真金不怕火炼，真理不怕谗言。
· 真理受得起检验，谎言经不住推敲。
· 真理像地面上的火山，谎言像沙滩上的花纹。
· 真理面前谬论站不住脚，阳光底下阴影藏不住身。

（二）体现"真理观"的英语谚语

· Truth needs no color. 真理不需要打扮。
· The greater the truth, the greater the libel. 真理越伟大，诽谤越厉害。
· The truth will out. 真相必大白。

- Truth needs not many words. 真理无须多辩。
- Truth will stand without prop. 真理无须支撑也站得住。

物质世界是发展的，真理也是发展的。马克思主义哲学承认真理是客观的，这是在真理问题上坚持了唯物主义；同时承认真理是发展的，这是在真理问题上坚持了辩证法。藏族谚语"真理如江河，流程是长的"这条谚语告诉人们：真理是一个发展的过程。真理的发展是不断从相对走向绝对的过程。每一句真理又都有绝对和相对的辩证统一。因此，要了解真理的发展，必须把真理的绝对性和相对性搞清楚。

## 六、英语谚语与康巴地方语言世界图景中的财富观

财富观是指人们对财富价值的理解认识观，财富观亦是价值观的重要组成部分。价值观念属于深层文化，同社会发展有着密切的关系，并且对作为人类最重要的交际工具和思维工具的语言具有重大的制约作用。一个民族共同的价值观念也必然会通过民族语言反映出来。财富观是价值系统中的一个子系统。一个民族的财富观念突出表现在对待金钱的态度上。在财富观念上，与人类的普遍认识相同。

（一）藏族谚语中蕴含的财富观

藏族人民认为，金钱等物质财富当然是重要的，但是与亲情、友情、名誉、诚信、真理等相比，就显得微不足道了，金钱毕竟是身外之物。藏族财富观念的形成和发展决定于本民族历史传统和社会条件，主要由藏语来表达和传承。在藏语中，表达藏族人民传统财富观念的谚语俗语比比皆是，从这些谚语中，我们可以看出藏族传统财富观的基本内容：漠视财富，甚至鄙视世俗财富，重视精神道德追求；反对唯利是图的获取财富方式；追求平均、平等的财富分配。例如：

- 财物不论多少，贵在能够知足。
- 物品以心为最好，财富以子嗣为最重要。
- 知足是最好的财富，安分是万事的上策。
- 学者视知识为财富，愚者把金银当宝贝。
- 最珍贵的财富是利用时间，最巨大的浪费是虚度年华。

（二）英语谚语中蕴含的财富观

谈到西方人的财富观，就不得不提及英语名言：富人进天堂比骆驼穿过针孔还难。这句话源于《圣经》，很大程度上概括了他们的财富观。公元前5世纪，希腊城邦民主政治高度发展，工商业经济空前繁荣，孕育出一个新的思想流派——智者学派，其代表人物普罗塔格拉（Protagoras，约公元前490或480年—前420或410年）的一句名言"人是万物的尺度，是存在的事物存在的尺度，也是不存在的事物不存在的尺度"，智者学派认为，正义、善德、真理等价值标准跟人的需要和兴趣有关，是由人制定的。再加上智者学派主要是教师，后来只注重传授给有钱人子弟一些为人处世的技巧或巧言善辩的能力，一再强调以商贸为主的经济价值取向。同时代被称作"西方孔子"的苏格拉底把道德和知识合二为一，最高的知识就是对"善"这个概念的认识，而他认为的善，包括健康、财富、地位、荣誉以及正义、勇敢等美德，在理论上公开把追求财富作为美德之一，顺应了那个商贸经济很繁荣的时代潮流。这种观点经过后世西方思想家在不同时期的发展完善，最终成为西方人如《百万英镑》《守财奴》等作品中对财富疯狂膜拜的地步，成为成功的主要标准，也是解决一切事物的准绳。

西方人的财富观念突出表现在对待金钱的态度上。在财富观念上，西方人也认为，金钱等物质财富非常重要，但是重要性不及名誉、知识、亲情、友情、健康、才能等。部分英语谚语在一定程度上体现了西方人轻视世间财富，认为世间财富不过是过眼云烟，例如：

· A good name is better than riches. 美名胜过财富。

· A good friend is the best possession. 挚友乃最好的财富。

· A good wife health is man's best wealth. 妻贤身体好是男人最大的财富。

· Content is better than riches. 知足胜过财富。

· Great wealth, great care. 财富越多，忧虑越大。

总的说来，道德是一种社会意识形态，是人们共同生活及其行为的准则与规范，不同的时代、不同的民族有不同的道德观念。道德是引导人们追求至善的良师；道德是社会矛盾的调节器；道德是催人奋进的引路人；道德是公正的法官；道德调节人与人之间的关系。历史的经验告诉我们，道德是一个国家长治久安的基础，是一个民族文化的集中体现，是民族文化的核心和灵魂，道德兴则国兴，道德衰则国衰，道德亡则国亡。道德的力量是人类社会普遍认可的。正如习近平总书记所指出，国无德不兴，人无德不立。各民族都通过伦理道德教育、行为规范来塑造人的道德观念和道德品质，促进统一的社会道德体系的形成。对真善美的追求是各民族共同的道德目标。求真、向善、审美才是理想的道德人生。藏族和西方文化都有自己特有的价值体系，这套体系能够帮助人们区分美与丑、善良与邪恶，这就是人们的处世哲学、道德标准和行为规范。在藏语和英语中，都有很多深受人们喜爱、被人们广泛传颂的谚语，这些谚语中的很多内容都具有积极的道德意义，这些与民族道德有关的积极内容的广泛传播，对于维护藏族和西方社会的有序运行、民族间的和谐交往，具有十分重要的意义。

# 参考文献

〔1〕维特根斯坦. 逻辑哲学论[M]. 北京：商务印书馆，1992.

〔2〕赵爱国. 语言文化学论纲[M]. 哈尔滨：黑龙江人民出版社，2006.

〔3〕洪堡特. 论人类语言结构的差异及其对人类精神发展的影响[M]. 北京：商务印书馆，1997.

〔4〕赵艳芳. 认知语言学概论[M]. 上海：上海外语教育出版社，2001.

〔5〕吴国华. 杨喜昌. 文化语义学[M]. 北京：军事谊文出版社，2000.

〔6〕吴国华. 语言文化问题探索[M]. 北京：军事谊文出版社，1997.

〔7〕胡文仲. 译文英语对比纲要[M]. 北京：北京语言文化大学出版社，1997.

〔8〕吴国华，王铭玉，赵蓉晖. 语言文化学[M]. 上海：上海外语教育出版社，2006.

〔9〕降边嘉措. 格萨尔王全传（上、中、下册）[M]. 北京：宝文堂书店，1987.

〔10〕郭建民. 英语谚语研究[M]. 兰州：甘肃教育出版社，1992.

〔11〕（后晋）刘昫. 旧唐书·吐蕃传（33卷）[M]. 北京：中华书局，1975.

〔12〕丹珠昂奔. 藏族文化发展史[M]. 兰州：甘肃教育出版社，2001.

〔13〕陈庆英. 藏族部落制度研究[M]. 北京：中国藏学出版社，1995.

〔14〕乌丙安.中国民俗学[M].沈阳：辽宁大学出版社，1999.

〔15〕次旺.西藏文化概述[M].北京：中央广播电视大学出版社，2013.

〔16〕林洁，王平春.西南地区少数民族酒文化研究[M].成都：电子科技大学出版社，2017.

〔17〕姚国坤，朱红缨，姚作为.饮茶习俗[M].北京：中国农业出版社，2003.

〔18〕简伯华.茶与茶文化概述[M].长沙：湖南科学技术出版社，2003.

〔19〕黑格尔.法哲学原理[M].北京：商务印书馆，1996.

〔20〕苗相甫.伦理学教程[M].南京：南京大学出版社，2005.

〔21〕杨仕章.语言世界图景刍议[A].外语与文化研究[M].上海：上海外语教育出版社，2001.

〔22〕吴国华，彭文钊.论语言世界图景作为语言学的研究对象[J].外语与外语教学，2003（2）.

〔23〕李元发.世界图景与语言世界图景之结构及关系[J].西北师范大学学报，2004（4）.

〔24〕彭文钊.俄语语言世界图景的文化释义性研究：理论与方法[D].黑龙江大学，2002.

〔25〕杨海云，谭林.语言世界图景之管窥[J].中国俄语教学，2003（1）.

〔26〕青措.藏族马文化初探[J].青海民族研究，2003（3）.

〔27〕邱晔.审美视角下的"羊文化"解读[J].辽宁行政学院学报，2010（10）.

〔28〕张旺熹.色彩词语联想意义初论[J].语言教学与研究，1988（3）.

〔29〕冯未卿.俄语谚语语言世界图景中的辩证思想[J].人才资源开发，2015（7）.